大湾区法治与地方立法研究丛书

教育部哲学社会科学研究重大课题攻关项目成果

区域协同立法的理论与实践

——以广佛轨道交通协同立法实践为主要样本

朱最新　　刘高林　　邹建伟　著

U0330336

中山大學出版社
SUN YAT-SEN UNIVERSITY PRESS

· 广州 ·

图书在版编目（CIP）数据

区域协同立法的理论与实践：以广佛轨道交通协同立法实践为主要样本/朱最新，刘高林，邹建伟著 . —广州：中山大学出版社，2023.8
（大湾区法治与地方立法研究丛书）
ISBN 978 - 7 - 306 - 07869 - 8

Ⅰ . ①区…　Ⅱ . ①朱…　②刘…　③邹…　Ⅲ . ①地方法规—立法—研究—广东、香港、澳门　Ⅳ . ①D927.650.0

中国国家版本馆 CIP 数据核字（2023）第 148237 号

QUYU XIETONG LIFA DE LILUN YU SHIJIAN: YI GUANGFO GUIDAOJIAOTONG XIETONG LIFA SHIJIAN WEI ZHUYAO YANGBEN

出　版　人：王天琪
策划编辑：王旭红
责任编辑：王旭红
封面设计：林绵华
责任校对：靳晓虹
责任技编：靳晓虹
出版发行：中山大学出版社
电　　话：编辑部 020 - 84110283，84113349，84111997，84110779，84110776
　　　　　发行部 020 - 84111998，84111981，84111160
地　　址：广州市新港西路 135 号
邮　　编：510275　传　真：020 - 84036565
网　　址：http：//www.zsup.com.cn　E-mail：zdcbs@ mail.sysu.edu.cn
印　刷　者：佛山市浩文彩色印刷有限公司
规　　格：787mm×1092mm　1/16　14.5 印张　268 千字
版次印次：2023 年 8 月第 1 版　2023 年 8 月第 1 次印刷
定　　价：52.00 元

教育部哲学社会科学研究重大课题攻关项目"粤港澳大湾区法律建设研究"（20JZD019）阶段性成果

目　　录

第一章 区域协同立法的基本理论

伴随着京津冀协同发展、长三角一体化发展、粤港澳大湾区融合发展等区域协调发展的不断深入，全面依法治国的不断推进，迫切需要区域治理法治化为区域协调发展提供强有力的法治保障。完备的区域法规范体系是区域治理法治化的基本前提，也是夯实区域协调发展的法治基础。"法律的需求决定法律供给，当人们在经济生活中对法律这种社会调整手段产生需要并积极谋求法律秩序对其利益的维护时，就必然要求法律供给发生。"① 完备的区域法规范体系的构建需要不断创新制度供给，其核心首在区域协同立法。然而，对于什么是区域协同立法、为什么要区域协同立法，以及区域协同立法的功能、原则、范围等一系列基础性理论问题并没有得到充分的阐释。其中，区域协同立法基本理论研究是我们讨论和研究区域协同立法的前提和理论基础，是科学、完整、准确认识区域协同立法的关键，也是推进区域协同立法有序进行的迫切需要。

一、区域协同立法的概念

对区域协同立法这一基本概念，学界存在"区域协调立法"② "区域立

---

① 冯玉军：《法律供给及其影响因素分析》，载《山东大学学报（哲学社会科学版）》2001 年第 6 期，第 16 页。

② 参见陈月飞《跨省域立法，助力建设一体化示范区》，载《新华日报》2021 年 7 月 29 日，第 5 版。

法协同"① "区域协作立法"② "区域立法协作"③ "地方立法协作"④ "地方立法协调"⑤ "地方协同立法"⑥ 等诸多不同表述。何谓区域协同立法，学界对此也有不同认知。概念明确是科学研究的前提和基础。区域协同立法是区域协调发展制度供给的重要路径。吸收现有区域协同立法界定的合理内核，在现行法规范体系下，从制度供给视角看，所谓区域协同立法，是指非隶属的地方立法机关相互配合、相互协调，为解决区域公共事务提供区域规则、衔接规则的地方立法活动。⑦

（一）区域协同立法是一种地方立法

有学者认为，区域协同立法是"在现有区域公共政策和行政协议基础上，直接针对区域重点发展领域的规范阙如或冲突问题主动开展的立法新样态"⑧。该观点认为区域协同立法是中央立法与地方立法之外的第三种形态。而实质上，区域协同立法仍然是一种地方立法。"所谓地方立法，是指特定的地方立法机关依法进行的立法活动。"⑨ 从现有区域协同立法制度文本和实践来看，"区域空间不是一个决定资格界限的地域，而是一个由合作过程决定的功能和行为空间"⑩，区域协同立法完全符合地方立法的法定要件，是地方立法的一种制度供给方式：（1）区域协同立法主体是具有地方立法权的地方国家机关，而非中央国家机关。现行实践中，无论是省级区

---

① 参见刘瑞瑞、刘志强《区域经济一体化视域下的区域立法协同研究》，载《烟台大学学报（哲学社会科学版）》2021 年第 3 期，第 32－40 页。

② 参见叶纯《长三角区域协作立法研究》，载《东南大学学报（哲学社会科学版）》2020 年第 2 期，第 63－66 页。

③ 参见王春业《自组织理论视角下的区域立法协作》，载《法商研究》2015 年第 6 期，第 3－12 页。

④ 参见黎桦《长江经济带地方立法协作研究》，载《西南民族大学学报（人文社会科学版）》2020 年第 7 期，第 87－94 页。

⑤ 参见陈俊《我国区域协调发展中的地方立法协调：样本探索及发展空间》，载《政治与法律》2021 年第 3 期，第 27－39 页。

⑥ 参见曹海晶、吴汉东《区域发展权视角下的地方协同立法》，载《北京科技大学学报（社会科学版）》2021 年第 1 期，第 56－65 页。

⑦ 参见朱最新《区域协同立法的运行模式与制度保障》，载《政法论丛》2022 年第 4 期，第 141－150 页。

⑧ 宋保振、陈金钊：《区域协同立法模式探究——以长三角为例》，载《江海学刊》2019 年第 6 期，第 166 页。

⑨ 石佑启、朱最新、潘高峰、黄喆：《地方立法学（第二版）》，高等教育出版社 2019 年版，第 14 页。

⑩ 洪世健：《大都市区治理——理论演进与运作模式》，东南大学出版社 2009 年版，第 57 页。

域协同立法，如京津冀协同立法、长三角协同立法，还是设区的市之间协同立法，如广东省汕头、潮州、揭阳三市协同开展潮剧保护传承立法，广州、佛山协同开展轨道交通立法，上级国家立法机关即使出现也是以指导者、协调者的身份出现的，而并非以立法主体的身份出现。现有区域协同立法的制度文本也没有相关规定。（2）区域协同立法并非统一立法，也未超越地方立法权限。根据《中华人民共和国立法法》（以下简称《立法法》）（2023）第九十二条规定①，可以得出这样的结论：联合立法必须有法律授权。但从实践看，"区域协同立法实践没有因协同立法而改变一国的立法体制"②，不是"统一立法"③，也不是联合立法，"不是一部超地方性法规，而是分别制定目标一致、内容衔接、重点突出、特色鲜明、程序协同、绩效共享的立法内容。即使某一措施在整个区域内实质上是一致的，也是以多部立法规定一致的方式来实现"④。因此，将区域协同立法视为统一立法，容易陷入缺乏合法性依据的困境。⑤ 而且"协同立法始终以地方立法为依托，并不意味着地方立法权的让渡"⑥。现有区域协同立法并未超越地方立法机关的立法权限，而是在其法定权限范围内实施的立法活动，是"立法主体按照各自的立法权限和立法程序，根据立法协议，对跨行政区域或跨法域的法律主体、法律行为或法律关系等法律调整对象分别立法，相互对接或承认法律调整对象法律效力的立法行为"⑦。在区域协同立法中，地方立法机关在立法过程中增加了协商的色彩，互相协商、相互配合，但仍遵循现行立法体制和《立法法》（2023）的规范体系，整个过程并未违反地方立法的法定程序。（3）区域协同立法的效力仅限于地方立法机关管辖

---

① 《立法法》（2023）第九十二条 涉及两个以上国务院部门职权范围的事项，应当提请国务院制定行政法规或者由国务院有关部门联合制定规章。

② 贺海仁：《我国区域协同立法的实践样态及其法理思考》，载《中国人大》2020年第21期，第78页。

③ 参见崔英楠、王辉《论京津冀协同立法的实现路径》，载《辽宁大学学报（哲学社会科学版）》2018年第4期，第91页。

④ 林珊珊：《区域协同立法的理论逻辑与模式选择》，载《理论学刊》2021年第3期，第120页。

⑤ 韩业斌：《区域协同立法的合法性困境与出路——基于辅助性原则的视角分析》，载《法学》2021年第2期，第147页。

⑥ 林珊珊：《区域协同立法的理论逻辑与模式选择》，载《理论学刊》2021年第3期，第120页。

⑦ 贺海仁：《我国区域协同立法的实践样态及其法理思考》，载《中国人大》2020年第21期，第71页。

的行政区域。区域协同立法"并非单一地方立法机关制定的规则通行于整个区域"①，而是地方立法机关分别立法并在各自行政区域内实施。例如，江西省吉安、萍乡、宜春三市武功山风景名胜区区域协同立法就是在江西省人民代表大会常务委员会（以下简称"人大常委会"）的协调下，吉安、萍乡、宜春三市在沟通与协商的基础上由吉安市人大常委会、萍乡市人大常委会、宜春市人大常委会分别依法制定《江西武功山风景名胜区——吉安武功山景区条例》《江西武功山风景名胜区——萍乡武功山景区条例》《江西武功山风景名胜区——宜春明月山景区条例》。这些地方性法规的效力范围并未超越各自行政区域。

当然，区域协同立法并不是传统的地方立法，而是在"原有立法体系下形成的一套新的立法机制"②。当传统地方立法之间的规则发生矛盾和冲突时，一般由共同的上一级立法机关进行协调解决。选择这种路径不仅需要承担较高的制度交易成本，而且其规则协调的最终结果也不一定符合区域协调发展的实际需要。区域协同立法是双方根据区域协调发展的客观要求平等协商达成的，是一种不同于传统地方立法的横向交流与合作的新机制。

（二）区域协同立法是非隶属的地方立法机关之间进行的协同立法活动

有学者认为，"区域协同立法理应存在中央统一立法和地方协调立法两种路径"③。在我国，中央统一立法是统筹全局、具有最高权威性和法律至上效力的立法。然而，各区域的地理环境、人文环境、经济发展、区位优势等都具有独特性，区域协调发展的法律需求也具有区域特色，有着鲜明的"量身订制"的个性需求。这种个性化的法律需求，只有当地的地方立法机关是最清楚的。因此，在实践中，中央较少对区域进行专门立法，只对某些具有战略意义的区域，中央才会统一立法，如《中华人民共和国长江保护法》《中华人民共和国黄河保护法》等。根据《现代汉语词典》的解释，"协同"是指"各方互相配合或甲方协助乙方做某件事"，与之相关的"协调"一词的词义为"配合得适当，或者使配合得适当"，"协作"意指

---

① 林珊珊：《区域协同立法的理论逻辑与模式选择》，载《理论学刊》2021年第3期，第120页。

② 王喜：《区域协同立法的价值定位、困境与路径选择》，载《北外法学》2022年第2期，第160页。

③ 宋保振、陈金钊：《区域协同立法模式探究——以长三角为例》，载《江海学刊》2019年第6期，第168页。

"若干人或若干单位互相配合来完成任务"。① 也就是说，"协同"之本意在于两个或两个以上的不同主体相互配合、相互协助完成每项任务的过程和方法。区域协同立法，是不同地方立法机关相互配合、相互协助完成特定立法任务的过程，至少应当存在两个或两个以上立法主体。中央统一立法，只有一个立法主体，不符合协同原义"不同主体相互配合、相互协助"的要求，因此并不属于区域协同立法，而是区域立法。② 也有学者认为，应当建立一个类似于美国田纳西流域管理局一样的独立机构，对区域协同立法的相关事项作出统一安排，使其制定的立法通用于区域内各行政区域。③ 但是，这种建议不仅与我国现行宪法体制存在冲突，而且也不存在协同，不属于区域协同立法，而是区域立法的另外一种形态——区域统一立法。④

区域协同立法的不同立法主体之间不存在隶属关系。这里的隶属关系，并非仅指传统意义上的领导与被领导的关系（即上下级立法机关之间的命令与服从关系），还包括上下级立法机关之间存在上级可以直接改变下级决定和命令的关系，其范畴要大于传统意义上的隶属关系。根据《中华人民共和国宪法》（以下简称《宪法》）（2018）、《中华人民共和国地方各级人民代表大会和地方各级人民政府组织法》 （以下简称《地方组织法》）（2022）等法律规定，上级人大常委会有权撤销下级人大常委会制定的同上位法相抵触的地方性法规和决议；上下级政府之间是领导与被领导的关系。根据《立法法》（2023）第五章"适用与备案审查"的相关规定，存在隶属关系的地方立法机关制定的规范之间不仅存在效力高低问题，而且上级立法机关可以依法批准、改变或者撤销下级立法机关制定的法规规章。因此，存在隶属关系的立法主体之间协同立法的必要性并不存在。正是由于区域协同立法的不同立法主体之间不存在领导与被领导的关系，也不存在指导与被指导的关系，因此它们之间才能比较自由地进行交流与合作。同

---

① 中国社会科学院语言研究所词典研究室：《现代汉语词典》（第7版），商务印书馆2016年版，第1149页。

② 参见朱最新《粤港澳大湾区区域立法的理论建构》，载《地方立法研究》2018年第3期，第11页。

③ 参见陈瑞莲等《区域公共管理理论与实践研究》，中国社会科学出版社2008年版，第314页；宋保振、陈金钊《区域协同立法模式探究——以长三角为例》，载《江海学刊》2019年第6期，第167页。

④ 参见朱最新《粤港澳大湾区区域立法的理论建构》，载《地方立法研究》2018年第3期，第11页。

时，区域协同中的"区域"常指几个行政单元所组成的区域。① 区域协同立法是指不同行政区域间的地方立法机关的协同立法活动，如果地方立法机关具有隶属关系，则意味着行政区域具有包含关系，也就不存在跨行政区域的情形。区域协同立法"是区域内的有关立法主体在某个特定区域内对相同或类似事项采取相同的步调进行立法……以达到区域内法制的协调与统一，促进区域协同发展全方位深入进行的目的"②。在这个过程中，不同行政区域的地方立法机关相互沟通协调，其立法结果也会存在某些趋同，但这一切并没有影响其法定的独立地位。由此可见，区域协同立法是不存在隶属关系的地方立法机关为了解决区域性公共事务相互协调、相互配合而进行的相关立法活动。

二、区域协同立法是新时代区域协调发展的必然要求

党的十八大以来，区域协调发展战略上升为国家战略，成为统筹推进"五位一体"总体布局、协调推进"四个全面"战略布局和全面贯彻落实新发展理念的重大战略部署。《中华人民共和国国民经济和社会发展第十四个五年规划和2035年远景目标纲要》专门对区域协调发展进行了论述，勾勒了新时代区域协调发展的战略目标、总体思路与战略举措，凸显了区域协调发展的极端重要性。区域协调发展战略的实现离不开相应的制度保障。区域协调发展既有共通性的制度需求，又存在诸多"量身订制"的个性化制度需求。尽管中央可以、也应该提供区域协调发展的基础性规范，但由于中央难以为不同区域协调发展提供个性化规范，因此区域协调发展的个性化规范仍需要区域内地方国家机关通过协同的方式来提供。

（一）区域行政协议难以满足新时代区域协调发展的规则需求

早期，人们主要通过区域行政协议来为区域协调发展提供个性化规范，并取得了较大成效。正如叶必丰教授等所言，"行政协议是一种具有持续性和稳定性的制度化合作机制，是区域地方政府间主动、平等、自愿开展的合作机制。这些特征或优点使得区域性行政协议成了我国实现区域合作和

---

① 参见李冰强《区域环境治理中的地方政府：行为逻辑与规则重构》载《中国行政管理》2017年第8期，第30页。

② 林珊珊：《区域协同立法的理论逻辑与模式选择》，载《理论学刊》2021年第3期，第120页。

解决行政纠纷的最基本的法律机制"①。然而，区域行政协议由于在法律上存在固有的缺陷，如缔结缺乏明确法律依据、未采用权利义务规范模式呈现、主要依靠地方领导人承诺来保障其实施等，其法律效力模糊不清、违约成本低，导致协议履行遭遇困境，甚至因缔约机关的消极不作为而无疾而终，最终影响区域合作的稳定性。② 同时，不少区域行政协议涉及本辖区内的重大事务，属于《地方组织法》（2022）第五十条的规定事项，应当经本级人大常委会讨论决定。现实中却常常没有经本级人大常委会讨论决定，从而带来合法性难题。此外，区域行政协议的范围仅限于行政领域，对相对人是否具有约束力也是一个颇有争议的话题。③ 在全面依法治国的时代要求下，区域行政协议存在的这些问题使其难以满足区域协调发展的规则需求，从而使探索其他制度供给路径成为一种必然。

（二）区域协同立法能够满足新时代区域协调发展的个性化规则需求

实践中，基于协调推进"四个全面"战略布局的要求，区域协同立法已成为克服区域行政协议不足、满足新时代区域协调发展个性化规则需求的新的制度供给路径。伴随着京津冀协同发展、长三角一体化发展、粤港澳大湾区融合发展等区域协调发展的不断深入，区域协同立法渐成趋势。例如，京津冀三地的《机动车和非道路移动机械排放污染防治条例》，沪苏浙皖四地的《大气污染防治条例》，江西吉安、萍乡、宜春三市的《武功山风景名胜区条例》，广东汕头、揭阳、潮州三市的《潮剧保护传承条例》等一系列协同立法成果不断涌现，满足了新时代区域协调发展的个性化规则需求，大大降低了区域合作的制度交易成本，有力推动了区域协调发展。

同时，伴随着全面依法治国的不断深入，区域协调发展的治理工具已日渐从"权力治理向法律治理转型"④。区域协同立法不同于区域行政协议。区域协同立法是地方立法的一种新样态，其法律地位、法律效力明确。《地

---

① 叶必丰、何渊、李煜兴等：《行政协议：区域政府间合作机制研究》，法律出版社 2010 年版，第 74 页。

② 参见何渊《区域性行政协议研究》，法律出版社 2009 年版，第 78 页；朱最新《论珠三角经济一体化中的行政协议》，载《战略决策研究》2012 年第 1 期；季晨溦《论区域行政协议的法律效力及强化对策》，载《江苏大学学报（社会科学版）》2022 年第 2 期。

③ 参见何渊《区域性行政协议研究》，法律出版社 2009 年版，第 84 - 94 页；叶必丰、何渊、李煜兴等《行政协议：区域政府间合作机制研究》，法律出版社 2010 年版，第 184 - 197 页。

④ 陈婉玲、陈亦雨：《区域协调发展的利益调整与法治进路》，载《上海财经大学学报》2021 年第 6 期，第 131 页。

方组织法》（2022）第十条第三款明确规定，省、自治区、直辖市、设区的市、自治州的人大根据区域协调发展的需要，可以开展协同立法；第八十条规定，地方各级政府根据区域协调发展需要共同建立跨行政区划的区域协同发展工作机制。2023 年修订的《立法法》（2023）第八十三条也明确规定："省、自治区、直辖市和设区的市、自治州的人民代表大会及其常务委员会根据区域协调发展的需要，可以协同制定地方性法规，在本行政区域或者有关区域内实施。""省、自治区、直辖市和设区的市、自治州可以建立区域协同立法工作机制。"因此，区域协同立法不仅能够满足新时代区域协调发展的个性化规则需求，而且符合区域协调发展从"权力治理向法律治理转型"的现实需要。

三、区域协同立法的功能

"功能"一词，从字面意义上去理解，"功"即作用，"能"指实现该作用的能力，功能即由事物的本质属性所决定的功用及能量。[1] 区域协同立法的功能定位，是指立足于区域协调发展目的而确定的区域协同立法所要担负的职能和所要发挥的功用。作为地方立法的一种新样态、新机制，区域协同立法在具有地方立法规范功能、社会功能的基础上，也具有自身特有的职能和功用。

（一）提供区域规则、衔接规则

区域协同立法的目的是解决区域性公共事务。这在学界已基本形成共识。[2] 区域内政府、社会组织以及社会公众等都有共同利益偏好，也有自身特殊利益诉求。如果没有相应制度约束，区域协调发展难免会走上"公地悲剧"。从新制度经济学观点来看，理性的个人追逐自身利益的强大冲动，既可能是导致经济衰退的主要原因，也可能是促进经济增长和繁荣的主要源泉，但其最终的结果指向取决于这个社会的制度结构和安排。[3]

---

① 参见王振海《论国家功能》，载《东岳论丛》1995 年第 6 期，第 61 页。

② 参见韩业斌《区域协同立法的合法性困境与出路——基于辅助性原则的视角分析》，载《法学》2021 年第 2 期；贺海仁《我国区域协同立法的实践样态及其法理思考》，载《中国人大》2020 年第 21 期；宋保振、陈金钊《区域协同立法模式探究——以长三角为例》，载《江海学刊》2019 年第 6 期。

③ 参见［冰岛］思拉恩·埃格特森《新制度经济学》，吴经邦、李耀、朱寒松译，商务印书馆 1996 年版，第 1 页。

从理论上讲，我国是一个单一制国家。中央立法是具最高权威性的立法，由中央为区域协调发展提供法律规范在理论上是一种较为理想的选择。同时，我国是一个经济社会发展极度不平衡的发展中的大国。经济社会发展的不平衡、历史文化传统的诸多差异，决定了不同区域的协调发展所要解决的区域性公共事务并不一致，因而对区域规则、衔接规则的需求也有所不同。"量身订制"的个性化的区域规则，虽然可以由中央立法供给，但从质量和效益来看，中央立法往往难以满足区域协调发展实践对区域规则的精细化、精准化的需求。此外，中央立法在有的区域，如粤港澳大湾区，由于其"一国两制三法域"的特殊法治格局，只有被列入香港基本法附件三、澳门基本法附件三的内容才能在港澳实施。因此，基于对"一国两制"原则的坚持和对港澳高度自治权的尊重，中央在粤港澳大湾区提供区域规则、衔接规则的途径非常有限。

区域协同立法是地方立法机关进行的协同立法活动。相对于中央，地方立法机关更贴近基层，熟悉区域实际情况，了解区域协调发展的制度需求，能够以较低的立法成本提供区域协调发展所需要的精细化、精准化的区域规则。如广东汕头、潮州、揭阳三市通过潮剧保护传承协同立法，在各自制定的条例中分别加入大量契合本地实际需要的相同的潮剧保护条款，使三市在潮剧保护方面遵循同样的规则，从而在制度上保障三市形成潮剧保护传承的合力。必须注意的是，区域协同立法通过相互协调、配合所形成的区域规则是条款内容的统一，是一种实质意义上的区域规则，其在形式意义上仍然是一种地方性法规、规章。同时，随着地方立法的扩权，由于地方立法机关众多，相应的地方规则也日益增多。由于地方规则关注的是本行政区域的特色和需求，因此不同行政区域地方规则之间存在矛盾和冲突是一种常态。例如，京津冀三地环境资源保护领域地方性立法虽然总量相差不大、立法事项大体一致，但在立法内容上对同一立法事项的具体规定存在很多差异或冲突。①

然而，区域协调发展意味着打破地域限制，防止地方垄断，让资源要素在更大范围内流动和再配置。不同行政区域地方规则间的矛盾和冲突会严重影响资源要素的自由流动和合理配置。这就需要衔接规则，使不同行政区域地方规则之间存在的矛盾和冲突得以合理、有序地制度化解决，以利于区域协调发展。衔接规则可以由单个地方立法机关自行供给，但其供

---

①　参见孟庆瑜《论京津冀协同发展的立法保障》，载《学习与探索》2017 年第 10 期，第 121 页。

给动力往往不足，而且衔接规则涉及不同行政区域地方规则的衔接，单个地方立法常常缺失相应的能力储备。因此，通过区域协同立法制定衔接规则来解决含有跨区域因素法律关系的地方规则适用问题，是促进区域间资源要素自由流动、构建推动区域协调发展新机制的又一重要制度供给路径。如广东省的广州市、佛山市各自制定轨道交通管理条例。因两市区情不同，两个条例各具特色。但由于广佛同城化建设，有些地铁线路是连接两市的。广州市、佛山市在制定轨道交通管理条例时，通过相互征求意见的方式在互联互通的地铁线路规划、建设、运营、执法、应急、法律责任等方面确立了一系列衔接规则，从而有效促进了广佛地铁一体化发展。由此可见，为解决区域性公共事务提供区域规则、衔接规则是区域协同立法的首要功能。

（二）协调区域利益

"人们为之奋斗的一切，都同他们的利益有关。"[①] 利益是社会联系的纽带，也是社会矛盾与冲突的根源所在。一切社会矛盾与冲突的根源均存在于人们的利益关系之中。利益关系也就成为我们分析问题、解决问题的最基本的着眼点。此外，立法本身就是一个社会开放的利益博弈过程。因此，区域协同立法更应该是一个开放的利益协调、利益博弈的过程。区域地方立法机关、政府、企业、社会组织以及个人既是区域协同立法的利益相关者，也是区域协同立法的参与者。区域协同立法强调区域协调发展的整体效益，但整体效益并不意味着对所有主体都是有效益的。"消除社会混乱是社会生活的必要条件。"[②] 秩序是任何社会整体效益不可或缺的基础。而任何社会秩序都是建立在尊重一定既有利益格局之上的。尊重既有利益格局是区域协同立法的前提和基础，但区域协同立法不仅仅在于尊重既有利益格局，否则就没有必要进行区域协同立法。区域协同立法是一个利益博弈的过程，也是通过平等协商衡平区域各方利益的过程。"协商一方面要体现'自愿原则'，另一方面要体现'自觉原则'。自愿是意志的品格，自觉是理性的品格，两个方面必须密切结合起来。没有意志的理性是无力的，而没有理性的意志是盲目的。"[③] 实践中，区域协同立法是在尊重既有利益格局、

---

① 《马克思恩格斯全集》第 1 卷，人民出版社 1995 年版，第 187 页。

② ［英］彼德·斯坦等：《西方社会的法律价值》，王献平译，中国公安大学出版社 1990 年版，第 38－39 页。

③ 李廷宪：《教育伦理学的体系与案例》，安徽人民出版社 2009 年版，第 63 页。

确保区域整体利益的前提下，通过平等协商，并以各方都能理性接受的方式协调区域利益，达成区域利益分享与补偿的制度安排，实现区域利益的动态均衡，推进区域协调发展。因此，协调区域利益是区域协同立法的核心功能。

（三）促进区域法治

区域法治是"一定区域为满足地方和区域社会治理需求，依照宪法原则和精神，根据自然环境、经济基础、文化特点、历史传统、民族习惯等因素……形成具有区域特色的法治运行模式的统称"[①]。促进区域法治是区域协同立法的又一重要功能。区域协同立法主要通过两种途径来促进区域法治：一是通过区域协同立法提高区域法规范体系的质量。"法律是治国之重器，良法是善治之前提。"[②] 完备而良善的区域法规范体系不仅是区域法治建设的基础，更是区域法治的基本标志和区域协调发展的基本保障。区域协同立法通过平等协商协调区域利益，可以为区域法治提供"量身订制"的精细化、精准化的区域规则和衔接规则，不断完善区域法规范体系，增强区域法规范体系的有效性、针对性、可操作性；可以发挥区域协同立法的引领和推动作用，促进区域法治建设。二是通过区域协同立法促进区域全民守法。区域协同立法是一个开放的协商过程。区域地方立法机关、政府、企业、社会组织以及个人可以以各种方式参与到协同立法之中。"广泛的民众参与不仅是立法民主化的集中体现，更是法律获得正当性的基本依据。"[③] 区域协同立法的广泛参与不仅有助于立法民主化，以充分反映区域的民情民意、提高区域协同立法的质量和效率，还有助于人们了解区域协同立法出台的背景、价值和内容，而且区域公众也会感受到区域法规范体系的公平性，从而有利于培养人们"亲法"的法律情感、"尊法"的法治信仰，促进区域法治建设。

四、区域协同立法的基本原则

"基本原则贯穿于具体法律制度设计、建构、运作和完善的全过程，对

---

① 戴小明：《区域法治：一个跨学科的新概念》，载《行政管理改革》2020 年第 5 期，第 72 页。

② 全国干部培训教材编审指导委员会编：《建设社会主义法治国家》，人民出版社、党建读物出版社 2019 年版，第 92 页。

③ 王春光：《民众参与立法是法的正当性之基础》，载《法学杂志》2002 年第 2 期，第 41 页。

于法律制度的属性和内容具有决定性影响。"① 区域协同立法作为一种地方立法，毫无疑问需要遵循科学立法、民主立法、依法立法、不抵触、有特色、可操作等地方立法的基本原则。但区域协同立法作为地方立法的新样态、新机制，有其本身特有的原则。从全面依法治国和区域协调发展双重视角看，遵循区域协调发展规律原则、地方立法机关多元平等原则和辅助性原则是区域协同立法的特有原则，是实现区域良法善治、协调发展的前提条件。

（一）遵循区域协调发展规律原则

马克思说过："立法者应当把自己看成一个自然科学家，他不是在创造法律、发明法律，而仅仅是在表达法律，他把精神关系的内在规律表现在有意识的现行法律之中，如果一个立法者用自己的臆想来代替事物的本质，那么我们应该责备他极端任性。"② "立法，不像通常理解的那样，是人力所能做到的事情。不变的理性才是真正的立法者，理性的指示才是我们应该研究的。社会的职能不能扩展到制定法律而只能解释法律；它不能判定，它只能宣布事物的本质所已经判定了的事情，而这种事情的正确是从当时的情况中自然产生的。"③ 区域协调发展是区域内外各种影响因素组成的自组织系统。区域内不同地区，其产业优势和要素禀赋不同，因而各自存在优势和劣势。区域协调发展最主要的问题是在特定的地理空间范围内如何更好地实现产业间的竞争与合作，在"强强联合""互惠互利"的愿景下构建区域战略联盟，提升区域内资金、技术、人才等生产要素配置效率。④ 区域协同立法并非以打破行政区划来建立跨区域的"法律独立王国"⑤。区域协同立法的目的在于为解决区域性公共事务提供制度规范，是推动区域协调发展的关键路径。"是否为区域协调发展所需是评估区域协同立法必要性的判断基准，只有在区域协调发展需要之正当目的下，区域协同立法才具

---

① 曹海晶、吴汉东：《区域发展权视角下的地方协同立法》，载《北京科技大学学报（社会科学版）》2021 年第 1 期，第 59 页。

② 《马克思恩格斯全集》第 1 卷，人民出版社 1995 年版，第 347 页。

③ ［英］葛德文：《政治正义论》，何慕李译，商务印书馆 1982 年版，第 150 页。

④ 参见梁春树、马明《粤港澳大湾区流通要素整合策略探讨——基于区域协同理论视角》，载《商业经济研究》2021 年第 2 期，第 17 页。

⑤ 张锡汪：《区域协同立法主体的类型与协调机制研究》，载《人大研究》2022 年第 11 期，第 9 页。

有法定的运作空间。"① 因而，区域协同立法必须遵循区域协调发展规律。

区域协调发展必须建立在所有地方共同繁荣稳定的基础之上，而要实现所有地方共同繁荣稳定，就必须遵循区域平等原则，即在区域协同立法过程中，各方必须一视同仁、相互尊重、平等协商、同等对待，不存在一方主体支配和强制另一方服从的意志。"人们为之奋斗的一切，都同他们的利益有关。"② 利益是社会联系的纽带，所有矛盾与冲突的根源均存在于人们的利益关系之中，利益关系也就成为我们分析问题、解决问题的最基本着眼点。区域协调发展的过程是区域间利益不断冲突、博弈、协调和妥协的过程。在区域协同立法中，只有所有区域主体的利益都得到尊重和保障，区域协调发展才有可能。因此，遵循区域协调发展规律必须遵守区域利益均衡原则，即通过区域协同立法的制度安排，有效地衡平区域间的各种利益关系，从而实现不同行政区域利益都得到尊重和保障。

（二）地方立法机关多元平等协商原则

"众所周知，真正意义的合作关系是独立主体之间的互动关系。这种关系形成的前提是合作主体人格的独立，否则合作关系就难以发生或者难以持续并取得成功，甚至在合作的过程中有可能退化为服从关系。"③ 区域协同立法是为了协调区域利益、增进区域民众共同福祉、促进区域法治、实现区域协调发展，非隶属的地方立法机关通过相互协调、配合，为解决区域性公共事务提供区域规则、衔接规则的立法活动。"协同"之本义在于两个或两个以上的不同主体相互配合、相互协助完成每项任务的过程和方法，即"协同"之本义就在于平等主体的协调、配合。根据《立法法》（2023）第五章"适用与备案审查"的相关规定，存在隶属关系的地方立法机关不仅其规范之间存在效力高低问题，而且上级立法机关可以依法批准、改变或者撤销下级立法机关制定的规范。如果地方立法机关地位不平等，相互之间协同立法的必要性也就不存在。在区域协同立法中，地方立法机关是法律地位平等基础上的"伙伴式合作关系"。因此，要通过协同立法建立健全区域法规范体系、推进区域法治、实现区域协调发展，就必须遵循地方立法机关多元平等协商原则。地方立法机关多元平等协商原则是区域协同

---

① 江林：《区域协同立法制度的规范阐释——基于新修〈地方组织法〉第十条、第四十九条的考察》，载《人大研究》2022 年第 11 期，第 11 页。

② 《马克思恩格斯全集》第 1 卷，人民出版社 1995 年版，第 187 页。

③ 谢新水：《作为一种行为模式的合作行政》，中国社会科学出版社 2013 年版，第 154 页。

立法的第一前提，是区域协同立法特有的又一基本原则，是"法律面前人人平等"的宪法原则在区域协同立法中的具体运用。

（三）辅助性原则

辅助性原则是德国学者在 20 世纪 50 年代对福利行政进行反思的过程中提出的一项理论。其最早源于天主教社会哲学思想，强调一切社会活动，从其功能与本质上说，应该是为社会成员提供帮助，但绝不是毁灭或攫取他们。① 在辅助性原则制度化的过程中，欧盟率先正式接纳了辅助性原则，将它作为调整欧盟与成员国关系的准则。欧盟的《马斯特里赫特条约》（*Treaty of Maastricht*）第 3b 款规定："在不属于共同体专属权限的领域，根据辅助性原则，只有在成员国无法充分实现所提议行动的目标，或者由于所提议行动的规模或效果，共同体能更好地实现时，共同体才能采取行动。"② "法律的需求决定法律供给，当人们在经济生活中对法律这种社会调整手段产生需要并积极谋求法律秩序对其利益的维护时，就必然要求法律供给发生。"③ 区域协调发展离不开法治的促进，而法治的促进则离不开制度规范的供给。在现行立法体制下，地方立法既有人大立法，又有政府立法；既有省级立法，又有设区的市立法。现在的问题是，在这种体制下，解决区域性公共事务所需的制度规范由谁通过区域协同立法来供给更为合适？"一个国家中的最高权威不应该被那些琐碎的事务分散精力，而是应该将这些事务留给那些更低层级的组织体系。它将更自由、更果断、更有效率地履行其职责，将其自身限制在通过它自己的力量就可以实现的范围内——按照情势的要求为其提供一种方向感，保持谨慎，给予鼓励，并施加一定约束。"④ 区域协同立法必须体现满足特定区域法治协调的特色化、个性化需求，而且"鞋子合不合脚，自己穿着才知道"。现代国家治理虽然是一种合作治理，属于多中心治理，但"由行政机关来制定行政任务、决

---

① 参见韩业斌《区域协同立法的合法性困境与出路——基于辅助性原则的视角分析》，载《法学》2021 年第 2 期，第 154 页。

② 转引自程庆栋《区域协同立法层级关系困境的疏解》，载《法学》2022 年第 10 期，第 40 页。

③ 冯玉军：《法律供给及其影响因素分析》，载《山东大学学报（哲学社会科学版）》2001 年第 6 期，第 16 页。

④ Pius XI, "Quadragesima Anno Encyclical of Pope Pius XI on Reconstruction of the Social Order," *Acta Apostolicae*, Vol. 23, 1931, p. 177.

定执行方式、抉择行政政策议程的次序依然是国家治理现代化进程中的主流"[1]。任何制度规范如果忽略了行政机关，不能与行政体系相融合，难免被虚置，最终成为一种摆设。辅助性一般被理解为，政府的各项立法与行政政策，应当由最贴近于受政策影响的人们所在的政治层级来决定。[2] 在区域协调发展中，要实现区域法治和谐，为解决区域性公共事务提供所需的制度规范，必须充分发挥区域内各地方，尤其是地方行政机关在区域法治建设中的积极性和主动性。同时，也要注意尊重各地的差异性，"真正的统一是建立在尊重差异的基础上。离开了对多样性、对各个组成部分的深入研究和正确认识，统一就是病态和虚弱的"[3]。为此，区域协同立法必须遵循辅助性原则，即在遵循依法立法的前提下，若一个地方单独立法能够解决其自身制度需求，且对区域协调发展未产生不利影响的事项，就不该纳入区域协同立法的范畴；只有地方立法机关单独立法无法有效解决的事项，才需要进行区域协同立法。需要区域协同立法的，政府在法定权限范围内通过区域协同立法能够提供所需的制度规范，人大不干预，由政府承担；设区的市立法机关在法定权限范围内通过区域协同立法能够提供所需的制度规范，上级立法机关不干预，由设区的市立法机关承担。政府无权实施区域协同立法的，由人大提供辅助；设区的市立法机关无权实施区域协同立法的，由省级立法机关提供辅助；省级立法机关无权实施区域协同立法的，由中央立法机关提供辅助。

五、区域协同立法的法律基础

合法性是现代法治社会一项制度存在的基本前提，是区域协同立法的法治要求。从我国现行法律体系来看，区域协同立法具有深厚的法律基础。

（一）区域协同立法的宪法基础

宪法是我国的根本大法，也是区域协同立法的最高法律依据。现行宪法有关区域协同立法的规定主要体现在三个方面：（1）《宪法》（2018）序

---

① 张富利、张太洲：《新发展理念下的地方立法与利益衡平》，载《西北工业大学学报（社会科学版）》2017 年第 2 期，第 19 页。

② See George A. Bermann, "Subsidiarity as a Principle of U. S. Constitutional Law," *American Journal of Comparative Law*, Vol. 42, 1994, p. 555.

③ 葛洪义：《作为方法论的"地方法制"》，载《中国法学》2016 年第 4 期，第 117 页。

言中有关科学发展观和新发展理念的间接推导。① 科学发展观是党的十七大报告提出的。按照党的十七大报告的阐述，科学发展观的第一要义是发展，基本要求是"全面协调可持续发展"。其中，区域协调发展是协调发展的重要内容之一。此外，党的十七大报告明确提出要"突破行政区划界限""推动区域协调发展"。因此，《宪法》序言中关于科学发展观的内容明显包含区域协调发展这一要素。新发展理念是党的十九大在科学发展观的基础上提出的，该理念包括创新、协调、绿色、开放、共享，其中协调是一条重要的内容。党的十九大报告明确提出"实施区域协调发展战略"，"建立更加有效的区域协调发展机制"。② 党的二十大报告进一步明确要求"着力推进城乡融合和区域协调发展"，"深入实施区域协调发展战略、区域重大战略、主体功能区战略、新型城镇化战略，优化重大生产力布局，构建优势互补、高质量发展的区域经济布局和国土空间体系"。③ 结合党的十八大以来习近平总书记推动的一系列区域协调发展的重大战略部署，以及在修改《宪法》（2018）时，在序言中新增加的"推动物质文明、政治文明、精神文明、社会文明、生态文明协调发展……实现中华民族伟大复兴"的国家根本任务，可以得出结论：《宪法》（2018）序言中所新增加的国家指导思想和根本任务，明确包含了区域协调发展的内容。而区域协同立法作为区域协调发展的内容之一，也理应包含在宪法序言中，因而其具有合宪性是没有疑问的。（2）《宪法》（2018）序言和第一条关于中国共产党领导的规定。"中国新民主主义革命的胜利和社会主义事业的成就，是中国共产党领导中国各族人民……取得的。""中国各族人民将继续在中国共产党领导下……把我国建设成为富强民主文明和谐美丽的社会主义现代化强国，实现中华民族伟大复兴。""中国共产党领导是中国特色社会主义最本质的特征。"坚持党的领导在立法领域具体体现为党领导立法。在立法活动中，全面贯彻实施党的大政方针是党领导立法的具体要求。2021 年 1 月 10 日，中共中央印发《法治中国建设规划（2020—2025 年）》，提出"建立健全区域协同立法工作机制，加强全国人大常委会对跨区域地方立法的统一指导"。党关于"建立健全区域协同立法工作机制"决策理应成为区域协同立法的

---

① 参见刘松山《区域协同立法的宪法法律问题》，载《中国法律评论》2019 年第 4 期，第 64–66 页。

② 参见《中国共产党第十九次全国代表大会文件汇编》，人民出版社 2017 年版，第 26 页。

③ 习近平：《高举中国特色社会主义伟大旗帜 为全面建设社会主义现代化国家而团结奋斗——在中国共产党第二十次全国代表大会上的报告》，人民出版社 2022 年版，第 31 页。

发展方向，在一定程度上也为区域协同立法提供了宪法性依据。（3）《宪法》（2018）第三条关于充分发挥地方主动性、积极性原则的规定。[①]《宪法》（2018）第三条第四款规定："中央和地方的国家机构职权的划分，遵循在中央的统一领导下，充分发挥地方的主动性、积极性的原则。"在立法方面，充分发挥地方的主动性、积极性的原则意味着只要不抵触上位法，地方立法机关就可以进行立法。而区域协同立法是一种地方立法。因此，这里的立法，理应包括区域协同立法。

（二）区域协同立法的组织法基础

《地方组织法》（2022）是地方立法机关行使职权、进行立法活动的基本法律依据，也是区域协同立法的基本法律依据。2022 年修改的《地方组织法》有关区域协同立法的规定主要体现在两个方面：（1）《地方组织法》中有关区域协同立法的明确规定。该法第十条第三款明确规定："省、自治区、直辖市以及设区的市、自治州的人民代表大会根据区域协调发展的需要，可以开展协同立法。"地方人大常委会是地方人大的常设机关。根据这一规定，不仅地方人大可以开展协同立法，常委会也可以以人大名义开展协同立法。《地方组织法》虽然没有政府协同立法的明确规定，但该法第八十条规定，"县级以上的地方各级人民政府根据国家区域发展战略，结合地方实际需要，可以共同建立跨行政区划的区域协同发展工作机制，加强区域合作"。"上级人民政府应当对下级人民政府的区域合作工作进行指导、协调和监督。"因此，地方各级政府可以根据区域协调发展需要共同建立跨行政区划的区域协同发展工作机制。而区域协同立法工作机制是区域协同发展工作机制重要的有机组成部分。由此可见，地方人大及其常委会、地方各级政府开展区域协同立法工作是具有组织法依据的。（2）《地方组织法》（2022）中有关地方立法权的规定。区域协同立法属于地方立法，地方

---

① 参见林珊珊《区域协同立法的理论逻辑与模式选择》，载《理论学刊》2021 年第 3 期，第 117 页。

立法权是区域协同立法权限合法性的基础。该法第十条第一款、第二款①对地方立法权限作了明确规定。从现有区域协同立法制度文本和实践来看，区域协同立法中，地方立法主体是以行政区域为调整范围，通过相互配合、相互协助，实现地方规范的趋同，而为解决区域性公共事务提供区域规则、衔接规则。有学者认为，"某个事务与其他行政区域产生关联，那么就无法被视为地方性事务，抑或哪怕属于执行法律行政法规的事项，地方也无权立法"②。在市场主体自主性受到足够尊重、市场高度联通、要素自由流动的当今中国，这种观点不仅与地方法律制度供给现实不一致，而且在理论上也难以自圆其说。区域协同立法"不改变地方立法的地域效力""不意味着地方立法的权限扩张""对立法主体的独立地位无碍"，区域协同立法权限范围与地方立法基本一致，只是对地方立法权行使方式根据区域协调发展制度需求做了一定的优化，是地方立法机关"站在国家协同发展战略的高度，立足于区域发展的整体利益，在行使自身立法权过程中的自主性、适应性约束"③。因此，《地方组织法》（2022）有关地方立法权的规定也是区域协同立法的主要组织法依据。

（三）区域协同立法的立法法依据

立法法是规范立法活动的法律规范的总称。根据区域协同立法的界定，涉及区域协同立法的立法法主要有《立法法》（2023）、《规章制定程序条例》（2017）以及各地方制定的地方立法条例。截至 2022 年 12 月 31 日，没有一个地方立法条例涉及这一内容。④ 因此，现实中区域协同立法的立法法依据主要包括三个方面：（1）《立法法》（2023）的相关规定。于 2000 年制定并经过 2015 年、2023 年两次修订的《立法法》是规范立法活动、健全

---

① 《地方组织法》第十条第一款、第二款　省、自治区、直辖市的人民代表大会根据本行政区域的具体情况和实际需要，在不同宪法、法律、行政法规相抵触的前提下，可以制定和颁布地方性法规，报全国人民代表大会常务委员会和国务院备案。设区的市、自治州的人民代表大会根据本行政区域的具体情况和实际需要，在不同宪法、法律、行政法规和本省、自治区的地方性法规相抵触的前提下，可以依照法律规定的权限制定地方性法规，报省、自治区的人民代表大会常务委员会批准后施行，并由省、自治区的人民代表大会常务委员会报全国人民代表大会常务委员会和国务院备案。

② 林珊珊：《区域协同立法的理论逻辑与模式选择》，载《理论学刊》2021 年第 3 期，第 118 页。

③ 林珊珊：《区域协同立法的理论逻辑与模式选择》，载《理论学刊》2021 年第 3 期，第 118 － 121 页。

④ 2023 年《立法法》修订后，部分省市新修订的地方立法条例对此作了规定。

国家立法制度、提高立法质量的基本法律，是发挥立法的引领和推动作用、保障和发展社会主义民主、全面推进依法治国的基础性制度保障。《立法法》（2023）对区域协同立法的相关规定主要有三点：一是《立法法》（2023）对地方立法权限的明确规定。区域协同立法属于地方立法，地方立法权是区域协同立法权限合法的基础。因此，《立法法》（2023）第八十二条、第九十三条有关地方立法权的规定是区域协同立法的重要法律依据。二是《立法法》（2023）中有关地方性法规制定程序的规定。该法第八十七条规定，地方性法规的提出、审议和表决程序，参照《立法法》第二章第二节、第三节、第五节的规定，由本级人大规定。在这里，法律有关"参照"规定赋予地方人大对全国人大及其常委会立法程序的选择适用权，不适合本地实际的程序，地方人大可以不适用。同时，地方人大也可以根据本地立法实际需要，在不违反法律禁止性规定的前提下，制定适合本地实际的立法程序。因此，地方人大制定区域协同立法程序是合法的。《立法法》（2023）这一规定为地方人大制定区域协同立法程序留下了制度空间。三是《立法法》（2023）第八十三条第一款明确规定："省、自治区、直辖市和设区的市、自治州的人民代表大会及其常务委员会根据区域协调发展的需要，可以协同制定地方性法规，在本行政区域或者有关区域内实施。"这一规定构成了地方人大协同立法的直接法律依据。虽然该条的第二款规定"省、自治区、直辖市和设区的市、自治州可以建立区域协同立法工作机制"，但该条款是位于立法法"地方性法规、自治条例和单行条例"中的，因而根据该规定，可以建立区域协同立法工作机制的是省、自治区、直辖市和设区的市、自治州人大及其常委会。而对于政府能否进行区域协同立法，《立法法》（2023）则没有直接做出具体规定。（2）《规章制定程序条例》（2017）的相关规定。《规章制定程序条例》（2017）第十五条、第十六条、第二十三条规定，起草规章、审查规章应当广泛听取有关方面的意见。当一个规章涉及跨区域协调发展问题，其他行政区域的立法机关无疑就包含在该条例规定的"有关方面"之中。此外，《规章制定程序条例》（2017）还明确规定可以采取书面征求意见、座谈会、论证会、听证会等多种形式。"立法的政治制度安排应当实现最广泛地接纳意见，并根据意见的争论与妥协来完成立法，这是现代民主体制在立法过程中的具体要求。"① 因此，地方政府实施区域协同立法是有法律依据的。在法理上，"行政乃是一种具有整体性，且不断向未来形成，而为一系列有目的的社会形成"②。行政的这种整体性，要求所有行政行为在实施过程中注重协调，重视行政机关之间的合作、配合。行政立法也是一种行政行为。行政立法机关之间相互协同是行政整体性的应有之义。（3）各地方制定的地方立法条例的有关规定。如《上海市制定地方性法规条例》（2023）第六十四条规定："市人民代表大会及其常务委员会根据区域协调发展的需要，可以会同有关省级人民代表大会及其常务委员会建立区域协同立法工作机制，协同制定地方性法规，在本行政区域或者有关区域内实施。"

（四）区域协同立法的单行法依据

现实中，不少单行法直接授权地方开展区域合作、推进区域协调发展。这些法律授权也是区域协同立法权限合法的直接依据。根据 2021 年 10 月 10 日在北大法宝网（www.pkulaw.com）的查阅结果，题目中含有"合作"关键词的现行有效的法律有 110 部共 272 条、行政法规有 108 部共 352 条，题目中含有"协作"关键词的现行有效的法律有 22 部共 26 条、行政法规有 35 部共 36 条，题目中含有"协商"关键词的现行有效的法律有 85 部共 154 条、行政法规有 104 部共 148 条，题目中含有"协同"关键词的现行有效的法律有 21 部共 30 条、行政法规有 23 部共 29 条。这些法条虽然不是全部规定区域协调发展问题的，但有不少直接对区域协调发展的相关问题作了规定。这些规定是区域协同立法最直接的法律依据。例如，《中华人民共和国固体废物污染环境防治法》（2020）第七十六条第三款规定："相邻省、自治区、直辖市之间可以开展区域合作，统筹建设区域性危险废物集中处置设施、场所"；《中华人民共和国就业促进法》（2015）第二十一条第一款规定："国家支持区域经济发展，鼓励区域协作，统筹协调不同地区就业的均衡增长"；《中华人民共和国大气污染防治法》（2018）第二条第二款规定："防治大气污染，应当加强对燃煤、工业、机动车船、扬尘、农业等大气污染的综合防治，推行区域大气污染联合防治，对颗粒物、二氧化硫、氮氧化物、挥发性有机物、氨等大气污染物和温室气体实施协同控制"；

---

① 周祖成、喻彦霖：《法律心智：返回法律的生活世界——一种现象学的视角》，载《法制与社会发展》2020 年第 3 期，第 143 页。

② 转引自翁岳生编《行政法》，中国法制出版社 2002 年版，第 14 页。

《中华人民共和国渔业法实施细则》（2020）第三条第三款规定："跨行政区域的内陆水域渔业，由有关县级以上地方人民政府协商制定管理办法，或者由上一级人民政府渔业行政主管部门及其所属的渔政监督管理机构监督管理"；《中华人民共和国长江保护法》（2021）第六条规定："长江流域相关地方根据需要在地方性法规和政府规章制定、规划编制、监督执法等方面建立协作机制，协同推进长江流域生态环境保护和修复"；《中华人民共和国黄河保护法》（2023）第四条第二款规定："黄河流域省、自治区可以根据需要，建立省级协调机制，组织、协调推进本行政区域黄河流域生态保护和高质量发展工作"；等等。

六、区域协同立法的范围

区域协同立法不是地方立法者的主观臆想，而是在现行法律体系下对区域协调发展的现实与秩序的一种客观表述活动。因此，区域协同立法必须以现行宪法、法律为法律依据，以区域协调发展客观需求为事实依据，才能从立法上反映所调整的区域协调发展的特点和发展趋势，建立符合我国区域实际、促进区域法治、实现区域协调发展的区域法律秩序。区域协同立法是一种地方立法，其范围一般都是由宪法、法律直接或间接、原则或具体加以规定的。前述区域协同立法的法律基础，是我国现行法律体系中确定区域协同立法范围的主要根据。根据这些规定，区域协同立法范围具体包括区域协同立法的对象范围和权限范围。

（一）区域协同立法的对象范围

区域协同立法的对象范围，是指区域协同立法中"协同"所涵盖的相关立法活动。地方立法一般包括立项、起草，以及法规案提出、审议、公布、备案、后评估、清理等环节。其中，立项中有论证评估环节，起草中有合法性论证与风险评估环节，审议中可能有表决前评估环节，即在设区的市公布之前还有批准环节。原则上，这些环节除了向上级备案不纳入区域协同立法外，其他立法活动都可以纳入区域协同立法的对象范围。不同的立法活动，其协同的内容是不同的。立项的协同，主要是确立哪些项目纳入区域协同立法范畴；起草的协同，主要是起草的方式、内容以及相关论证的协同；法规案提出、审议的协同，主要是提出、审议的时间以及相关论证评估的协同；公布的协同，主要是时间的协同；后评估、清理的协同，主要是时间、进度上的协同。然而，实践中区域协同立法的对象范围也会出现一些问题。如《京津冀人大立法项目协同办法》(2017)第二条规定:"本办法适用于京津冀协同立法项目的立项、起草、调研、修改、审议、实施、清理等工作。"在这一规定中,将"调研""修改"环节视为与起草、审议相同层级的环节似不妥;将立法后评估剔出区域协同立法对象范畴也不太恰当;而将"实施"纳入区域协同立法对象范畴,虽然没有超越地方人大权限,但明显超越了地方立法的范畴。

(二)区域协同立法的权限范围

区域协同立法的权限范围,是指地方立法机关进行协同立法的范围和界限,即地方立法机关可以对哪些领域的事项进行协同立法。

1. 区域协同立法权限

区域协同立法的权限范围取决于地方立法机关自身的立法权限。根据《宪法》(2018)、《地方组织法》(2022)、《立法法》(2023)、《中华人民共和国香港特别行政区基本法》(以下简称《香港基本法》)(1990)、《中华人民共和国澳门特别行政区基本法》(以下简称《澳门基本法》)(1993)等法律规定,地方立法机关的权限范围大致如下。

第一,省级立法机关的立法权限。[①]根据《宪法》(2018)、《地方组织法》(2022)、《立法法》(2023)等法律规定,省(直辖市、自治区)人大及其常委会、省(直辖市、自治区)政府享有立法权。《立法法》(2023)具体规定了省级地方立法机关的权限。从《立法法》(2023)第八十二条规定[②]来看,省级人大及其常委会立法类型有三种:第一种,执行性立法,即省级立法主体为了执行或实现特定法律、行政法规的规定而进行的立法。第二种,自主性立法,即对地方性事务进行的立法。对于何为地方性事务,法律法规未作出明确规定。学界一般认为,地方性事务的可能范围应包括:地方政权建设方面,如农村、城镇基层政权建设和自治组织的建设等;文

---

① 参见朱最新、黄涛涛、刘浩《地方立法评估的理论与实务研究》,法律出版社 2020 年版,第 79-81 页。

② 《立法法》(2023)第八十二条 地方性法规可以就下列事项作出规定:(一)为执行法律、行政法规的规定,需要根据本行政区域的实际情况作具体规定的事项;(二)属于地方性事务需要制定地方性法规的事项。除本法第十一条规定的事项外,其他事项国家尚未制定法律或者行政法规的,省、自治区、直辖市和设区的市、自治州根据本地方的具体情况和实际需要,可以先制定地方性法规。在国家制定的法律或者行政法规生效后,地方性法规同法律或者行政法规相抵触的规定无效,制定机关应当及时予以修改或者废止。设区的市、自治州根据本条第一款、第二款制定地方性法规,限于本法第八十一条第一款规定的事项。

化、教育、司法和行政方面，如治安管理、义务教育等；市场经济管理方面，如基础设施建设、城乡建设规划、环境保护等；社会权益保障方面，如社会救助、社会保险等。[①] 而这种理论认识中的文化、教育、司法和行政方面，市场经济管理方面以及社会权益保障方面也是非常抽象的。而宪法在对中央与地方人大及其常委会和政府职权的规定中，除国防、外交等少数事务外，基本上没有什么差别。因此，在相关法律没有明确区分中央与地方事务前，很难对地方性事务作出科学界定。第三种，先行性立法，即除中央专属立法权外的事项，国家尚未制定法律、行政法规的，省级人大及其常委会可以先行制定地方性法规。从这三类看，只要不属于法律保留事项，省级人大及其常委会都可以制定地方性法规。从我国现有法律规定来看，法律保留事项既包括《立法法》（2023）第十一条规定的法律保留事项[②]，也包括一些单行法律规定的保留事项，如《中华人民共和国行政处罚法》（以下简称《行政处罚法》）（2021）第十条规定[③]，《中华人民共和国行政许可法》（2019）第十五条第二款规定[④]，《中华人民共和国行政强制

---

① 参见孙波《论地方性事务——我国中央与地方关系法治化的新进展》，载《法制与社会发展》2008 年第 5 期；崔卓兰、于立深、孙波等《地方立法实证研究》，知识产权出版社 2007 年版，第 101 页。

② 《立法法》（2023）第十一条　下列事项只能制定法律：（一）国家主权的事项；（二）各级人民代表大会、人民政府、监察委员会、人民法院和人民检察院的产生、组织和职权；（三）民族区域自治制度、特别行政区制度、基层群众自治制度；（四）犯罪和刑罚；（五）对公民政治权利的剥夺、限制人身自由的强制措施和处罚；（六）税种的设立、税率的确定和税收征收管理等税收基本制度；（七）对非国有财产的征收、征用；（八）民事基本制度；（九）基本经济制度以及财政、海关、金融和外贸的基本制度；（十）诉讼制度和仲裁基本制度；（十一）必须由全国人民代表大会及其常务委员会制定法律的其他事项。

③ 《行政处罚法》（2021）第十条　法律可以设定各种行政处罚。限制人身自由的行政处罚，只能由法律设定。

④ 《中华人民共和国行政许可法》（2019）第十五条第二款　地方性法规和省、自治区、直辖市人民政府规章，不得设定应当由国家统一确定的公民、法人或者其他组织的资格、资质的行政许可；不得设定企业或者其他组织的设立登记及其前置性行政许可。其设定的行政许可，不得限制其他地区的个人或者企业到本地区从事生产经营和提供服务，不得限制其他地区的商品进入本地区市场。

法》（2011）第十条、第十三条规定①，等等。从《立法法》（2023）第九十三条规定②来看，省（市、自治区）政府的立法类型与省级人大及其常委会立法类型一样，分为执行性立法、自主性立法、先行性立法三种。只不过省（市、自治区）政府的自主性立法限于"具体行政管理事项"，先行性立法限于"应当制定地方性法规但条件尚不成熟"的事项。从全国各地制定的地方性法规来看，除极少数涉及人大制度等领域的地方性法规外，基本上都与行政管理有关，都可以纳入"具体行政管理事项"范畴。也有人认为"具体行政管理事项"大体可以包括以下三个方面："一是有关行政程序方面的事项，包括办事流程、工作规范等；二是有关行政机关自身建设的事项，包括公务员行为操守、工作纪律、廉政建设等；三是不涉及创设公民权利义务的有关社会公共秩序、公共事务或事业的具体管理制度，如公共场所（如公园、电影院等）的管理规定，市场（如早市、夜市、超市等）的管理秩序，学校秩序管理规定等。"③ "对于'地方性事务'与'具体行政管理事项'到底有哪些区别，并没有标准的答案，仍是见仁见智的。"④ 先行性立法限于"应当制定地方性法规但条件尚不成熟"，意味着先

---

① 《中华人民共和国行政强制法》（2011）第十条　行政强制措施由法律设定。尚未制定法律，且属于国务院行政管理职权事项的，行政法规可以设定除本法第九条第一项、第四项和应当由法律规定的行政强制措施以外的其他行政强制措施。尚未制定法律、行政法规，且属于地方性事务的，地方性法规可以设定本法第九条第二项、第三项的行政强制措施。法律、法规以外的其他规范性文件不得设定行政强制措施。第十三条　行政强制执行由法律设定。法律没有规定行政机关强制执行的，作出行政决定的行政机关应当申请人民法院强制执行。

② 《立法法》（2023）第九十三条　省、自治区、直辖市和设区的市、自治州的人民政府，可以根据法律、行政法规和本省、自治区、直辖市的地方性法规，制定规章。地方政府规章可以就下列事项作出规定：（一）为执行法律、行政法规、地方性法规的规定需要制定规章的事项；（二）属于本行政区域的具体行政管理事项。设区的市、自治州的人民政府根据本条第一款、第二款制定地方政府规章，限于城乡建设与管理、生态文明建设、历史文化保护、基层治理等方面的事项。已经制定的地方政府规章，涉及上述事项范围以外的，继续有效。除省、自治区的人民政府所在地的市，经济特区所在地的市和国务院已经批准的较大的市以外，其他设区的市、自治州的人民政府开始制定规章的时间，与本省、自治区人民代表大会常务委员会确定的本市、自治州开始制定地方性法规的时间同步。应当制定地方性法规但条件尚不成熟的，因行政管理迫切需要，可以先制定地方政府规章。规章实施满两年需要继续实施规章所规定的行政措施的，应当提请本级人民代表大会或者其常务委员会制定地方性法规。没有法律、行政法规、地方性法规的依据，地方政府规章不得设定减损公民、法人和其他组织权利或者增加其义务的规范。

③ 张春生：《立法实务操作问答》，中国法制出版社 2016 年版，第 197 页。

④ 刘平：《立法原理、程序与技术》，学林出版社 2017 年版，第 111 页。

行性立法范畴与地方性法规的范畴是一致的，也意味着只要不属于《立法法》（2023）第十一条规定的法律保留事项，省（市、自治区）政府也都可以制定地方政府规章。因而，省级立法机关的立法权限以法律保留为准，只要不属于法律保留事项范围，省级立法机关都有权立法。

第二，设区的市立法机关的立法权限。①《立法法》（2023）第八十一条在赋予设区的市地方立法权的同时，对设区的市立法权事项范围进行了限制，即设区的市"可以对城乡建设与管理、生态文明建设、历史文化保护、基层治理等方面的事项制定地方性法规，法律对设区的市制定地方性法规的事项另有规定的，从其规定"。而根据全国人民代表大会常务委员会法制工作委员会（以下简称"全国人大常委会法工委"）的非正式解释，"城乡建设与管理、环境保护、历史文化保护等方面"的"等"，从立法原义讲，应该是"等内"，不宜再作更加宽泛的理解。② 2023 年《立法法》的修改并没有改变"等"字的含义，只是增加了基层治理的范畴。基于此，设区的市地方立法权限有五个方面，只要符合下列情况之一的即有权进行立法：一是城乡建设与管理事项。对于城乡建设与管理事项范围，各方理解并不一致。2015 年《立法法》修订审议结果报告中指出，城乡建设与管理范围是比较宽的，"从城乡建设与管理看，就包括城乡规划、基础设施建设、市政管理等"。全国人大常委会法工委主任进一步指出："城乡建设既包括城乡道路交通、水电气热市政管网等市政基础设施建设，也包括医院、学校、文体设施等公共设施建设。城乡管理除了包括对市容、市政等事项的管理，也包括对城乡人员、组织的服务和管理以及对行政管理事项的规范等。"③ 2016 年 9 月 9 日，全国人大常委会法工委主任在第二十二次全国地方立法研讨会上的小结谈到"关于准确把握设区的市立法权限"，并援引了 2015 年以来出台的《中共中央　国务院关于深入推进城市执法体制改革改进城市管理工作的指导意见》和《中共中央　国务院关于进一步加强

---

① 参见朱最新、黄涛涛、刘浩《地方立法评估的理论与实务研究》，法律出版社 2020 年版，第 81 – 84 页。

② 参见李适时《全面贯彻实施修改后的立法法》，见中国人大网（http://www.npc.gov.cn/zgrdw/npc/lfzt/rlyw/2015 – 09/28/content_ 1947314. htm），刊载日期：2015 年 9 月 28 日。

③ 乔晓阳主编：《〈中华人民共和国立法法〉导读与释义》，中国民主法制出版社 2015 年版，第 244 页。

城市规划建设管理工作的若干意见》，对城市管理的范围作了明确界定。① 根据文件精神，出于城市管理需要而延伸的吸引社会力量和社会资本参与城市管理，建立健全市、区（县）、街道（乡镇）、社区管理网络，推动发挥社区作用，动员公众参与，提高市民文明意识等相关举措，也属于城市管理范畴，涉及的这些领域都是设区的市立法权限范畴。② 2017 年 9 月，全国人大常委会法工委主任在第二十三次全国地方立法工作座谈会上的小结讲话中强调，2015 年修改《立法法》，不是简单地赋予设区的市地方立法权，而是在明确了三个方面事项即权限和范围的基础上进行"赋予"。既体现了我国单一制的国情实际和历史文化传统，又全面贯彻了党中央决策部署精神。城乡建设与管理、环境保护、历史文化保护这三个方面的含义，其实包括很多内容，有很大的容纳度和实践空间。在当今时代，我国各项事业发展变化很大、现实生活发展变化很快，新情况、新问题层出不穷。因此，对于城乡建设与管理、环境保护、历史文化保护这三个方面的含义，全国人大常委会法工委在有关具体工作问题的答复和交流中，一般也是作比较宽的理解。③ 原则上，只要不属于宏观调控的事项、需要全国统一的市场活动规则及对外贸易和外商投资等需要全国统一规定或者需要全省统一规定的事项，基本上都可以纳入城乡建设与管理事项标准范畴。例如，武汉市 2016 年在"城乡建设与管理"领域制定的《武汉市实施临时救助暂行管理办法》《武汉市志愿服务条例》《武汉市公共信用信息管理办法》等法规和规章。二是生态文明建设事项。习近平总书记多次强调："人与自然是生命共同体，人类发展活动必须尊重自然、顺应自然、保护自然。"推动新时代的社会主义生态文明建设，必须坚持人与自然和谐共生，贯彻绿水青山就是金山银山、良好生态环境是最普惠的民生福祉、山水林田湖草是生

---

① 《中共中央　国务院关于深入推进城市执法体制改革　改进城市管理工作的指导意见》明确："城市管理的主要职责是市政管理、环境管理、交通管理、应急管理和城市规划实施管理等，具体实施范围包括：市政公用设施运行管理、市容环境卫生管理、园林绿化管理等方面的全部工作；市、县政府依法确定的，与城市管理密切相关、需要纳入统一管理的公共空间秩序管理、违法建设治理、环境保护管理、交通管理、应急管理等方面的部分工作。"

② 参见李适时《全面贯彻实施修改后的立法法》，见中国人大网（http://www.npc.gov.cn/zgrdw/npc/lfzt/rlyw/2015-09/28/content_ 1947314. htm），刊载日期：2015 年 9 月 28 日。

③ 参见沈春耀《适应全面依法治国新形势　进一步加强和改进立法工作——在第二十三次全国地方立法工作座谈会上的小结讲话》，见中国人大网（http://www.npc.gov.cn/zgrdw/npc/lfzt/rlyw/2017-09/13/content_ 2028782. htm），刊载日期：2017 年 9 月 13 日。

命共同体的理念，用最严格的制度、最严密的法治保护生态环境，共谋全球生态文明建设。据此，2023 年修改的《立法法》将"环境保护"修改为"生态文明建设"。但对于生态文明建设事项范围，2023 年修改的《立法法》未作出具体规定。对于生态文明建设，理论上可从狭义和广义两个层面理解。"从狭义来看，生态文明建设指以人与自然和谐相处为核心，遵循自然规律，合理开发利用和节约自然资源，保护和治理环境，进行生态建设（如植树造林等），从而使自然生态再生产与经济社会再生产形成良性循环和协调发展。从狭义角度理解，生态文明是与物质文明、政治文明和精神文明相并列的现实文明之一。""从广义来看，生态文明建设是指人类积极改善人与自然、人与人的关系，建立可持续生存和发展环境所进行的物质、精神、制度方面活动的总和。在这里生态文明建设已不单是节约资源、保护环境的问题，而是要将生态文明建设融入经济建设、政治建设、文化建设和社会建设的各个方面和全过程。"① 从《立法法》的本义来看，这里的生态文明建设应当是狭义的。三是历史文化保护事项。对于历史文化保护事项范围，2015 年、2023 年修改的《立法法》未作出具体规定。2015 年 3 月 12 日发布的《关于〈中华人民共和国立法法修正案（草案）〉审议结果的报告》对"城乡建设与管理"与"环境保护"的范围进行了阐释，但没有明确"历史文化保护"的范围。② 实践中，应当结合《中华人民共和国文物保护法》（2017）第二条③、《中华人民共和国非物质文化遗产法》

---

① 国务院发展研究中心课题组：《生态文明建设科学评价与政府考核体系研究》，中国发展出版社 2014 年版，第 6 - 7 页。

② 参见全国人大常委会法制工作委员会国家法室编《中华人民共和国立法法释义》，法律出版社 2015 年版，第 410 页。

③ 《中华人民共和国文物保护法》（2017）第二条 在中华人民共和国境内，下列文物受国家保护：（一）具有历史、艺术、科学价值的古文化遗址、古墓葬、古建筑、石窟寺和石刻、壁画；（二）与重大历史事件、革命运动或者著名人物有关的以及具有重要纪念意义、教育意义或者史料价值的近代现代重要史迹、实物、代表性建筑；（三）历史上各时代珍贵的艺术品、工艺美术品；（四）历史上各时代重要的文献资料以及具有历史、艺术、科学价值的手稿和图书资料等；（五）反映历史上各时代、各民族社会制度、社会生产、社会生活的代表性实物。文物认定的标准和办法由国务院文物行政部门制定，并报国务院批准。具有科学价值的古脊椎动物化石和古人类化石同文物一样受国家保护。

（2011）第二条①，以及《历史文化名城名镇名村保护条例》（2017）第七条②等相关法律、行政法规规定来确定是否属于历史文化保护事项范畴。四是基层治理事项。基层治理是国家治理的基石，也是地方治理的微观基础。对于基层治理事项范围，2023年修改的《立法法》未作出具体规定。在理论上，"基层是一个泛化的概念，狭义的基层指的是基于政府行政管理和区划，主要指农村乡、镇和城市街道；广义的基层则是在街道的基础上进一步扩大到县（含县级市）和城市区一级"③。但根据《中共中央、国务院关于加强基层治理体系和治理能力现代化建设的意见》（2021）的相关规定，基层治理应当主要在农村乡镇、村和城市街道、社区层面，基层治理的事项范围也应当仅限于在农村乡镇、村和城市街道、社区层面，政府、各类社会主体以各种方式服务基层民众、协调基层关系、化解基层矛盾、维护基层稳定的相关活动。五是法律另有规定标准。《立法法》（2023）第八十一条规定："法律对设区的市制定地方性法规的事项另有规定的，从其规定。"这就意味着，只要有法律的授权规定，设区的市就可以超出上述三项事项范围制定相应地方立法。这里的"法律"是指全国人大及其常委会制定的法律。如根据《立法法》（2023）第八十七条规定④，设区的市人大可以制定地方立法程序方面的地方性法规。设区的市政府拥有与省级政府相同的立法权，但其立法事项范围仅限于城乡建设与管理、生态文明建设、

---

① 《中华人民共和国非物质文化遗产法》（2011）第二条　本法所称非物质文化遗产，是指各族人民世代相传并视为其文化遗产组成部分的各种传统文化表现形式，以及与传统文化表现形式相关的实物和场所。包括：（一）传统口头文学以及作为其载体的语言；（二）传统美术、书法、音乐、舞蹈、戏剧、曲艺和杂技；（三）传统技艺、医药和历法；（四）传统礼仪、节庆等民俗；（五）传统体育和游艺；（六）其他非物质文化遗产。属于非物质文化遗产组成部分的实物和场所，凡属文物的，适用《中华人民共和国文物保护法》的有关规定。
② 《历史文化名城名镇名村保护条例》（2017）第七条　具备下列条件的城市、镇、村庄，可以申报历史文化名城、名镇、名村：（一）保存文物特别丰富；（二）历史建筑集中成片；（三）保留着传统格局和历史风貌；（四）历史上曾经作为政治、经济、文化、交通中心或者军事要地，或者发生过重要历史事件，或者其传统产业、历史上建设的重大工程对本地区的发展产生过重要影响，或者能够集中反映本地区建筑的文化特色、民族特色。申报历史文化名城的，在所申报的历史文化名城保护范围内还应当有2个以上的历史文化街区。
③ 张蓉：《基层治理与农村公共物品供给》，云南财经大学2022年财政学专业博士学位论文，第26页。
④ 《立法法》（2023）第八十七条　地方性法规案、自治条例和单行条例案的提出、审议和表决程序，根据中华人民共和国地方各级人民代表大会和地方各级人民政府组织法，参照本法第二章第二节、第三节、第五节的规定，由本级人民代表大会规定。

历史文化保护、基层治理四个方面。

第三，经济特区立法机关的立法权限。① 经济特区法规是我国地方立法的一种特殊形式②。我国现有一省四市一区经济特区：海南、深圳、厦门、珠海、汕头、上海浦东新区。经济特区除拥有相应的省级或者设区的市一级立法权外，还享有经济特区立法权。省级或者设区的市一级立法权前面我们已有论述。对于经济特区立法权限，《立法法》（2023）第八十四条第一款规定："经济特区所在地的省、市的人民代表大会及其常务委员会根据全国人大的授权决定。制定法规，在经济特区范围内实施。"这就是说，经济特区立法权是一种授权立法，其权限范围取决于全国人民代表大会的授权决定：一是海南经济特区、上海浦东新区。《全国人民代表大会关于建立海南经济特区的决议》（1988）规定："授权海南省人民代表大会及其常务委员会，根据海南经济特区的具体情况和实际需要，遵循国家有关法律、全国人民代表大会及其常务委员会有关决定和国务院有关行政法规的原则制定法规，在海南经济特区实施，并报全国人民代表大会常务委员会和国务院备案。"根据这一授权规定，海南经济特区的立法主体只有海南省人大及其常委会，其事项范围并没有大的突破。《中共中央、国务院关于支持海南全面深化改革开放的指导意见》（2018）规定："本意见提出的各项改革政策措施，凡涉及调整现行法律或行政法规的，经全国人大或国务院统一授权后实施。"《立法法》（2023）第八十四条第二款、第三款明确规定："上海市人民代表大会及其常务委员会根据全国人民代表大会常务委员会的授权决定，制定浦东新区法规，在浦东新区实施。海南省人民代表大会及其常务委员会根据法律规定，制定海南自由贸易港法规，在海南自由贸易港范围内实施。"据此，上海、海南获得了相应的经济特区立法授权。二是深圳经济特区。《全国人民代表大会关于国务院提请审议授权深圳市制定深圳经济特区法规和规章的议案的决定》（1989）、《全国人民代表大会常务委员会关于授权深圳市人民代表大会及其常务委员会和深圳市人民政府分别制定法规和规章在深圳经济特区实施的决定》规定："授权深圳市人民代表

---

① 参见朱最新、黄涛涛、刘浩《地方立法评估的理论与实务研究》，法律出版社 2020 年版，第 84 – 86 页。

② 乔晓阳主编：《〈中华人民共和国立法法〉导读与释义》，中国民主法制出版社 2015 年版，第 251 页。

大会及其常务委员会根据具体情况和实际需要，遵循宪法的规定以及法律和行政法规的基本原则，制定法规，在深圳经济特区实施，并报全国人民代表大会常务委员会、国务院和广东省人民代表大会常务委员会备案；授权深圳市人民政府制定规章并在深圳经济特区组织实施。"根据这些授权规定，深圳市人大及其常委会、深圳市人民政府在遵循上位法的基本原则的基础上可以根据具体情况和实际需要确立相应的立法事项。这在一定程度上可以说，只要不涉及政治领域和《立法法》（2023）第十一条规定的法律保留事项，深圳经济特区有权进行相关立法。《中共中央 国务院关于支持深圳建设中国特色社会主义先行示范区的意见》（2019）规定："本意见提出的各项改革政策措施，凡涉及调整现行法律的，由有关方面按法定程序向全国人大或其常委会提出相关议案，经授权或者决定后实施；涉及调整现行行政法规的，由有关方面按法定程序经国务院授权或者决定后实施。"建设中国特色社会主义先行示范区涉及政治、经济、文化等社会的方方面面，因而根据这一意见，深圳市立法权限除国家主权外基本上没有限制，只不过需要"经授权或者决定后实施"。三是厦门、汕头、珠海经济特区。根据《全国人民代表大会关于授权厦门市人民代表大会及其常务委员会和厦门市人民政府分别制定法规和规章在厦门经济特区实施的决定》（1994）①和《全国人民代表大会关于授权汕头市和珠海市人民代表大会及其常务委员会、人民政府分别制定法规和规章在各自的经济特区实施的决定》（1996）②，只要不涉及政治领域和《立法法》（2023）第十一条规定的法律保留事项，厦门、汕头、珠海经济特区都有权进行相关立法。

---

① 《全国人民代表大会关于授权厦门市人民代表大会及其常务委员会和厦门市人民政府分别制定法规和规章在厦门经济特区实施的决定》（1994）规定：授权厦门市人民代表大会及其常务委员会根据经济特区的具体情况和实际需要，遵循宪法的规定以及法律和行政法规的基本原则，制定法规，在厦门经济特区实施，并报全国人民代表大会常务委员会、国务院和福建省人民代表大会常务委员会备案；授权厦门市人民政府制定规章并在厦门经济特区组织实施。

② 《全国人民代表大会关于授权汕头市和珠海市人民代表大会及其常务委员会、人民政府分别制定法规和规章在各自的经济特区实施的决定》（1996）规定：授权汕头市和珠海市人民代表大会及其常务委员会根据其经济特区的具体情况和实际需要，遵循宪法的规定以及法律和行政法规的基本原则，制定法规，分别在汕头和珠海经济特区实施，并报全国人民代表大会常务委员会、国务院和广东省人民代表大会常务委员会备案；授权汕头市和珠海市人民政府制定规章并分别在汕头和珠海经济特区组织实施。

第四，民族自治地区立法机关的立法权限。① 根据《宪法》（2018）、《立法法》（2023）、《中华人民共和国民族区域自治法》（以下简称《民族区域自治法》）（2001）的规定，自治区、自治州立法既包括一般地方立法权，也拥有民族自治立法权。而自治县则只有民族自治立法权。民族自治立法包含制定自治条例和单行条例，也是我国地方立法的一种特殊形式。根据《宪法》（2018）第一百一十六条②、《立法法》（2023）第八十五条③、《民族区域自治法》（2001）第十九条④规定，民族自治地区立法权限只要求依照当地民族的政治、经济和文化特点来确定，并没有对民族自治地区立法的事项范围作任何限制。

第五，港澳特别行政区的立法权限。港澳特别行政区享有的立法权是中央授予的中国特色的地方自治的立法权，是"一国两制"原则在立法领域中的具体体现。根据《香港基本法》（1990）第二条⑤、第八条⑥、第二

---

① 参见朱最新、黄涛涛、刘浩《地方立法评估的理论与实务研究》，法律出版社 2020 年版，第 86 页。

② 《宪法》（2018）第一百一十六条 民族自治地方的人民代表大会有权依照当地民族的政治、经济和文化的特点，制定自治条例和单行条例。自治区的自治条例和单行条例，报全国人民代表大会常务委员会批准后生效。自治州、自治县的自治条例和单行条例，报省或者自治区的人民代表大会常务委员会批准后生效，并报全国人民代表大会常务委员会备案。

③ 《立法法》（2023）第八十五条 民族自治地方的人民代表大会有权依照当地民族的政治、经济和文化的特点，制定自治条例和单行条例。自治区的自治条例和单行条例，报全国人民代表大会常务委员会批准后生效。自治州、自治县的自治条例和单行条例，报省、自治区、直辖市的人民代表大会常务委员会批准后生效。自治条例和单行条例可以依照当地民族的特点，对法律和行政法规的规定作出变通规定，但不得违背法律或者行政法规的基本原则，不得对宪法和民族区域自治法的规定以及其他有关法律、行政法规专门就民族自治地方所作的规定作出变通规定。

④ 《民族区域自治法》（2001）第十九条 民族自治地方的人民代表大会有权依照当地民族的政治、经济和文化的特点，制定自治条例和单行条例。自治区的自治条例和单行条例，报全国人民代表大会常务委员会批准后生效。自治州、自治县的自治条例和单行条例报省、自治区、直辖市的人民代表大会常务委员会批准后生效，并报全国人民代表大会常务委员会和国务院备案。

⑤ 《香港基本法》（1990）第二条 全国人民代表大会授权香港特别行政区依照本法的规定实行高度自治，享有行政管理权、立法权、独立的司法权和终审权。

⑥ 《香港基本法》（1990）第八条 香港原有法律，即普通法、衡平法、条例、附属立法和习惯法，除同本法相抵触或经香港特别行政区的立法机关作出修改者外，予以保留。

十三条①、第六十二条②、第七十三条③、第七十五条④、第一百零八条⑤规定，香港特别行政区立法会享有根据香港基本法规定并依照法定程序制定、修改和废除法律的权力，享有自行立法规定税种、税率、税收宽免和其他税务事项的权力，享有自行制定立法会议事规则的权力，并享有自行立法禁止任何叛国、分裂国家、煽动叛乱、颠覆中央人民政府及窃取国家机密的行为，禁止外国政治性组织或团体在香港特别行政区进行政治活动，禁止香港特别行政区的政治性组织或团体与外国的政治性组织或团体建立联系的权力。香港特别行政区政府仅享有拟定并提出法案、议案、附属法规的权利，并无完整的立法权。根据《澳门基本法》（1993）第二条⑥、第八

---

① 《香港基本法》（1990）第二十三条 香港特别行政区应自行立法禁止任何叛国、分裂国家、煽动叛乱、颠覆中央人民政府及窃取国家机密的行为，禁止外国的政治性组织或团体在香港特别行政区进行政治活动，禁止香港特别行政区的政治性组织或团体与外国的政治性组织或团体建立联系。

② 《香港基本法》（1990）第六十二条 香港特别行政区政府行使下列职权：（一）制定并执行政策；（二）管理各项行政事务；（三）办理本法规定的中央人民政府授权的对外事务；（四）编制并提出财政预算、决算；（五）拟定并提出法案、议案、附属法规；（六）委派官员列席立法会并代表政府发言。

③ 《香港基本法》（1990）第七十三条 香港特别行政区立法会行使下列职权：（一）根据本法规定并依照法定程序制定、修改和废除法律。（二）根据政府的提案，审核、通过财政预算。（三）批准税收和公共开支。（四）听取行政长官的施政报告并进行辩论。（五）对政府的工作提出质询。（六）就任何有关公共利益问题进行辩论。（七）同意终审法院法官和高等法院首席法官的任免。（八）接受香港居民申诉并作出处理。（九）如立法会全体议员的四分之一联合动议，指控行政长官有严重违法或渎职行为而不辞职，经立法会通过进行调查，立法会可委托终审法院首席法官负责组成独立的调查委员会，并担任主席。调查委员会负责进行调查，并向立法会提出报告。如该调查委员会认为有足够证据构成上述指控，立法会以全体议员三分之二多数通过，可提出弹劾案，报请中央人民政府决定。（十）在行使上述各项职权时，如有需要，可传召有关人士出席作证和提供证据。

④ 《香港基本法》（1990）第七十五条 香港特别行政区立法会举行会议的法定人数为不少于全体议员的二分之一。立法会议事规则由立法会自行制定，但不得与本法相抵触。

⑤ 《香港基本法》（1990）第一百零八条 香港特别行政区实行独立的税收制度。香港特别行政区参照原在香港实行的低税政策，自行立法规定税种、税率、税收宽免和其他税务事项。

⑥ 《澳门基本法》（1993）第二条 中华人民共和国全国人民代表大会授权澳门特别行政区依照本法的规定实行高度自治，享有行政管理权、立法权、独立的司法权和终审权。

条①、第二十三条②、第五十条③、第七十一条④、第七十七条⑤、第一百零六条⑥规定，除有关外交、国防和国家统一、主权的法律外，澳门特别行政区立法会享有制定、修改和废除所有民事的、刑事的、商事的和诉讼程序法律等广泛的立法权力，享有自行制定立法会议事规则的权力，并享有自行立法禁止任何叛国、分裂国家、煽动叛乱、颠覆中央人民政府及窃取国家机密的行为，禁止外国的政治性组织或团体在澳门特别行政区进行政治

---

① 《澳门基本法》（1993）第八条 澳门原有的法律、法令、行政法规和其他规范性文件，除同本法相抵触或经澳门特别行政区的立法机关或其他有关机关依照法定程序作出修改者外，予以保留。

② 《澳门基本法》（1993）第二十三条 澳门特别行政区应自行立法禁止任何叛国、分裂国家、煽动叛乱、颠覆中央人民政府及窃取国家机密的行为，禁止外国的政治性组织或团体在澳门特别行政区进行政治活动，禁止澳门特别行政区的政治性组织或团体与外国的政治性组织或团体建立联系。

③ 《澳门基本法》（1993）第五十条 澳门特别行政区行政长官行使下列职权：（一）领导澳门特别行政区政府；（二）负责执行本法和依照本法适用于澳门特别行政区的其他法律；（三）签署立法会通过的法案，公布法律；签署立法会通过的财政预算案，将财政预算、决算报中央人民政府备案；（四）决定政府政策，发布行政命令；（五）制定行政法规并颁布执行；（六）提名并报请中央人民政府任命下列主要官员：各司司长、廉政专员、审计长、警察部门主要负责人和海关主要负责人；建议中央人民政府免除上述官员职务；（七）委任部分立法会议员；（八）任免行政会委员；（九）依照法定程序任免各级法院院长和法官，任免检察官；（十）依照法定程序提名并报请中央人民政府任命检察长，建议中央人民政府免除检察长的职务；（十一）依照法定程序任免公职人员；（十二）执行中央人民政府就本法规定的有关事务发出的指令；（十三）代表澳门特别行政区政府处理中央授权的对外事务和其他事务；（十四）批准向立法会提出有关财政收入或支出的动议；（十五）根据国家和澳门特别行政区的安全或重大公共利益的需要，决定政府官员或其他负责政府公务的人员是否向立法会或其所属的委员会作证和提供证据；（十六）依法颁授澳门特别行政区奖章和荣誉称号；（十七）依法赦免或减轻刑事罪犯的刑罚；（十八）处理请愿、申诉事项。

④ 《澳门基本法》（1993）第七十一条 澳门特别行政区立法会行使下列职权：（一）依照本法规定和法定程序制定、修改、暂停实施和废除法律。（二）审核、通过政府提出的财政预算案；审议政府提出的预算执行情况报告。（三）根据政府提案决定税收，批准由政府承担的债务。（四）听取行政长官的施政报告并进行辩论。（五）就公共利益问题进行辩论。（六）接受澳门居民申诉并作出处理。（七）如立法会全体议员三分之一联合动议，指控行政长官有严重违法或渎职行为而不辞职，经立法会通过决议，可委托终审法院院长负责组成独立的调查委员会进行调查。调查委员会如认为有足够证据构成上述指控，立法会以全体议员三分之二多数通过，可提出弹劾案，报请中央人民政府决定。（八）在行使上述各项职权时，如有需要，可传召和要求有关人士作证和提供证据。

⑤ 《澳门基本法》（1993）第七十七条 澳门特别行政区立法会举行会议的法定人数为不少于全体议员的二分之一。除本法另有规定外，立法会的法案、议案由全体议员过半数通过。立法会议事规则由立法会自行制定，但不得与本法相抵触。

⑥ 《澳门基本法》（1993）第一百零六条 澳门特别行政区实行独立的税收制度。澳门特别行政区参照原在澳门实行的低税政策，自行立法规定税种、税率、税收宽免和其他税务事项。专营税制由法律另作规定。

活动，禁止澳门特别行政区的政治性组织或团体与外国的政治性组织或团体建立联系的权力。澳门特别行政区政府与香港特别行政区政府不同，不仅享有拟定并提出法案、议案的权利，而且享有制定行政法规并颁布执行的权利。根据《香港基本法》（1990）第十一条①、第十七条②、第十八条③规定，以及《澳门基本法》（1993）第十一条④、第十七条⑤、第十八条⑥规定，香港特别行政区和澳门特别行政区的立法必须遵守三个规则：一是保证列入港澳基本法附件三的国家法律在港澳的实施，二是不得与港澳基本

---

①　《香港基本法》（1990）第十一条　根据中华人民共和国宪法第三十一条，香港特别行政区的制度和政策，包括社会、经济制度，有关保障居民的基本权利和自由的制度，行政管理、立法和司法方面的制度，以及有关政策，均以本法的规定为依据。香港特别行政区立法机关制定的任何法律，均不得同本法相抵触。

②　《香港基本法》（1990）第十七条　香港特别行政区享有立法权。香港特别行政区的立法机关制定的法律须报全国人民代表大会常务委员会备案。备案不影响该法律的生效。全国人民代表大会常务委员会在征询其所属的香港特别行政区基本法委员会后，如认为香港特别行政区立法机关制定的任何法律不符合本法关于中央管理的事务及中央和香港特别行政区的关系的条款，可将有关法律发回，但不作修改。经全国人民代表大会常务委员会发回的法律立即失效。该法律的失效，除香港特别行政区的法律另有规定外，无溯及力。

③　《香港基本法》（1990）第十八条　在香港特别行政区实行的法律为本法以及本法第八条规定的香港原有法律和香港特别行政区立法机关制定的法律。全国性法律除列于本法附件三者外，不在香港特别行政区实施。凡列于本法附件三之法律，由香港特别行政区在当地公布或立法实施。全国人民代表大会常务委员会在征询其所属的香港特别行政区基本法委员会和香港特别行政区政府的意见后，可对列于本法附件三的法律作出增减，任何列入附件三的法律，限于有关国防、外交和其他按本法规定不属于香港特别行政区自治范围的法律。

④　《澳门基本法》（1993）第十一条　根据中华人民共和国宪法第三十一条，澳门特别行政区的制度和政策，包括社会、经济制度，有关保障居民的基本权利和自由的制度，行政管理、立法和司法方面的制度，以及有关政策，均以本法的规定为依据。澳门特别行政区的任何法律、法令、行政法规和其他规范性文件均不得同本法相抵触。

⑤　《澳门基本法》（1993）第十七条　澳门特别行政区享有立法权。澳门特别行政区的立法机关制定的法律须报全国人民代表大会常务委员会备案。备案不影响该法律的生效。全国人民代表大会常务委员会在征询其所属的澳门特别行政区基本法委员会的意见后，如认为澳门特别行政区立法机关制定的任何法律不符合本法关于中央管理的事务及中央和澳门特别行政区关系的条款，可将有关法律发回，但不作修改。经全国人民代表大会常务委员会发回的法律立即失效。该法律的失效，除澳门特别行政区的法律另有规定外，无溯及力。

⑥　《澳门基本法》（1993）第十八条　在澳门特别行政区实行的法律为本法以及本法第八条规定的澳门原有法律和澳门特别行政区立法机关制定的法律。全国性法律除列于本法附件三者外，不在澳门特别行政区实施。凡列于本法附件三的法律，由澳门特别行政区在当地公布或立法实施。全国人民代表大会常务委员会在征询其所属的澳门特别行政区基本法委员会和澳门特别行政区政府的意见后，可对列于本法附件三的法律作出增减。列入附件三的法律应限于有关国防、外交和其他依照本法规定不属于澳门特别行政区自治范围的法律。

法相抵触，三是接受全国人大常委会的备案监督。

2. 区域协同立法是非隶属的地方立法机关进行的协同立法

"协同"之本义在于两个或两个以上的不同主体相互配合、相互协助完成每一任务的过程和方法。而"公权力的作用有赖于普遍的、事先确定的标准，并依据固定的规则实施。法律规定就是完全具有约束力的规则"①。地方立法权作为一项公权力也应该遵循权力法定原则。当一方不具备相应权力时，相应的协同立法就不可能进行。例如，深圳享有经济特区立法权，东莞没有，则深圳与东莞的协同立法就不能对经济特区立法权范畴的事项展开协同立法，只能就设区的市立法权范畴的事项展开协同立法。因此，区域协同立法的权限范围是由区域协同立法中立法权限最小者的地方立法机关的权限范围所决定的。

---

① ［德］奥托·迈耶：《德国行政法》，刘飞译，商务印书馆2002年版，第76页。

第二章 区域协同立法的工作机制

《立法法》（2023）第八十三条第二款规定："省、自治区、直辖市和设区的市、自治州可以建立区域协同立法工作机制。"所谓区域协同立法工作机制，是指区域协同立法的组织体制以及保证区域协同立法正常运行并发挥预期功能的一系列具体运行机制和配套制度、措施，即区域协同立法由谁协同、怎样协同、如何保障协同等，包括区域协同立法组织体制、程序机制、配套机制等内容。习近平总书记强调，要"加强对相关立法工作的协调，确保在法治轨道上推进改革"[①]。区域协同立法工作机制的规范化、制度化、法治化是区域协同立法实践的现实需要，也是全面依法治国的应有之义。

一、区域协同立法的组织机制

组织体制，是指一定社会制度下相应工作的组织方式、管理方法和管理制度，是国家关于相应工作管理的机构设置、职能配置和运行机制等方面的制度。[②] 区域协同立法的组织体制，是指区域协同立法的决策机构、执行机构等各自承担相应的职责，以及通过一定的组织形式形成的相对稳定的关系结构。由于区域协同立法中，未经中央或上级政府批准许可设立独立的跨区域组织有违我国现行宪制体制，不存在可能性，因此，区域协同立法并不存在一个完整的组织体制。组织机制是组织体制中的一个要素，是指组织体制中通过一定的组织形式形成的相对稳定的关系结构，是职能

---

① 《习近平：把抓落实作为推进改革重点　重大改革都要于法有据》，见新华网（http://www.xinhuanet.com//politics/2014-02/28/c_ 119558018.htm），刊载日期：2014 年 2 月 28 日。

② 参见曾渝、何宁主编《药事管理学》，中国医药科技出版社 2014 年版，第 42 页。

配置和运行机制等方面的一种制度性安排。区域协同立法的组织机制，主要是指区域协同立法中地方立法机关的决策机构、法制工作机构等组织机构为相互协调、配合推动协同立法的实现而形成的相对稳定的关系结构，是对区域协同立法中地方立法机关的决策机构、法制工作机构等组织机构职能配置和运行机制等方面的一种制度性安排。

（一）区域协同立法组织机制的层级

实践中，区域协同立法组织机制主要存在两种情形：一种是多层级组织机制，即设立人大常委会主任座谈会、人大常委会秘书长座谈会和人大常委会法制工作机构联席会议三个层级的区域协同立法组织机制，如长三角（长三角区域协同立法组织机制汇总见表2-1）；另一种是单一组织机制，即设立常委会领导、法制工作机构负责人、立法项目小组参加的协同立法工作联席会议，如京津冀（京津冀区域协同立法组织机制汇总见表2-2）。

表2-1　长三角区域协同立法组织机制汇总

组织形态	流程	具体情况
长三角地区人大常委会主任座谈会	原则上每年召开一次，由三省一市轮流召集和组织	2018年，长三角地区人大常委会主任座谈会在杭州召开。座谈会上签署了《关于深化长三角地区人大工作协作机制的协议》《关于深化长三角地区人大常委会地方立法工作协同的协议》，将聚焦交通互联互通、能源互济互保、产业协同创新、公共服务普惠便利、环境整治联防联控等七个重点领域，加强地方立法工作协同
		2019年，长三角地区人大常委会主任座谈会在南京召开。座谈会围绕做好新时代地方人大工作、服务长三角更高质量一体化发展开展交流，主要以"促进大型科学仪器共享"为重点，加强立法协同
		2020年，长三角地区人大常委会主任座谈会在上海召开。座谈会交流了要主动推进地方立法协同，共同做好示范区地方立法工作，就示范区饮用水水源保护法规开展前期研究，开展大型科学仪器共享立法协同；继续开展以交通基础设施建设为主题的代表联合视察活动；围绕"十四五"期间长三角地区率先建立现代化经济体系、开展重大关键技术协同攻关、探索长三角地区协同治理新模式等开展联合调研；在强化疫情联防联控法治保障方面加强沟通协作，共同推动公共卫生服务法规制度建设等

续表 2 - 1

组织形态	流程	具体情况
长三角地区人大常委会主任座谈会	原则上每年召开一次，由三省一市轮流召集和组织	2021 年，长三角地区人大常委会主任座谈会在合肥召开。座谈会交流了近年来三省一市人大依法护航长江大保护、开展长江流域禁捕联动监督、保障促进长三角科技创新共同体建设和固废污染协同治理等做法，提出进一步加强立法协同，为长三角区域数据领域合作、推动长江大保护、建设科创共同体等提供法治支撑
		2022 年，长三角地区人大常委会主任座谈会在杭州召开。会议总结长三角地区人大协同立法、联动监督、代表联合活动等方面取得的成绩和经验，交流本届以来特色亮点工作和下一步思路举措，审定 2022 年度协作重点工作计划，并签署会议纪要
长三角地区人大常委会秘书长座谈会	每年召开，由当年度主任座谈会的承办方召集和组织，人大常委会秘书长和机关有关部门负责人参加	2019 年，长三角地区人大常委会秘书长座谈会在宜兴召开。会议交流了换届以来三省一市人大常委会机关建设和管理的做法和经验，研究讨论并原则通过了 2019 年度长三角地区人大协作重点工作建议方案和主任座谈会方案
		2020 年，长三角地区人大常委会秘书长座谈会以视频会议形式召开。会议讨论了 2020 年度长三角地区人大协作重点工作建议方案草案和召开 2020 年长三角地区三省一市人大常委会主任座谈会相关工作设想。据介绍，当年长三角地区人大协作工作重点围绕长三角生态绿色一体化示范区建设、科技创新共同体建设、生态环境保护、区域交通和信息基础设施一体化、"十四五"规划编制等内容，综合运用立法、监督、重大事项决定、代表视察等法定手段开展，努力提升人大服务长三角一体化发展国家战略的实效
		2021 年，长三角地区人大常委会秘书长座谈会以视频会议形式召开。会议听取了安徽省人大常委会办公厅《2021 年度长三角地区三省一市人大常委会协作重点工作建议方案（草案）》主要内容以及召开长三角地区三省一市人大常委会主任座谈会的建议方案

续表 2 - 1

组织形态	流程	具体情况
长三角地区人大常委会法制工作机构联席会议	每年召开，轮流承办，也可临时召开法制工作机构联席会议	2022 年，长三角地区人大常委会秘书长座谈会以视频会议形式召开。会议听取了浙江省人大常委会办公厅负责同志通报 2022 年度长三角地区三省一市人大常委会主任座谈会主要安排和 2022 年度长三角地区三省一市人大常委会协作重点工作计划
		2014 年，三省一市人大常委会领导及法制工作机构就大气污染联防联控、区域协同立法达成共识
		2018 年，三省一市人大常委会法工委共同签署了《关于深化长三角地区人大常委会地方立法工作协同的协议》

数据来源：根据相关政府门户网站资料整理而成。

表 2 - 2 京津冀区域协同立法组织机制汇总

组织形态	流程	具体情况
京津冀协同立法工作联席会议	1. 京津冀轮流组织召开； 2. 常委会领导、法制工作机构负责人、立法项目小组参加； 3. 邀请全国人大常委会法工委领导到会指导	2015 年，京津冀协同立法工作联席会议在天津召开。与会人员就京津冀区域协同立法工作面临的新情况和新问题进行了深入探讨，研究形成了关于加强京津冀人大协同立法的若干意见。会上，与会人员还交流了三地 2015 年的年度立法计划，并就大气污染防治、水污染防治等重要领域的地方立法工作情况进行了深入交流。会议决定建立京津冀人大协同立法定期交流机制，就立法计划制定、重大立法项目联合攻关、地方立法理论研究、信息交流等方面进行交流协作
		2016 年，京津冀协同立法工作联席会议在北京召开。与会人员围绕北京市人大常委会委托中国城市规划设计研究院开展的"推进京津冀协同发展立法问题研究"总报告进行研讨，听取天津市人大常委会、河北省人大常委会的领导和同志对立法协同工作及课题研究成果的意见、建议。此外，还对三地 2016 年的重要立法工作进行了交流

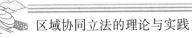

续表 2 - 2

组织形态	流程	具体情况
京津冀协同立法工作联席会议	1. 京津冀轮流组织召开；2. 常委会领导、法制工作机构负责人、立法项目小组参加；3. 邀请全国人大常委会法工委领导到会指导	2017 年，京津冀协同立法工作联席会议在天津召开。与会人员共同研讨了《京津冀协同发展立法引领和保障研究报告》，讨论并原则通过了《京津冀人大法制工作机构联系办法》。大家一致认为，该研究报告围绕京津冀协同发展重大国家战略实施，总结分析了协同立法实现途径及实践成果，明确提出了引领保障京津冀协同发展的立法项目和健全工作机制建议，具有较强的理论和实践价值。该联系办法就京津冀人大法制工作机构联席会议、立法项目沟通等作出规定，进一步形成制度化、经常化，更好地服务于京津冀人大立法工作
		2018 年，京津冀协同立法工作联席会议在北京召开。与会人员就三地人大立法规划和年度立法计划编制情况、《京津冀人大立法项目协同实施细则（讨论稿）》及环保条例、机动车污染防治条例立法协同工作初步方案进行了充分沟通交流
		2019 年，京津冀协同立法工作联席会议在廊坊召开。三地与会人员分别介绍了三地机动车和非道路移动机械排气污染防治条例的立法情况，并对条例的适用范围、机动车和非道路移动机械的概念、法规的框架结构、区域协同防治的具体措施、执法手段和法律责任的一致性等协同立法建议深入交换意见
		2020 年，京津冀协同立法工作联席会议在天津召开。与会人员讨论并原则通过了《京津冀人大关于协同推进强化公共卫生法治保障立法修法工作的意见》，深入交流了协同开展机动车和非道路移动机械排放污染防治条例执法检查情况。同时，与会人员实地考察了绿色生态屏障建设情况，对天津坚持生态优先绿色发展取得的成果给予了高度赞扬，表示将着眼于改善区域环境质量，携手打造京津冀东部绿色生态屏障，努力为强化生态环境联建联防联治提供有力法治保障

续表2-2

组织形态	流程	具体情况
京津冀协同立法工作联席会议	1. 京津冀轮流组织召开；2. 常委会领导、法制工作机构负责人、立法项目小组参加；3. 邀请全国人大常委会法工委领导到会指导	2021年，京津冀人大立法协同工作机制第八次会议在北京召开。与会人员就三地协同推进强化公共卫生法治保障立法修法工作意见的落实情况和协同推进北京冬奥会、冬残奥会法治保障工作进行了深入交流，原则通过了《京津冀三地人大常委会关于协同推进冬奥会法治保障工作的意见》
		2022年，京津冀人大立法协同工作机制第九次会议在张家口召开。与会人员研究讨论了《河北省（北京市、天津市）人民代表大会常务委员会关于京津冀协同推进大运河文化保护传承利用的决定（草案建议稿）》，并就进一步做好协同立法工作形成共识

数据来源：根据相关政府门户网站资料整理而成。

根据《宪法》（2018）、《地方组织法》（2022）、《立法法》（2023）等法律规定，省、自治区、直辖市以及设区的市、自治州的人大常委会讨论、决定本行政区域内各方面工作的重大事项；在不同上位法相抵触的前提下，可以制定和颁布地方性法规，根据区域协调发展的需要，可以开展协同立法。省、自治区、直辖市以及设区的市、自治州的人民政府可以依照法律规定的权限，管理本行政区域内的经济、教育、科学、文化、卫生等行政工作，发布决定和命令；可以根据法律、行政法规和本省、自治区、直辖市的地方性法规，制定规章；可以根据区域协调发展需要共同建立跨行政区划的区域协同发展工作机制，而区域协同立法工作机制无疑是区域协同发展工作机制的有机组成部分。根据这些法律规定，地方立法机关中的人大常委会、政府是区域协同立法的领导者、决策者。因此，有必要建立人大常委会、政府区域协同立法组织机制，即地方立法机关协同立法组织机制，来决定区域协同立法中的重大事项。《地方组织法》（2022）第四十七条规定："省、自治区、直辖市、自治州、设区的市的人民代表大会常务委员会由本级人民代表大会在代表中选举主任、副主任若干人、秘书长、委员若干人组成。"该法第七十条规定："省、自治区、直辖市、自治州、设区的市的人民政府分别由省长、副省长，自治区主席、副主席，市长、副市长，州长、副州长和秘书长、厅长、局长、委员会主任等组成。"根据这些法律规定，秘书长属于人大常委会、政府组成人员。因此，没有必要建立秘书长层级的区域协同立法组织机制。

目前，《地方组织法》（2022）、《立法法》（2023）等有关法律、法规未对地方人大常委会法制工作机构的职能、职责作出具体规定。根据各地人大常委会法制工作机构"三定"方案①，人大常委会法制工作机构是地方人大常委会设置的专门为地方立法服务的综合性工作机构，主要承担以下工作职责：起草地方立法规划、年度计划，协调督促立法计划的实施；起草、参与起草有关地方性法规草案；根据地方人大常委、地方人大有关专门委员会或者地方人民政府常务会议对地方性法规草案的审议意见以及其他有关方面的意见，对地方性法规草案提出修改建议；等等。② 根据各地政府法制工作机构"三定"方案，政府法制工作机构是负责各级政府日常法制工作的办事机构，是各级政府在实施依法行政工作方面的参谋、助手和行政事务方面的法律顾问，主要承担统筹规划政府立法工作，负责面向社会征集市地方性法规和市政府规章制定项目建议，起草或者组织起草有关市地方性法规和市政府规章草案、立法协调等。从各地的"三定"方案来看，立法的具体工作基本上是由人大常委会法制工作机构、政府法制工作机构来承担的。因此，有必要设立法制工作机构区域协同立法组织机制来承担区域协同立法的具体事务。

地方立法机关通过协同立法组织机制主要决定区域协同立法中的重大事项，而法制工作机构则承担区域协同立法的具体事务。两者的职责和目标并不完全一致。建立单一组织机制，看起来非常热闹，但因为不同机构的协调视角等存在的差异性，不分层级、共同协商实际上很难解决区域协同立法中的具体问题。因此，区域协同立法组织机制应当划分地方立法机关和地方立法机关法制工作机构两个层级。

（二）地方立法机关协同立法的职能配置与运行机制

地方立法机关协同立法主要是解决区域协同立法中的重大事项，其职能配置应当侧重于区域协同立法的规划和年度计划的确定、区域协同立法中的重要问题和分歧较大的问题的解决，以及区域协同立法最终方案的确定等方面。其运行机制主要是地方立法机关领导人联席会议，主要由地方

---

① "三定"方案是为了规范部门（单位）职能配置、内设机构和人员编制而制定的方案。参见《"三定"规定制定和实施办法》第一条。

② 参见韩捷《关于地方人大常委会法制工作机构建设的研究与思考》，载《人大研究》2018年第2期，第28页。

立法机关的相关负责人参加，地方立法机关的其他人员可以根据协同立法内容的需要由相关负责人确定是否参加。地方立法机关领导人联席会议应当实行定期会议和不定期会议相结合的方式召开。定期会议原则上每年召开一次，在每年人代会前召开，由区域地方立法机关轮流召集和组织，主要针对区域协同立法中的一些常规性问题作出决定；不定期会议应当根据法制工作机构协同立法的情况来确定。地方立法机关法制工作机构在协同立法中发生较大争议难以达成一致，或者协同立法中的一些重要问题需要领导进行协商决策的，可以提出召开地方立法机关领导人不定期会议，参加人员除相关负责人外，有关工作人员可以根据协同立法的需要由负责人决定是否参加。

（三）法制工作机构协同立法的职能配置与运行机制

地方立法机关法制工作机构承担区域协同立法的具体事务，其职能配置应当侧重于区域协同立法的规划和年度计划的草拟，区域协同立法的起草、调研、修改等的协同，以及立法信息交流共享等方面的协同。其运行机制主要是法制工作机构联席会议，主要由地方立法机关法制工作机构相关负责人和工作人员参加。必要时，可以邀请地方立法机关专门委员会成员、其他工作人员、立法起草人员、相关专家学者参加。地方立法机关法制工作机构负责区域协同立法的具体事务，由于这些事务的涉及范围较广、事项较为复杂多样、协同的时间也需要据事项的不同而有所不同，因此，地方立法机关法制工作机构联席会议应当实行不定期会议，根据区域协同立法的实际需要来组织召开，具体会议形式可以多样化。

二、区域协同立法的程序机制

作为一种客观存在的法律现象，区域协同立法没有突破法定地方立法权限和立法体制，而是地方立法权在运行方式上的变革，是以区域协调发展制度需求为导向，在传统地方立法过程中加入了区域地方立法机关相互协商、相互协调、相互配合的因素。"法律程序至少具有行为引导、品质改善、正义实现、民主参与、权力制约、意志统一、利益平衡、权利救济和责任追究等九大功能。"① 良好的区域协同立法程序机制，不仅保证了区域

---

① 季卫东：《法律程序的意义——对中国法制建设的另一种思考》，中国法制出版社 2004 年版，第 1 页。

协同立法当事人参与权的有效实现，而且在维护区域社会主体权益、提高区域协同立法的公信力等方面也起了不可替代的作用，是保障区域协同立法公正的客观要求。区域协同立法程序机制之所以受到如此的器重，"是因为任何实体的公正只能是相对的，而程序的公正才是绝对的。结果的公正必须有程序的保障……不仅必须通过正当程序来确保其结果的公正，而且其结果是否公正往往也只能通过程序是否公正来确认和判断"①。同时，区域协同立法权的高效、有序、规范行使，也需要全方位的程序规范保障。区域协同立法不同程序规范的有机联系和有效运转，通过区域地方立法机关相互配合、相互协调，形成了区域协同立法的不同运行模式。学界对区域协同立法运行模式有不同认识，概括起来，主要有中央制定型（中央统一立法模式）、共设机构立法模式、示范协调型、共同协商型（自主协商模式）等多种模式。② 所谓的中央统一立法模式并不存在立法主体相互协商、相互协调、相互配合的因素，是"立区域法"，而非区域协同立法。所谓共设机构立法模式，是指设立某种形式的区域立法机构或立法协调机构来全面领导和指导区域范围内的立法合作和协调工作，协调处理区域立法中出现的问题。③ 共设机构立法模式在设立区域立法机构或立法协调机构中存在立法主体相互协商、相互协调、相互配合的因素，但由于在立法过程中并不存在这些因素，实质上这一模式也是一种"立区域法"，而非区域协同立法。区域协同立法实践中，地方立法机关有时会通过征询其他行政区域地方立法机关对涉及的区域性问题的立法意见、建议，从而有效实现区域内不同行政区域的规则衔接。据此，借鉴现有研究的合理因素，区域协同立法运行模式从程序的视角看主要有征求意见模式、示范协调模式和共同协商模式三种。习近平总书记强调，要"加强对相关立法工作的协调，确保在法治轨道上推进改革"④。区域协同立法要在法治轨道上运行必须坚持法

---

① 黄学贤、杨红：《行政法学热点问题探讨》，当代世界出版社 2019 年版，第 72 页。

② 参见宋保振、陈金钊《区域协同立法模式探究——以长三角为例》，载《江海学刊》2019 年第 6 期，第 168 - 169 页；林珊珊《区域协同立法的理论逻辑与模式选择》，载《理论学刊》2021 年第 3 期，第 121 - 123 页；王春业《区域行政立法模式研究：以区域经济一体化为背景》，法律出版社 2009 年版，第 2 页。

③ 参见王春业《区域行政立法模式研究：以区域经济一体化为背景》，法律出版社 2009 年版，第 2 页；华国庆《我国区域立法协调研究》，载《学术界》2009 年第 2 期；叶依广《长三角政府协调：关于机制与机构的争论及对策》，载《现代经济探讨》2004 年第 7 期。

④ 《习近平：把抓落实作为推进改革重点　重大改革都要于法有据》，见新华网（http://www.xinhuanet.com//politics/2014 - 02/28/c_ 119558018.htm），刊载日期：2014 年 2 月 28 日。

治思维，坚守依法立法、程序公正的基本原则。为此，地方立法机关应当在平等协商的基础上，通过区域各地方人大以决定的形式，在条件成熟时通过地方立法条例，针对区域协同立法不同运行模式分别予以规范化、制度化、法规化，必要时由中央立法予以法律化，从而实现《法治中国建设规划（2020—2025年）》提出的"建立健全区域协同立法工作机制"要求，确保区域协同立法在法治轨道上推进。①

（一）征求意见模式及其程序规范

征求意见模式，是指区域内地方立法机关在立法过程中为解决区域公共事务，征询区域内其他不相隶属的地方立法机关对该立法草案的意见、建议，从而有效实现地方规则衔接和区域法治协调的一种区域协同立法运行模式。据不完全统计，北京、天津、河北的大气污染防治条例、水污染防治条例、自由贸易试验区条例，天津、河北的环境保护条例、道路运输（公路管理）条例，广州、佛山的轨道交通管理条例等诸多区域协同立法也是采取征求意见模式的。

征求意见模式的程序简单、方便灵活，比较适宜为解决区域公共事务提供衔接规则的协同立法。例如，2021—2023年，在制定佛山轨道交通管理条例时，佛山市人大常委会法工委发函向广州市人大常委会法工委征询意见，并根据广州市人大常委会法工委会反馈的修改意见对条例进行了修改完善，在广佛互联互通地铁线路规划、建设、运营、执法、应急等方面确立了一系列衔接规则，实现了《佛山市轨道交通管理条例》与《广州市轨道交通管理条例》的有效衔接，从而形成有利于广佛地铁一体化的制度结构和安排。

然而，由于区域地方立法在征求意见模式中机关缺乏直接的双向互动，难以形成共同意志，因此，不太适宜提供区域规则。此外，征求意见模式的实效在很大程度上取决于另一地方立法机关反馈。是否反馈、反馈质量如何，决定着区域协同立法相关衔接规则制定的质量和效益。为此，有必要对征求意见模式中的反馈程序作出明确规定，以保障征求意见模式的高效、有序进行：（1）征求意见的地方立法机关法制工作机构应当在发函中明确需要征求意见的主要内容、期限以及征求意见的方式，以便相关地方立法机关及时全面地反馈意见、建议。（2）相关地方立法机关法制工作机

---

① 参见朱最新《区域协同立法的运行模式与制度保障》，载《政法论丛》2022年第4期，第141－150页。

构表明接受。一般来说，除非相关地方立法并不存在制定区域规则或者衔接规则的必要性，或者自身存在众所周知的难以进行协同立法的特殊情况，相关地方立法机关法制工作机构都应当接受。（3）相关地方立法机关法制工作机构应当及时征求本地相关主管部门的意见，必要时还应当以论证会、座谈会等形式征求专家意见和社会公众意见。（4）相关地方立法机关法制工作机构应当及时整理相关意见、建议，形成书面意见、建议，按时参加会议，协商发表意见、建议，或者书面反馈给征求意见的地方立法机关法制工作机构。该发表或者反馈的意见、建议是相关地方立法机关的正式意见，在以后的区域合作中没有更强理由不得随意改变。

（二）示范协调模式及其程序规范

示范协调模式，是指社会组织、个人或者地方立法机关为解决区域公共事务提供示范性制度规则，区域地方立法机关根据区域协调发展的要求和本行政区域的具体情形，参照制定相同或相似的地方性法规规章，以实现区域法治协调或统一的一种区域协同立法运行模式。示范法是国际法中广泛应用的协调法律冲突、推动法律趋同的一种制度供给模式，也是国外协调一国之内不同行政区域法律冲突的制度供给模式。例如，美国各州立法机关在美国统一州法全国委员会、美国法学会、美国律师协会等官方、半官方或民间组织提供的不具有法律效力的示范法基础上，采用相同或类似的实体法，从而求得法律的协调与统一。[1] 在我国，示范协调模式存在两种情形：（1）地方立法机关提供示范法，即立法条件成熟的行政区域地方立法机关先制定相关立法，向其他行政区域提供示范性制度规则，其他地方立法机关可在条件成熟时参照制定相应立法。例如，2006年黑龙江、辽宁、吉林三省政府签订的《东北三省政府立法协作框架协议》规定，对于政府关注、群众关心的难点、热点、重点立法项目，三省将成立联合工作组；对于共性的立法项目，由一省牵头组织起草，其他两省予以配合；对于三省有共识的其他项目，由各省独立立法，立法成果三省共享。[2] （2）非地方立法机关提供示范法，即由社会组织或者个人向区域内地方立法机关提供示范性制度规则。例如，1991年韩德培、黄进撰写的《大陆地区与台湾、香港、澳门地区民事法律适用示范条例》对涉及跨大陆、台湾、香港

---

① 参见王春业《区域合作背景下地方联合立法研究》，中国经济出版社2014年版，第117页。

② 参见陈俊《区域经济一体化背景下地方立法协调的模式探讨》，见冯玉军主编《京津冀协同发展立法研究》，法律出版社2019年版，第26页。

和澳门地区的自然人之间、法人之间、自然人和法人之间民事法律关系的法律适用作出了规定①，为立法实践提供了有益参考。

示范协调模式具有渐进性、灵活性、可操作性和客观公允的示范性，充分考虑了区域发展不平衡产生的制度需求差异，比较适合为社情民意、区域发展存在差异，但有着区域公共事务待解决的地区提供区域规则。例如，2015 年河北省人大常委会出台的《河北省人民代表大会常务委员会关于促进农作物秸秆综合利用和禁止露天焚烧的决定》，建立了促进农作物秸秆综合利用和禁止露天焚烧的制度体系；2017 年天津市人大常委会借鉴河北经验并出台的《天津市人民代表大会关于促进农作物秸秆综合利用和露天禁烧的决定》，对农作物秸秆综合利用和禁止露天焚烧的原则、职责分工与政策安排等与河北保持基本一致；2018 年河北省人大常委会借鉴天津经验并修正《河北省人民代表大会常务委员会关于促进农作物秸秆综合利用和禁止露天焚烧的决定》，对故意露天焚烧秸秆及树叶、荒草等行为处罚幅度与天津保持一致，从而为津冀交界地带共同治理提供了制度保障。

然而，由于示范性制度规则并不是由地方立法机关相互间充分协商达成一致形成的，不是其共同意志的产物，因此，区域内地方立法机关参照制定相同或相似地方性法规、规章的自主性、积极性常常不足。为此，应当针对示范协调模式的特点，在建立健全相关程序基础上按照以下要求构建说明理由制度：（1）无论是地方立法机关起草还是社会组织或者个人起草的示范性制度规则都应当在充分调查研究的基础上广泛征求区域地方立法机关等各方面的意见，并做出明确的立法说明，以确保示范性制度规则符合区域协调发展的制度需要，也易为公众所理解。（2）区域地方立法机关应当在提出示范性制度规则一年内及时展开研讨，确定是否启动相应立法程序。启动相应立法并不是简单地将示范性制度规则变为地方性法规、规章，应当容许差异性的存在，以便区域地方立法机关就共同关心的立法问题在确保区域协调发展整体利益基础上，在各自制度框架下寻求最适合各自地方实际的制度规范，从而更好地达成趋向的目标。地方立法机关在制定相应地方性法规、规章时应当对其差异性做出恰当说明。（3）确定暂缓启动或者不启动时，应当向社会公开说明理由。除国家法律有特别规定外，地方立法机关应当对暂缓启动或者不启动相应立法的法律原因、事实原因和正当性依据向示范性制度规则起草者和社会进行清晰的解释和说明，

----

① 参见韩德培《韩德培文集》，武汉大学出版 2012 年版，第 92 页。

从而形成示范性制度规则起草者、社会、地方立法机关的良性互动。（4）注意互动循环。通过示范性制度规则制定的地方性法规、规章实施一定期限后，可以委托第三方对示范性制度规则的实施情况和实施效果进行立法后评估。同时，要高度重视示范协调模式立法的信息交流和互相学习，包括通过立法后评估、信息交流和互相学习，以及分享示范性制度规则的最佳实践经验，从而在区域内部形成互相学习、借鉴和创新的良好氛围，形成良性互动循环。

（三）共同协商模式及其程序规范

共同协商模式，是指区域内互不隶属的地方立法机关基于区域协调发展的整体利益，立足于地方立法权限，在地方立法的各个环节相互配合、相互协助，为解决区域公共事务提供区域规则、衔接规则的一种区域协同立法运行模式。目前，我国区域协同立法共同协调模式主要存在两种情形：（1）同步立项、起草、论证、审议、发布、实施。例如，2021 年江苏、浙江、安徽和上海三省一市司法厅（局）签署的《长江三角洲三省一市司法厅（局）区域协同立法合作框架协议》规定，涉及区域协同发展的立法项目统筹安排后，由四地采取联合调研、联合起草、分别审议、协同推进的方式，对涉及区域协同立法项目的难点、重点、焦点问题进行联合攻关，在事关区域协调发展的重要条款上尽可能协调有序，从而形成区域立法同步立项、起草、审议通过、实施的方式。（2）各自起草、立项、论证、审议、报批、发布，同步实施。例如，2020 年广东省汕头、揭阳、潮州三市在广东省人大常委会法工委的指导下，同时将《潮剧保护传承条例》纳入2021 年立法工作计划，分别起草各自的《潮剧保护传承条例》。该条例起草完毕后，于 2021 年同步实现《潮剧保护传承条例》的论证、修改完善、审议、报批、发布、实施。

共同协商模式"是一种比较松散、灵活的合作方式，有利于加强交流、促进合作"[①]。共同协商模式的核心要素是沟通协商，其实质上是一个通过沟通协商等方式进行地方利益博弈，以谋求共识、获得合意、实现区域利益最大化的立法过程。共同协商模式并不能创设利益，其最重要的作用在于衡平利益，并通过构建相关制度规范对衡平后的利益进行确认，通过制度规范的实施来维护其所确认的利益。利益衡平既是共同协商模式成败的关键所在，也是其动力之源。如 2020 年京津冀三地同步起草立法项目、同

---

① 林珊珊：《区域协同立法的理论逻辑与模式选择》，载《理论学刊》2021 年第 3 期，第 123 页。

步修改、同步通过、同步实施的《机动车和非道路移动机械排放污染防治条例》，有效平衡各方利益，建立了机动车和非道路移动机械排放污染联合防治协调机制、机动车和非道路移动机械排放检验数据共享机制、新车抽检抽查协同机制、非道路移动机械统一登记管理制度等制度机制，实现了三地条例主要制度机制的一致性、协同性和融合性。

共同协商模式成败的关键在于利益衡平。共同协商模式"程序则应当使几乎每个人认为服从这一程序符合自己的利益，而不管其他偶然寻求的目的是什么"①。因此，共同协商模式程序规范的建构不仅要遵循区域权利义务对等原则，有效地调和区域内彼此抵牾与冲突的利益，包容各方异议，充分照顾到各方正当利益，实现各方的合作共赢，而且要构建一套在不同阶段"使几乎每个人认为服从这一程序符合自己的利益"的程序规则：（1）立项阶段。区域地方立法机关在立法规划、年度立法计划、专项计划的制定过程中，应当充分考虑区域协调发展需求，注意征求、吸纳区域各方意见。对可能涉及为解决区域公共事务制定区域规则、衔接规则等制度规范的，地方立法机关法制工作机构应当通过会议协商、约谈协商或者书面协商等方式进行沟通协商，对各方共同关注的立法项目、可能涉及诸多区域规则或者衔接规则的立法项目，要尽可能协调一致、同步进行。（2）起草阶段。地方立法机关应当根据起草的地方立法的不同情况，在起草中采取不同的沟通协调方式。对立法条件均已成熟、立法能力比较均衡的，可以采取分别起草、相互借鉴的方式；对立法能力不均衡的，可以由立法能力较强的地方立法机关牵头组织起草、其他地方立法机关共同参与，最终形成同一草案文本；对各方高度重视的立法项目，可以由区域地方立法机关同步调研、同步起草，对涉及的重点、难点和焦点问题展开联合攻关，形成同一草案文本；对争议较多、争议较大或者专业性、技术性的立法项目，可以共同委托第三方机构起草，形成同一草案文本。（3）论证审议阶段。对同步起草的立法项目，如原有草案变动的内容不会影响到区域公共事务解决的，一般书面征求其他地方立法机关意见即可；对分别起草、牵头协调起草和委托起草的立法项目，以及原有草案产生非文字性变动可能影响到区域公共事务解决的项目，一般应当通过召开区域地方立法机关共同参与的论证会、座谈会等方式进行沟通协商，沟通协商难以达成一致的，必要时可以委托第三方组织对争议问题展开表决前评估。

---

① ［美］R. M. 昂格尔：《现代社会中的法律》，吴玉章、周汉华译，译林出版社 2001 年版，第 66 页。

三、区域协同立法的配套保障机制

区域协同立法运行模式程序规范的建立健全有助于提升协同立法的质量与效率。然而，区域协同立法是一项复杂的社会系统工程，其顺利有效实施还受到协同立法内外一系列因素的影响。为推动区域协同立法落地生根、形成实效，有必要在建立健全区域协同立法运行模式程序规范的同时，尽快建立起全面有效的配套保障机制，并将其贯彻到区域协同立法的各个环节。具体而言，可以从建立交叉备案与动态清理机制、健全社会参与和信息公开共享机制、构建区域协同立法指导机制、优化区域协同立法交流学习与智力支持机制、完善区域协同立法后评估和立法考评机制等方面着手。

（一）建立交叉备案与动态清理机制

区域协同立法的沟通协调、社会参与可以有效平衡区域各方彼此抵牾与冲突的利益，包容各方异议，实现各方的合作共赢，但区域协同立法最后还是由区域内各地方立法机关通过法定程序审议通过。区域内各地方立法机关在地方利益影响下，最终的立法结果可能与沟通协调文本存在差异，甚至出现相互冲突的情形。为规范区域地方立法机关、促进立法协同，有必要建立区域协同立法交叉备案机制，即地方立法机关在各自制定完成协同立法的地方性法规、规章后，向区域内其他地方立法机关进行备案。其他地方立法机关可对此进行协调性审查①，当发现该地方立法机关的立法与沟通协调文本存在较大差异、有可能损及本地利益或影响整个区域共同利益时，其他地方立法机关可就此提出立法协调要求及进行协商处理。

交叉备案解决的是区域协同立法文本在区域不同行政区内的协调性问题，但不能解决区域协同立法在行政区域内的协调性问题。"天下之事，不难于立法，而难于法之必行。"法律体系内在的和谐一致是"法之必行"的制度前提，动态清理是区域协同立法落地生根的重要保证。因而，有必要建立区域协同立法动态清理机制，其主要内容包括以下四方面：（1）明确清理实施机构。区域地方立法机关分别授权其法制工作机构承担协同立法清理工作，并将其纳入工作人员的年度考核。（2）明晰清理对象与标准。清理对象应当是与区域协同立法成果相关的本行政区域内地方性法规、规

---

① 参见王春业《区域合作背景下地方联合立法研究》，中国经济出版社 2014 年版，第 194 页。

章及其他规范性文件。清理标准主要是与区域协同立法成果相抵触、存在地方保护主义倾向条款。（3）确定清理方式。区域协同立法清理一般进行单项清理，即"地方立法机关对与某一行业特定事项相关的现行有效地方规范性法律文件进行清理的一种形式"；当区域协同立法成果为综合性地方立法时，则进行专项清理，即"地方立法机关对特定事项内容的或某个领域的地方规范性法律文件进行清理的一种形式"。[1]（4）规范清理程序。区域协同立法成果审议通过后，区域内各地方立法机关法制工作机构应当自动及时启动立法清理，必要时可以委托第三方专业机构实施。清理过程中，区域内各地方立法机关法制工作机构应当定期沟通，就区域协同立法清理情况相互反馈、互相督促，并保持动态跟踪，依法及时处理清理过程中发现的规则冲突问题。

（二）健全社会参与和信息公开共享机制

区域协调发展是否需要以及需要什么样的区域规则和衔接规则，区域内的公众、社会组织等社会主体最清楚。立法的社会参与无疑有助于提升区域协同立法的质量和效率。同时，"民心是最大的政治"。社会参与不仅有助于科学立法，而且有助于增加公众对区域协同立法的信任度，促进公众自觉遵守，提高区域协同立法的实效。然而，"我们在尊重和扩大公众话语权的同时，不能让公众的话语权盲目泛化，不能让公众的话语权变成谋取私利、发泄私愤的工具"。[2]社会参与如果没有相应规则保障，就可能成为一种摆设，或成为"谋取私利、发泄私愤的工具"，徒增社会成本。为此，区域协同立法应当在现有立法公众参与的基础上对不同类别的立法项目采取不同的方式进一步健全社会参与机制：（1）对一般立法项目，可以按照一般立法程序各自征求本行政区域内公众的意见，并相互交换相关公众的意见，协调处理不同地区公众提出的不同意见，平衡各方利益，提高区域协同立法的民主性和科学性。（2）对区域各方争议较大的立法项目，应当建立听证制度，由区域地方立法机关法制工作机构通过立法听证方式统一听取区域内公众意见，从而使区域协同立法能更好地衡平各方利益，符合区域各方愿望和要求，契合区域协调发展的实际需要。（3）对区域内各地方立法机关难以应对的专业性、技术性或重大疑难理论问题的立法项

---

① 朱最新、张研：《新时代地方立法清理的问题与对策——以 2010 年以来广东地方立法清理为样本》，载《法治论坛》2018 年第 4 辑，第 216 页。

② 付耀华：《县级政府公信力及其多元治理模式研究》，云南大学出版社 2016 年版，第 309 页。

目，可以委托区域的社会组织或专家团队来起草、论证，既可发挥其专业优势，又可扩大其社会参与。

　　社会参与是民主立法的重要组成，而推进社会参与、推动民主立法的关键在于信息公开共享。信息公开共享是现代法治社会信息发展的趋势所在，是区域协同立法主体沟通协调、公众社会参与的信息保障。只有充分了解和掌握的协同立法事项信息，地方立法机关才能在沟通协调中作出科学的判断；公众才能更方便、快捷地获取相关信息，更有效地参与协同立法。"没有充分透明的信息，公众只能是'盲参'。"[1] 信息公开共享是区域协同立法中消除区域各方信息"鸿沟"，拆解区域间信息"藩篱"，促进区域信息整合，实现区域政府间、政府与社会公众间的良性互动，提升区域协同立法质量和效率的重要路径。区域协同立法信息公开共享的基本要求则是要扩大立法的公众参与，要不断健全立法机关与社会公众的沟通机制，使立法机关了解公众的关注点和利益诉求；要健全法律法规草案公开征求意见和公众意见采纳情况的反馈机制，广泛凝聚社会共识，扩大公民对立法的有序参与，广纳民意、博采民智，以增强公众与法律的亲密感。[2] 为此，区域各方应当不断建立健全区域协同立法信息公开共享机制，主要内容包括：（1）更新理念，强化能力，加强地方立法机关信息公开共享培训工作，使其认识到立法信息公开共享的重要性，明确立法信息公开共享是其法定义务，同时使其掌握立法信息公开共享所需的现代信息技术，不断提升地方立法机关及其工作人员对立法信息公开共享的服务能力。（2）充分利用现代信息技术，统筹现有人大、政府、起草单位各自分散的立法信息资源，完善现有的地方立法数据库建设，将立法过程中有关立项、起草、征求意见、审议等情况的所有资料，除依法不予公开或不予上网的外，应全部纳入地方立法数据库并向社会公开，形成透明、完备、统一的立法信息管理体系。（3）建立区域内地方立法机关地方立法数据库无缝链接，简化区域立法信息公开共享流程，增强区域内各地方立法机关之间及其与相关单位间立法信息共享和互联互动，从而实现区域立法信息公开共享的及时、高效、精准、全面和智慧化。

---

① 蔡定剑：《民主是一种现代生活》，社会科学文献出版社 2010 年版，第 197 页。
② 张鸣起：《推进科学立法民主立法依法立法》，见光明思想理论网（https://theory. gmw. cn/2018－02/07/content_ 27609676. htm），刊载日期：2018 年 2 月 7 日。

（三）构建区域协同立法指导机制

"为保证区域协同立法符合国家整体利益、契合国家发展大局，中央或省级立法主体有必要对下级区域协同立法活动提供必要指导。"[①] 在我国，中央和省级立法机关拥有相对多的立法人才和丰富的立法经验、立法技术，中央或省级立法主体指导区域协同立法也具有可行性。实践中，区域协同立法指导主要体现为两种类型：一是跨省域情形下的全国人大常委会指导，如全国人大常委会对四川、贵州、云南三省关于赤水河保护协同立法的指导[②]。二是跨设区的市情形下的省级人大常委会指导。例如，2021年广东省人大常委会法工委指导广州、佛山两市围绕轨道交通开展协同立法，率先鸣响广东省协同立法的"第一炮"；同年，其指导汕头、揭阳、潮州三市开展潮剧保护协同立法，率先在全国开创了文化领域市域协同立法。[③] 然而，上级立法机关对下级立法机关协同立法的指导，关于强度如何把握、怎样避免工作指导演变成命令还是一个问题。[④] 因此，在区域协同立法中，建立健全中央、省级立法机关对区域协同立法的指导机制，对提升区域协同立法的质量和效率无疑具有重要的现实意义。为此，区域协同立法应当在省级立法机关先行立法的基础上，当条件成熟时由全国人大常委会制定相应的统一的指导机制：（1）在立项阶段，中央或省级立法机关应当建立地方立法信息共享机制，使各地方立法机关在掌握充分的信息基础上，自我决定是否启动区域协同立法，而非由中央、省级立法机关直接提出区域协同立法项目，从而有效抑制政绩性区域协同立法。（2）在起草阶段，中央或省级立法机关法制工作机构应当建立区域协同立法起草交流机制，为地方立法机关进行区域协同立法提供交流平台和智力支持，从而确保协同立法起草的质量和效率。"不宜在协同立法开展过程中利用自身的地位优势要求下级立法机关的协同立法应当规定哪些内容，不应当规定哪些内容。"[⑤]（3）在审议阶段，针对区域地方立法机关审议中的专业性、技术性、重大疑难问题，或者争议较大问题，中央或省级立法机关应当建立区域协同立

---

① 江林：《推进区域协同立法发展的基本路径》，载《法治日报》2022年8月3日，第11版。

② 参见李店标、岳瑞琳《区域协同立法的理论证成与机制建构》，载《黑龙江社会科学》2023年第1期，第100页。

③ 参见马伟炜《指导开展"1+N"省市协同立法的实践探索》，载《人民之声》2023年第2期，第58页。

④ 参见程庆栋《区域协同立法层级关系困境的疏解》，载《法学》2022年第10期，第35页。

⑤ 程庆栋：《区域协同立法层级关系困境的疏解》，载《法学》2022年第10期，第43页。

法统一专家论证机制，以有效化解区域协同立法审议中的难题，既可发挥专家的专业优势，又可扩大社会参与。同时，这对区域协同立法中的地方立法机关也会形成一种压力，促进其科学立法。

（四）优化区域协同立法交流学习与智力支持机制

"地方立法是一项知识性、专业性、经验性很强的科学工作，它要求参与者应当具备较高的法学素养和专业水准。"[①] 区域协同立法是地方立法的新样态、新机制，无论是理论构建还是实践检验都还处在探索之中，需要立法者具备更高的政治业务素质。健全立法干部学习培训交流机制，提升立法干部的政治业务素质，建设一支高素质立法人才队伍，是提高区域协同立法质量和水平的关键。为此，应当从以下四个方面进一步优化现有立法干部的学习培训交流机制：（1）区域地方立法机关建立区域立法干部联合培训机制，定期联合举办专题培训，有针对性地培训相关立法干部。（2）区域地方立法机关构建区域立法干部定期互访互学交流机制，就共同关心的区域问题进行交流研讨。（3）鼓励立法干部积极参与各种立法研讨会、参与第三方立法项目研究、参加相应的立法研究会，不断增加立法干部的业务知识，拓展其视野，提升其能力。（4）利用现代信息技术，采取网上直播培训、建立区域立法微信群等多种方式实现学习交流，及时交流区域立法信息，分享区域协同立法智慧和成果，实现区域协同立法干部学习培训交流的智慧化。

立法干部学习培训交流可以有效提升立法人才队伍素质。但一支高素质立法人才队伍仍难以具备区域协同立法所需的全部知识和能力。因为区域协同立法是一个利益博弈的过程，有时也需要一个中立的裁判者。而区域协同立法的智力支持既是提高区域协同立法水平的重要途径，又可以为区域协同立法提供一个中立的裁判者。所以，有必要从以下两方面优化区域协同立法的智力支持机制：（1）区域地方立法机关共同与高等院校、科研机构等专业组织建立常态化长效合作机制。区域地方立法机关应当认识到区域协同立法借助"外脑"的重要性，共同出资与 2～3 所专业组织建立常态化长效合作机制。这样不仅可以有效弥补专业组织专家的实践性不足问题，完善其知识结构，提升其参与区域协同立法的能力，推动区域协同立法理论研究的深入，从而为区域协同立法提供深厚的理论支撑，而且

---

① 梁亚民：《发挥政法院校专业优势，为地方立法提供智力支持西部》，载《法学评论》2011年第6期，第18页。

可以有效避免单个地方立法机关与专业组织合作可能产生的利益固化，从而确保科研机构在立法起草、论证、评估等过程中的中立性。（2）建立区域协同立法项目的立法咨询专家制度。目前，地方立法机关一般都会聘请固定的立法咨询专家。这种方式的优点在于立法机关与咨询专家有着常态联系，能够提供稳定的专家意见。但也会出现咨询专家并不是该立法领域专家，无法及时提供专业意见的情况。区域协同立法不是一个固定的常态化工作，立法咨询需要根据具体立法项目的个性化要求而展开。因此，为增强区域协同立法的科学性，防止"立法利益地方化""地方利益法制化"，有必要建立项目的立法咨询专家制度，即根据区域协同立法项目的客观需要，由区域地方立法机关共同聘请若干名该立法项目领域的专家学者作为该项目的立法咨询专家，全方位参与区域协同立法工作，为立法项目的起草、论证、评估等提供专家意见。立法项目制定完成后，项目立法咨询专家的身份即行终止。

（五）完善区域协同立法后评估和立法考评机制

区域协同立法后评估是对区域协同立法的回溯性考察和分析，有助于及时发现区域协同立法和区域行政执法中存在的问题，有助于提高区域协同立法的实效与协调性，促进区域法治发展，更好地实现区域协调发展。为此，应当根据其反思区域协同立法和区域行政执法的制度定位，按照评估主体、对象、标准、方法和程序五大构成要素[1]建立健全区域协同立法后评估机制：（1）评估主体和评估对象，即谁来评估、评估什么。根据区域协同立法的特点，区域协同立法后评估应当实行分类评估，采用示范协调和共同协商模式的区域协同立法，一般应当由区域地方立法机关共同委托独立第三方进行评估；采用征求意见模式的区域协同立法，可以由地方立法机关按照一般地方立法进行评估。（2）评估标准。在遵循地方立法后评估合法性标准、合理性标准、实效性标准和技术合理性标准[2]的基础上，区域协同立法后的评估应当以协同性作为其主要目标和评价标准。[3]区域协同立法后评估协同性标准至少应该包括立法结构的协调性、立法目的与原则

---

① 参见朱最新、黄涛涛、刘浩《地方立法评估理论与实务研究》，法律出版社2020年版，第40页。

② 参见朱最新、黄涛涛、刘浩《地方立法评估理论与实务研究》，法律出版社2020年版，第200页。

③ 参见冯汝《京津冀区域环境保护立法协同性评估体系的构建》，载《社会科学家》2018年第7期，第111-116页。

的统一性、具体制度规则与区域政策的一致性、实施效果的协同性等内容。
（3）评估方法和程序。区域协同立法后的评估方法并无特别，其评估程序
与一般立法后评估相比也无太多差别，主要应强调程序中社会参与的区域
性、公正性。

　　区域协调发展是国家主导的战略，地方行政却是行政区行政。加之中
央对地方（或者上级对下级）的政绩考核机制和财政激励机制，以及传统
政策治国的影响，区域协同立法并没有发挥其应有的功能，区域行政协议、
规范性文件等方式代替区域协同立法现象较为普遍，与全面依法治国的要
求还存在距离。在我国政治体制中，"领导干部具体行使党的执政权和国家
立法权、行政权、监察权、司法权，是全面依法治国的关键，是党和国家
事业发展的'关键少数'"①。区域法治体系的完备又取决于区域各地方主政
官员这个"关键少数"。如果将区域合作的效果、区域合作法规范体系完备
作为上级政府对下级政府"关键少数"的考核目标，区域协同立法就会获
得突破。② 因而，建立健全区域协同立法考评机制是区域协同立法的推进剂
和重要制度保障。为此，应当将区域协同立法考评纳入《党政领导干部考
核工作条例》规定的领导干部考核内容，将其作为区域各方党政领导班子
调整和领导干部选拔任用、奖励惩戒时的重要考核依据，并根据本区域经
济、社会协调发展的要求，适当加大考核权重，实现区域协同立法考评机
制常态化、法制化和实效化。

---

　　① 《习近平谈治国理政》第 3 卷，外文出版社 2020 年版，第 287 页。
　　② 参见陈建平《国家治理现代化视域下的区域协同立法：问题、成因及路径选择》，载《中
国人大》2020 年第 12 期，第 115 页。

第三章 广佛城市轨道交通
协同立法的实践历程

2021年4月22日，在广东省人大常委会的大力支持与广州、佛山两市人大常委会的共同推动下，广佛协同立法合作协议在佛山签署，广佛协同立法工作正式拉开序幕，《佛山市城市轨道交通管理条例》（以下简称《佛山条例》）被确定为首个立法协同项目。2023年3月30日，广东省十四届人大第二次常委会表决通过《佛山条例》。这是广佛两市人大常委会协同立法的第一个成果，打响了"轨道上的大湾区"立法协同的"第一枪"，为粤港澳大湾区高质量发展规则衔接、机制对接、制度协同提供了一个"样板"。回顾广佛城市轨道交通协同立法的实践历程，对推动广佛同城化发展的其他领域协同立法，以及其他地区区域协同立法无疑有着重要的示范意义。

一、广佛同城化发展呼唤区域协同立法

广州、佛山两地人民本同根同源、人缘相亲、民俗相近、往来密切、唇齿相依。在现有行政隶属的条件下，打破行政壁垒与边界，实现基础设施共建共享、产业发展合作共赢、公共事务协作管理的同城化是广佛两地人民的共同梦想。[①] 广佛两市构建区域协同立法机制，推动广佛协同立法制度化、规范化，着力探索协同立法新模式，是广佛同城化发展的客观需要，也为广佛全域同城化建设提供了有力的法治保障。

（一）自古同根、文化同源、经济相融推动广佛同城化

从历史视角看，广佛两地自古同根、文化同源、经济相融。这有力地

---

① 参见覃剑《协同立法助推广佛全域同城化》，载《人民之声》2021年第8期，第61页。

推动着广佛两地同城化发展。

1. 自古同根

广佛两市协同立法的基础首先要从历史维度进行追溯。这要从"南海"二字说起，对广大中国人来说，其象征着祖国南端那一片辽阔的海洋。当年秦始皇征服岭南，就是出于对南方大海的向往，因而在其征服岭南后，将其中面临大海的一郡命名为"南海郡"。如今的广东省，有大部分地区属于当时的南海郡。广东人很珍惜源自秦始皇的"南海"二字，两千多年来，尽管岭南地区的区划一再调整，但"南海"二字依旧作为地名存在广东的历史中。隋开皇九年（589 年），在新的区划调整下，南海郡撤销，但随之从番禺县地中分出了全新的南海县（现佛山市南海区），并隶属于广州总管府。南海作为县级政区终于诞生，并在随后的一千多年里，与广州反复演绎着"你中有我、我中有你"的故事。① 在历史长河里，如今的广州大地上，过去曾发生许许多多属于原南海县的故事。自古以来广佛两地就是"同城"。据史料记载，汉代史学家司马迁在《史记·秦始皇本纪》中写道："三十三年，发诸尝逋亡人、赘婿、贾人略取陆梁地，为桂林、象郡、南海，以适遣戍。"这是历史文献中首次描述秦始皇南征百越的战争，虽然只有只言片语，但也明确提到了"南海"二字。公元前 214 年，由任嚣和赵佗率领的第二次征战正式攻下岭南，百越之地纳入秦国版图。秦始皇欣喜疆土终于拓展到南边的大海，于是在给岭南设置郡县的时候，特意将岭南东部临近大海的广袤疆土命名为南海郡。秦亡之际，赵佗武力攻并桂林、象郡，于公元前 204 年建立南越国，自称"南越武王"。赵佗死后，南越国国势不振，不久被汉武帝平定，岭南重归汉王朝。隋唐时期废除了南海郡，在番禺县内分置南海县，隶属广州都督府。而当年的季华乡（地辖今禅城区祖庙街道、石湾镇街道，顺德区陈村镇、北滘镇、乐从镇，南海区桂城街道），因在初唐时期挖出三尊佛像，得名"佛山"。明清年间，佛山与湖北汉口镇、江西景德镇和河南朱仙镇并称"四大名镇"。乾隆时期，政府实行"一口通商"，广州成为唯一的对外通商口岸，"十三行"名震一时。② 可以说，繁荣的经济背景是这一时期广州与佛山发展道路相同的底色。20

---

① 邓柱峰、刘艺明等：《南海曾管辖半座广州老城》，见南海档案史志（https://mp. weixin. qq. com/s?＿＿biz = MjM5MjE2NTQxOQ = = &mid = 2247484588&idx = 1&sn = 88b713fd0a5a0ffcfefd00 322c13f11&chksm = a6ab3fe891dcb6fe1827dffb504cd4ba107a02eb3f9c8a3cb1cb18d7cfa2cc268164fce0f9a8 &scene = 27），刊载日期 2018 年 7 月 24 日。

② 赵立人：《论十三行的起源》，载《广东社会科学》2010 年第 2 期，第 112 页。

世纪初，孙中山在《建国方略》中提出"南方大港"的理念，指出"新建之广州市，应跨有黄埔与佛山"，这成为广佛同城的雏形。1960 年，珠江大桥的建成打破了广佛两地人民日常交流的水陆界限，广佛同城化发展的空间开始显现。新中国成立以来，广佛两地人民交往更为密切，两地间商贸通达无阻，人员密切往来，并且两市的行政区域均有一些调整。例如，1960 年 8 月恢复市以下设区的建制，把原属佛山专区的花都县、从化县划归广州市；1975 年，把原属佛山地区的番禺县划归广州市。直至今日，广佛之间的经济、文化和人脉联系的亲密性都是别的地方不可比拟的。粤语是两地共同的常用语言，粤剧是两地共享的文化符号，两地人民以广府文化为纽带紧密相连。

历史渊源证实着"广佛同城"的应然与必然，两地协同发展的足迹亦古早可闻。20 世纪 80 年代中期，佛山市南海、顺德的乡镇企业虽蓬勃发展却受到技术、人才、管理等因素掣肘，为此雇用了广州技术人员在周末为企业担当顾问，助力科技成果"市场化"。这种"星期六工程师"模式推动了广州与佛山在生产上的互补互助。1993 年，广州市地铁 1 号线的兴建和旧城改造带来了人口外迁的高潮，部分邻近广州老城区的市民西迁南海黄岐，在黄岐广佛路形成"中山九路"现象。2000 年，广州市提出"西联"战略，要加强与佛山市的联合，发展"广佛都市圈"；这得到了佛山市的积极响应，并明确提出"东承"战略，且要主动承接广州的辐射和带动。两地彼此错位发展。2009 年《广州市佛山市同城化建设合作协议》签订，2010 年广佛地铁的开通，标志着广佛正式迈入同城生活圈阶段。①

2. 文化同源

广佛两地是岭南文化特别是广府文化的核心区。两地的文化同根同源，文化相同是广佛同城化发展最根本的基础，因此广佛两地文化间的合作领域十分广阔。"唐代名相张九龄开大庾岭新路后，广州作为贸易大港的作用日益显著，不仅吸引了大量北方移民汇聚于此，而且成为对外交流的窗口。唐宋时期，粤方言朝着与中原汉语距离越来越大的方向发展，大量吸收本地少数民族语言以及阿拉伯等外来语，完成了方言定型、成熟的过程。这也成为广府文化成熟的主要标志。作为广府文化重要组成部分的粤剧兴起

---

① 参见周小天、吴婕、李晓晖《跨城候鸟集聚区实有人口研究与规划管理策略——以广佛同城核心区佛山南海为例》，见中国城市规划学会编《面向高质量发展的空间治理——2021 中国城市规划年会论文集》（05 城市规划新技术应用），中国建筑工业出版社 2021 年版，第 799－809 页。

于佛山，重生于广州。广东本地戏班早期活动的中心在佛山，最早的粤剧行会组织琼花会馆就创办于佛山。咸丰年间，粤剧艺人李文茂响应太平天国起义，遭清政府绞杀后，琼花会馆被火烧，粤剧遭禁演长达 15 年之久。粤剧重生后，粤剧仝人于清朝光绪十八年（1892 年）在广州建起新的会馆——八和会馆，粤剧由此传播开去，影响遍及海内外，广佛两地至今仍是粤剧文化的中心。"[①] 广佛两地有着丰富的历史文化资源，广东省的全国重点文物保护单位有一半以上都汇集在广州和佛山。岭南四大园林里，有三所都坐落在广佛地区，分别是广州市番禺区的余荫山房、佛山市顺德区的清晖园和佛山市禅城区的梁园。这些园林无不松堤柳岸、曲水回环，形成别出心裁的岭南风韵。

3. 经济相融

广佛经济的共同繁荣、互补互利由来已久。19 世纪，广东商业最繁荣的"四大镇"中有三镇（广州、佛山、陈村）集中在广佛境内。明代初期，广州府的南海等八县大量种植桑园。当时，广州是全国唯一的对外贸易窗口，顺德、南海等地的丝绸棉麻都是通过广州走向世界的。广州处于三江（东江、西江、北江）交汇处，又是古代航海港口，也因此成为古代海上丝绸之路发源地之一。同时，广州作为我国历史上少有的长期开放的商埠，具有流通中心的优势。佛山历史上曾形成了纺织、冶铁、陶瓷等多种闻名一时的制造产业，并借助广州的港口优势发展对外贸易。近年来，双方经济错位发展的典型例证是汽车产业。日本的丰田、本田、日产三大汽车巨头相继进入广州，随后佛山以特有的区位优势吸引了 300 多家汽配企业进驻，形成了"广州整车、佛山汽配"的格局。[②]

2022 年 8 月 17 日，《广佛全域同城化"十四五"发展规划》（以下简称《同城化规划》）出台，为两市高质量发展布局立项。《同城化规划》确定的发展目标：到 2025 年，广佛地区经济和人口承载力明显提升，全域同城化实现新跨越，继续在全国同城化实践中走在最前列。其中，广佛地区生产总值要达到 5 万亿元左右，实现广佛中心城区半小时通达、全域 1 小时通达，研发经费投入强度要稳定在 3% 以上。事实上，广州、佛山合作源远

---

① 区旭坤、庾凯卫：《广佛都市圈文化建设的探讨》，载《科技创新导报》2009 年第 36 期，第 251 页。

② 参见区旭坤、庾凯卫《广佛都市圈文化建设的探讨》，载《科技创新导报》2009 年第 36 期，第 251－252 页。

流长，自 2009 年两市推进同城化工作以来，至 2020 年广佛地区生产总值之和已达到 3.6 万亿元，常住人口之和超 2800 万人。《同城化规划》提出，广佛地区将统筹提升交通、信息、能源、水利基础设施同城化水平。其中，在产业集群方面，《同城化规划》明确提出，要立足广佛产业比较优势，强化产业分工协作和产业链共建，打造一批跨区域制造业产业集群，共同提升服务业发展水平。值得一提的是，广州和佛山都提出要以坚持产业第一、制造业立市。因此，在发展壮大制造业和战略性新兴产业方面，广州和佛山将深入推动先进装备制造、汽车、新一代信息技术、生物医药与健康 4 个万亿级产业集群发展。例如，汽车产业要充分发挥广汽集团、一汽大众（佛山）等龙头企业引领作用，在整车及零部件产业链开展合作，重点培育小鹏汽车等造车新势力。在提升发展现代服务业方面，广州和佛山提出共建区域金融中心。高标准建设广州期货交易所，打造完整期货产业链，提升上海证券交易所南方中心、深圳证券交易所广州服务基地、中证报价南方总部和新三板华南服务基地服务功能，推动广州建成具有重要影响力的风险管理中心、财富管理中心和金融资源配置中心，支持佛山依托广东金融高新区，打造具有全国示范意义的产业金融中心、现代金融后援服务基地。广佛两市建立了全球联合招商工作机制，联合举办了 2020 中国（广东）——美国投资合作交流会先进制造业专题分会。两市科创合作不断深化，开展核心技术攻关等合作项目超 100 个，佛山科技创新券可支持广州服务机构使用。十多年来，伴随着广佛同城建设的不断推进，两市各级人民政府持续加强合作，取得了有目共睹的成绩。《同城化规划》的颁布实施，使"广佛同城"升级成"广佛全域同城化"。两市到 2025 年的 GDP 预计约达 5 万亿元，作为广州都市圈主引擎、粤港澳大湾区极点的辐射带动作用更加凸显。《同城化规划》也为两市制度协同的进一步发展奠定了坚实的现实基础。

（二）广佛同城化促进了广佛轨道交通一体化

广州、佛山地处珠江三角洲核心区域，两市合作源远流长。2008 年，国务院出台《珠江三角洲地区改革发展规划纲要（2008—2020 年）》，正式把广佛同城化提升到国家战略层面。2009 年，广佛两市正式签署战略合作协议，同城化工作走在全国前列。2022 年，两市常住人口之和超 2800 万人，广州市 GDP 为 2.88 万亿元，而佛山市 GDP 则达到了 1.27 万亿元，两市生产总值之和超 4.15 万亿元，在珠三角、粤港澳大湾区乃至全国经济社会发展格局中均占有重要地位。

广佛同城化概念提出十多年来，已形成地域相邻相近、交通紧密联系、产业高度互补、经济社会高度融合的发展格局，实现资源共享、统筹协作，提高区域经济竞争力，破解大城市发展困境。广州作为国家中心城市和门户枢纽，以科技、服务业为主；佛山则是广东乃至全国的重要制造业中心。两市城市功能和产业高度互补，产业垂直分工不断深化。① 例如，广佛两市同城共生的金沙洲是浔峰洲岛的一部分，全岛面积为 26.8 平方公里，其中的 1/3 归属广州白云区，余下的 2/3 归属佛山南海区；浔峰洲岛现有人口38 万人，其中金沙洲有人口 16 万人。根据手机信令调查，出岛通勤人口有16 万人，80% 的居民往广州方向通勤。其中，60% 的居民住在金沙洲、40% 的居民住南海里水和海北。浔峰洲岛往广州方向目前有 3 条过江通道，包括金沙洲大桥、环城高速公路（含北环和西环）和地铁 6 号线，由于出岛的通道少、通行能力弱、需求大，出岛交通系统比较脆弱，金沙洲地区出行难问题受到市民普遍关注。为此，广佛两市规划部门共同研究，在浔峰洲岛道路交通规划层面上提出 3 项主要措施：（1）增加出岛过江通道。从现状的 6 条规划到 15 条（新增 9 条），其中广州方向从现状的 3 条规划到8 条（新增 5 条，包括碧江大桥、沉香大桥、大坦沙大桥、海北－大坦沙、同心桥），通道能力是现状的 2.6 倍，满足未来金沙洲地区道路交通的过江需求。（2）加大地铁覆盖，快速通达广佛两市中心区。从现状的 1 条地铁规划到 4 条，新增广州地铁 12 号线、佛山地铁 5 号线连接广州站、佛山地铁 6 号线连接白云新城，使金沙洲地区居民对外出行乘坐地铁比例从现状的37% 提高到 53%。（3）打通断头路，加强岛内金沙洲与里水、海北的联系，从现状的 7 条规划到贯通 12 条，促进融合发展。② 这是广佛同城在居民同城生活的基础上推进交通一体化的缩影。

2010 年，中国第一条跨市域地铁线路——广佛地铁，自开通之初的日均客流不足 10 万人次，到现在的日均近 60 万人次，已成为连接广佛两市交通运输的主力军。连接广州南站的佛山地铁 2 号线一期已于 2021 年底开通运营，广州地铁 7 号线西延顺德段也于 2022 年 5 月开通运营。在交通规划方面，广佛交通网络衔接进一步紧密，城际高快速轨道从无到有，截至2019 年，衔接道路比 2006 年增加了 20 条。2019 年 2 月，党中央、国务院印发《粤港澳大湾区发展规划纲要》，广佛同城发展被赋予"极点带动"的

① 参见赵长相、朱信山《都市圈同城化高快速交通发展策略与规划实践》，载《综合运输》2021 年第 43 期，第 8－23、102 页。

② 柳时强：《广佛超级都会区呼之欲出》，载《南方日报》2021 年 1 月 12 日，第 GC01 版。

重大使命。2020年1月，广东省委十二届九次全会提出要加快"广佛全域同城化"的新要求。目前，广佛同城化工作基本形成了远期与近期结合、总体与专项相支撑的同城化规划体系。两市联手编制广佛同城化"十三五""十四五"发展规划，统领同城化建设；研究编制广州都市圈发展规划，明确将广佛作为核心引领；基础设施、产业、科技、环保、人才等方面也编制了专项规划或方案，全方位多领域推进同城化建设；共建广佛高质量发展融合试验区总体规划。根据广佛两市国土空间规划，两市将打造"一核、多极、井字轴＋一环"都市区空间结构，广佛两市城市用地由城市中心不断向外扩张，两市建成区基本连成一体，成为一个大都市区，并形成典型的"核心—边缘"圈层空间结构。综合产业、交通、空间、政策等，按照同城化三阶段理论，广佛同城化已经走过雏形期，处于成长期并逐渐走向成熟期即全域同城化迈进的新阶段。[①] 随着两市交通体系建设，特别是轨道交通体系的不断推进，两市民生服务的共建共享也日益完善。两市共同推进政务服务"跨城通办"，开展"24小时"全天候跨城服务，铺设自助服务终端近1600台，上线1711项便民服务。[②] 两市协同开展环境治理，16条重点跨界河涌治理全面完成，跨界区域114条城乡黑臭水体全部消除黑臭，优良天数占比为91%。两市人力资源市场开放共享，互推招聘岗位近5万个。积极推动广州高等院校赴佛山办学。启动公共图书馆"广佛通"合作项目，计划实现读者证互认、文献资源互通。共享体育场馆和赛事活动资源，93家佛山场馆和超过500家广州场馆上线广州"群体通"平台，供两市共享。

正是一系列同城化政策措施的实施，广佛同城化发展更加密切，人流、物流畅通需求更为迫切，广佛轨道交通一体化已成为现实需要。在此背景下，2021年新一轮《广佛两市道路衔接规划修编》出台。该规划沿广佛两地197公里接壤边界共规划布局了80条衔接道路，未来将实现广佛两市中心区30分钟互达、重点地区与主要枢纽60分钟通达，同时保障广佛中心城区2小时快速通达粤港澳大湾区主要城市。这将推动广佛道路基础设施全面互联和深度融合，为实现广佛全域同城化奠定了坚实基础。[③] 广佛两市未来

---

① 参见赵长相、朱信山《都市圈同城化高快速交通发展策略与规划实践》，载《综合运输》2021年第43期，第8－23、102页。

② 参见莫璇、梁建荣《全域同城共建超级都市未来可期》，载《佛山日报》2021年4月22日，第A02版。

③ 参见柳时强《广佛边界将规划80条道路》，载《南方日报》2021年1月12日，第A07版。

将有 27 条轨道交通串联，其中 18 条为城市轨道。广佛两市同城化发展的区位优势明显，接壤边界为 197 公里，两市中心城区直线距离仅约 20 公里，相比东京、纽约等国际都市圈 50 公里发展半径具有先天优势。① 2022 年，广佛两市居民日均跨城出行量近 200 万人次，两市骨架路网形成"两核两环十六射"形态，两市衔接道路 29 条，建成广明高速、广佛肇高速（广州佛山段）、海怡大桥、海华大桥、番海大桥等一大批重大路桥项目。两市规划 18 条轨道交通网衔接通道，广佛线、南海新交通已通车，广州地铁 7 号线西延顺德段、佛山地铁 2 号线连接广州南站等陆续通车，广佛"半小时生活圈"逐步实现。佛山西站成为广州铁路枢纽"五主三辅"西部主枢纽。佛山新机场选址正式获批，与广州白云机场共同形成国际航空枢纽。广佛都市区基本形成了涵盖高速公路、快速路、高速铁路、快速铁路（含城市轨道快线）的多层次、多模式的高快速交通体系。

（三）广佛轨道交通一体化迫切需要协同立法

广佛轨道交通一体化，对跨域轨道交通管理的制度需求也日益迫切。随着《地方组织法》（2022）、《立法法》（2023）等法律法规的不断健全，协同立法在全国范围内的实践不断推进，广佛轨道交通协同立法已成为广佛同城化的迫切需要。

1. 共同的立法需求是广佛轨道交通立法协同的前提条件

广州与佛山中心城区几乎连成一体，多地地理边界接近消失。在都市圈里，广州与佛山是珠三角同城化程度最高的两个城市。自 2010 年中国第一条跨市域地铁线路——广佛地铁的开通，到现在日均客流近 60 万人次。连接广州南站的佛山地铁 2 号线一期、广州地铁 7 号线西延顺德段也陆续开通运营。② 根据 2020 年《广佛高质量发展融合试验区建设总体规划》，广佛将共建 14 条跨市轨道。2021 年，广州市规划和自然资源局会同佛山市自然资源局按照"共编、共商、共审"的工作模式携手编制的新一轮《广佛两市道路衔接规划修编》提出，广佛两市未来要共建 18 条城市轨道，届时，将进一步完善广佛都市圈轨道交通的基础骨架，进一步促进广佛同城化发展。但是，面对日益增多的轨道交通，相应的法律制度却严重缺失。国家方面没有相关法律行政法规，目前规范广佛轨道交通运输的法规、规章和

---

① 参见柳时强《广佛超级都会区呼之欲出》，载《南方日报》2021 年 1 月 12 日，第 GC01 版。

② 唐梦、李昱莹：《广佛实践为全国探索协同立法经验》，载《南方日报》2023 年 5 月 25 日，第 A07 版。

政府规范性文件主要有：交通运输部的部委规章——《城市轨道交通运营管理规定》，广东省人民政府规章——《广东省城市轨道交通运营安全管理办法》，广州市人大常委会颁布的地方性法规——《广州市城市轨道交通管理条例》（以下简称《广州条例》）和佛山市人民政府发布的规范性文件——《佛山市城市轨道交通管理办法》《佛山市城市轨道交通建设管理规定》。交通运输部的《城市轨道交通运营管理规定》《广州条例》等法规、规章对轨道交通的一体化规划，以及轨道交通跨行政区划建设、运营、执法等问题都未作出任何具体规定。广东省人民政府的《广东省城市轨道交通运营安全管理办法》对跨市线路的决策、运营、应急有一定的规定，但这些规定实施的一个大前提是协商确定或由省政府决定牵头的市。实践中，广佛轨道交通的规划、建设、运营、执法等问题基本上是采取"一事一议"的方式来解决的，这不仅效率低下，而且不符合全面依法治国的要求。对此，《国务院办公厅关于保障城市轨道交通安全运行的意见》（国办发〔2018〕13号）明确要求："加强城市轨道交通立法工作，根据实际需要及时制修订城市轨道交通法规规章。"因此，广佛轨道交通立法协同是满足广佛轨道交通一体化实践需要的最佳路径。

2. 立法内容和文本协同是提升广佛轨道交通行政效率的制度保障

党的十八大以来，习近平总书记在一系列讲话中不断强调："人民群众对立法的期盼，已经不是有没有，而是好不好、管用不管用、能不能解决实际问题；不是什么法都能治国，不是什么法都能治好国；越是强调法治，越是要提高立法质量。"[①] 广佛两市分别立法虽然可以解决广佛轨道交通规划、建设、运营、执法等有法可依的问题，但如果立法内容和文本不一致，无疑会增加广佛轨道交通规划协调、建设协调、运营协调、执法协调的制度交易性成本，降低效率。如果广佛两市实行协同立法，积极探索多种措施协同其立法方式与进程，加强相互沟通与协商，最大程度推进立法内容和文本协同，不仅有助于分配和协调广佛轨道交通错综复杂的利益关系，而且为提升广佛轨道交通管理效率提供了良好的制度保障，进而为广佛全域同城的法治保障做出有益探索。

3. 广佛轨道交通协同立法是跨行政区划应急管理的客观需要

广佛地铁1号线从初期的日均客流不足10万人次，到现在的日均近60

---

① 中共中央文献研究室编：《习近平关于全面依法治国论述摘编》，中央文献出版社2015年版，第43页。

万人次，已逐渐成为广佛跨市交通的主要方式。随着佛山地铁 2 号线和广州地铁 7 号线西延线的开通，两市跨城交通拥堵得到了有效缓解。便捷、舒适、准时的轨道交通也有力促进了两市经贸往来的持续、快速、健康发展。但是，城市轨道交通在为人们提供诸多便利的同时，其建设、运营中也存在一定的安全隐患，虽然事故率相对于其他交通工具来说比较低，但火灾、水淹、脱轨、站台坠落等事故仍有发生，如墨西哥城地铁事故、郑州地铁 5 号线"7·20 事件"等。由于城市轨道交通往往处于封闭环境中，是复杂动态的社会治安场所和安全聚焦点，如果发生事故，其造成的经济损失、人员伤亡，社会负面影响等都是巨大的。因此，安全是服务乘客的基本要求，也是城市轨道交通运营管理的永恒主题。广佛轨道交通因其跨区域的特性，不仅在规划和建设等方面需要两地协同以确保安全，而且在运营管理特别是应急管理方面需要建立相应的协同机制，既要提前预防事故的发生，在事故不可避免地发生时也要快速、高效作出应急救援。而疫情期间，常态化、精准化疫情应对政策也对广佛轨道交通应急管理提出了新课题。然而，现有的政府应急预案等轨道交通应急管理制度基本上未对跨行政区划应急管理作出明确规定，而且也缺乏立法的有力保障。因此，通过广佛轨道交通协同立法弥补这一缺陷，构建跨行政区划轨道交通应急管理制度就成为现实的客观需要。

4. 广佛轨道交通协同立法将为粤港澳大湾区法律建设提供示范

广佛两市率先推动城市轨道交通协同立法，积极探索从项目协调机制走向都市圈协同治理机制，一方面可以提高两地协作效率，另一方面也是落实国家区域协同治理的要求。通过区域协同立法，实现从政策优惠到法律授权，促使从地方先行到区域平衡，推动区域内部各方"错位布局"和"抱团发展"。区域协同立法能够给区域内部各方提供相互协商的机会，通过民主的方式就区域内公共事务达成一致，充分发挥立法工作对区域协调发展战略实施的保障、规范、引领、推动作用。① 广佛轨道交通协同立法在填补两地协同立法空白的同时，可以推动两市在跨区域管理的具体领域达成利益平衡和立法共识，实现区域内制度融合、利益整合和整体利益最大化，也是粤港澳大湾区范围内跨区域协同的一次有益探索。因此，广佛轨道交通协同立法不仅有助于解决长期困扰两地广佛轨道交通的具体问题，

---

① 参见张涛、郑伟华《区域协同立法有助于区域协调发展》，载《学习时报》2020 年 12 月 16 日，第 A2 版。

还能为粤港澳大湾区规则衔接、机制对接提供范例，为全国设区的市层面区域协同立法提供制度范本。

二、广佛协同实践为轨道交通协同立法夯实基础

广佛同城化战略实施以来，广佛两地不同领域的协同就已展开。在这一协同过程中探索出来的一系列经验，不仅为广佛轨道交通协同立法提供了经验和示范，也夯实了广佛轨道交通协同立法的现实基础。

（一）广佛协同的发展历程

广佛协同的发展历程大致可以分为民间合作及广佛协同理论探讨阶段、广佛协同启动实施及合作深化阶段、广佛极点建设及全域同城化阶段三个阶段。

1. 民间合作及广佛协同理论探讨阶段（2009 年以前）

改革开放后，村镇工业化和城市化力量加快了资源要素的流动性，佛山的企业经常邀请广州的工程师周末到佛山解决技术难题，后来就有了"星期六工程师"的说法。从 20 世纪 90 年代开始，广州部分商贸批发业逐渐由老城区沿广佛公路向佛山外溢，促使广佛交界地带的广州芳村、南海黄岐和盐步等地出现空间连绵发展的态势，广佛两市的城市边界日益模糊，剧烈的转型和重构催生了两市对新的治理模式的需求。2000 年，广州提出"东进、西联、南拓、北优"的城市发展战略，佛山相应提出"东承"战略，广佛同城的概念逐渐从民间提议进入政府思考与决策层面。2003 年 11 月，两市组织召开了"广佛区域合作与协调发展"研讨会，提出加强功能区域建设、提升广佛都市圈竞争力等初步构想。2005 年，在"广州·佛山区域合作发展论坛"中，两个城市开始探讨其间的产业对接、基础设施（尤其道路衔接）和环境保护（整治河道）方面的具体内容。随后，广州、佛山两市分别制定的《广州市城市总体规划（2011—2020 年）》和《佛山市城市总体规划（2011—2020 年）》都提出要强化两市空间联系的战略，深入推进广佛同城化。

2. 广佛协同启动实施及合作深化阶段（2009—2018 年）

2008 年 12 月，国家出台《珠江三角洲地区改革发展规划纲要（2008—2020 年）》，正式提出"广佛同城化"。2009 年 3 月 19 日，广州、佛山两市市长在广佛交界的佛山市南海区签署了《广州市佛山市同城化建设合作协议》及两市城市规划、交通基础设施、产业协作、环境保护等 4 个对接协

议（简称"'1+4'框架协议"）。[①] 至此，广佛同城化在政府层面正式启动。广佛两市编制了《广佛同城化发展规划（2009—2020年）》，这是国内第一个跨市共同编制的同城规划，为广佛同城化工作提供了系统的路线图。两市还编制了城市规划、交通基础设施、产业协作、环境保护4个专项规划，有序推进了广佛两市的中心区、交接点以及两市重点打造的重点区域和平台的对接，如对广州南站、花都空港、金沙洲、五沙、芳村－桂城五个重点交界地区的治理进行了规划整合，将其打造成广佛同城化的亮点：重点推进交通、通信、供水、供电、垃圾处理、污水处理等涉及城市运营的重大基础设施的对接；协调推进珠江跨流域治理、大气环境跨区治理，以及汽车尾气的治理等区域环保工作；按照"民生优先，共建共享"原则，协调推进医疗、教育、通信资费一体化等同城化工作。

3. 广佛极点建设及全域同城化阶段（2019年至今）

2019年2月，《粤港澳大湾区发展规划纲要》正式公布，将"香港－深圳""广州－佛山""澳门－珠海"作为三大极点，要求加快广佛同城化建设等，发挥极点引领带动作用。同年7月，广东省委、省政府推动建设"一核一带一区"区域发展格局，提出以广佛同城化为示范，推进环珠三角地区与珠三角地区一体化融合发展。2020年1月，广东省委十二届九次全会上明确提出"广佛全域同城化"的新要求，指出要加快广佛全域同城化，推动两市同城的空间地域、合作领域进一步拓展深化。2022年8月，《同城化规划》正式印发，提出要打造"一区、三轴、一环"的空间格局，共建广佛科技创新产业示范区，从而为"十四五"时期广佛全域同城化发展擘画崭新蓝图。

（二）广佛协同的主要制度

要推进广佛同城化合作，组织机制是核心，规划引领是重点。自2009年开展广佛同城合作以来，两市先后建立了广佛同城化领导小组制度、广佛市长联席会议制度、广佛区和镇街跨界合作制度、同城化项目对接制度及其规划编制合作制度，构建了广佛协同的组织管理模式（如图3-1所示）。

1. 广佛同城化领导小组制度

广佛同城化领导小组由广州、佛山两市的书记和市长组成，基本上每年召开1～2次会议，主要负责同城化中特别重大事项的决策和协调。

---

① 参见《广州党政考察团赴佛山签广佛同城化合作协议》，载《广州日报》2009年3月19日，第A1版。

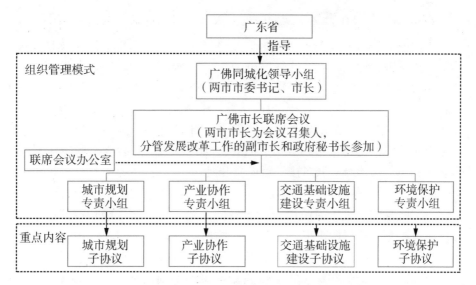

图3-1 《广佛同城化建设合作框架协议》中的组织管理模式示意

资料来源：魏宗财、陈婷婷、甄峰等：《对我国同城化规划实施的思考——以〈广佛同城化发展规划〉为例》，载《城市规划学刊》2014年第2期，第82页。

2. 广佛市长联席会议制度

2009年4月，第一次广佛市长联席会议在广州召开，之后在广州和佛山轮流举行，每年召开1～2次会议。广州、佛山两市的市长为广佛市长联席会议总召集人，分管发展改革工作的副市长为召集人。两市的市政府秘书长及1位分管副秘书长参加，两市的市委宣传部、政策研究室，市发展改革委（局）、经贸委（局）、教育局、科技局、公安局、财政局等十多个有关部门为联席会议成员单位，各成员单位的主要负责同志为联席会议成员。两市的市政府秘书长为联席会议秘书长。联席会议下设城市规划、交通基础设施、产业协作、环境保护4个专责小组，由分管副市长任组长，负责两市具体合作的各专项工作。联席会议下设办公室，办公室设在两市的发展改革委（局），承担督促联席会议议定事项的落实等日常工作。广佛市长联席会议的主要职责是研究解决广佛同城化建设工作中重大规划、文件、项目等重大问题，统筹协调各部门职责分工，指导检查有关部门工作。目前，两市在医疗、教育、政务服务、公安、人社、立法等政府间全领域的业务单位均建立了紧密的合作联系。

3. 广佛区和镇街跨界合作制度

2015 年，以广州市荔湾区、佛山市南海区签署《共建广佛同城化合作示范区框架协议》为标志，广佛两市交界片区相继签订了政府间合作协议，开展区级层面的合作。例如，南海区和荔湾区、南沙区和顺德区、三水区和花都区等。截至 2021 年，广州市荔湾、南沙、番禺、白云、花都 5 个区和佛山南海、顺德、三水 3 个区已实现了两两结对共建。[①] 2018 年，《广州市番禺区石壁街 佛山市顺德区陈村镇广佛同城化共建合作框架协议》的签署，标志着镇街级同城对接的新局面开启。

4. 广佛同城化项目对接制度

广佛将具体项目作为两市协同发展的主要抓手，通过联合制定同城化年度工作计划，依托两市市长（党政）联席会议针对项目库和重点项目实施问题进行协调与决策，采取"一事一议"的方式协调项目资金投入与利益分配。广佛同城化项目具体包括规划衔接、基础设施、产业协作、环境保护和社会民生五类，并由两市对口的规划、交通、产业、环保、通信、金融部门组成专责小组，负责相关领域工作对接和落实推进。[②]

5. 广佛同城化规划编制合作制度

广佛同城化建设坚持规划引领，建立了广佛同城化规划编制合作制度。广佛两地联手编制出台了广佛同城化"十三五""十四五"发展规划，并在基础设施、产业、科技、环保、人才等方面也先后编制了专项规划或方案，充分发挥规划引领作用，促进两地同城化发展。广东省发展和改革委员会也组织编制了《广州都市圈发展规划》，推动广佛同城化。

三、协作联动推进轨道交通立法有序协同

2021 年 3 月，《佛山条例》被正式列入 2021 年佛山市立法工作计划。2021 年 11 月 9 日，佛山市第十五届人大常委会第五十一次会议对《佛山条例（草案）》进行了第一次审议；2021 年 12 月 31 日，佛山市第十五届人大常委会第五十五次会议听取了对该条例草案修改情况的报告；2022 年 11 月

---

① 参见吴军、叶颖、陈嘉平《尺度重组视角下粤港澳大湾区同城化地区跨界治理机制研究——以广佛同城为例》，载《热带地理》2021 年第 41 期，第 723 - 733 页。
② 参见吴军、叶颖、陈嘉平《尺度重组视角下粤港澳大湾区同城化地区跨界治理机制研究——以广佛同城为例》，载《热带地理》2021 年第 41 期，第 723 - 733 页。

15 日，佛山市第十六届人大常委会第十次会议对该草案修改稿进行审议并表决通过了《佛山条例》。2023 年 3 月 31 日，广东省十四届人大第二次常委会表决通过了《佛山条例》。在该次历时两年多的立法过程中，广佛两市以轨道交通协同立法为契机，努力从两方面克服疫情的各种不利影响，推动广佛同城：一方面，着力推进以习近平同志为核心的党中央谋划推动的粤港澳大湾区战略部署，探索以区域协同立法完善区域治理体系，提升区域治理能力，联手把广佛区域打造成为珠三角世界级城市群核心区、全国同城化发展示范区、粤港澳合作核心枢纽；另一方面，深入贯彻全面依法治国的战略部署，探索建立健全协同立法的体制机制，着力发挥立法的引领作用，以立法手段弥合广佛跨区域公共事务调整中的法律规范漏洞，破解广佛同城的体制机制难题，着力立良法、促发展、保善治。

（一）以人民为中心，找准协同立法切入口

习近平总书记在十三届全国人大第一次会议上的讲话中指出："我们必须始终坚持人民立场，坚持人民主体地位，虚心向人民学习，倾听人民呼声，汲取人民智慧，把人民拥护不拥护、赞成不赞成、高兴不高兴、答应不答应作为衡量一切工作得失的根本标准，着力解决好人民最关心最直接最现实的利益问题。"[①] 坚持以人民为中心，充分反映人民的意愿，切实保障人民的利益，不断满足人民对幸福美好生活的期盼，是社会主义法治的本质要求，也是新时代区域协同立法工作的价值取向和工作重点。[②] 2018 年11 月，《中共中央　国务院关于建立更加高效的区域协调发展新机制的意见》提出，要建立健全区域协调发展法律法规体系，要求"研究论证促进区域协调发展的法规制度，明确区域协调发展的内涵、战略重点和方向，健全区域政策制定、实施、监督、评价机制，明确有关部门在区域协调发展中的职责，明确地方政府在推进区域协调发展中的责任和义务，发挥社会组织、研究机构、企业在促进区域协调发展中的作用"。2019 年 9 月，全国人大常委会委员长栗战书在省级人大立法工作交流会上发表重要讲话强调，要抓好协同立法，依法保障和推动区域协调发展战略落实落地。广佛

---

① 习近平：《在第十三届全国人民代表大会第一次会议上的讲话》，载《人民日报》2018 年 3 月 21 日，第 02 版。

② 参见张洪波《论立良法的条件和路径机制》，载《学术探索》2022 年第 10 期，第 137 - 144 页。

同城化建设迫切需要区域协同立法的保障和推动。然而，广佛同城化是全域同城化，如何选择协同立法的切入口，考验着两地立法机关的智慧。广佛两市人大及其常委会坚持以人民为中心，通过多种方式，把人民群众最关切、与绝大多数人民群众的切身利益关系最紧密的轨道交通管理问题作为区域协同立法项目，回应了广佛两地市民的合理诉求，关注了广佛两地市民的福祉，在全省率先迈出协同立法的实践步伐。

1. 广佛两地人大机关积极沟通协商

2020年，佛山市政协十二届四次会议的重点提案《关于加速推进广佛全域同城化建设的建议》专门提出了协同立法这一议题。佛山市人大常委会高度重视，分管副主任叶良组织人大常委会法工委进行了专题研究与部署。佛山市人大常委会法工委加强了相关的资料收集和理论储备，同时注意收集本市在跨区域生态环保、互联互通、历史文化保护、公共服务等领域的协同立法需求。2020年8月26日，时任佛山市人大常委会法工委主任蒋万伦率法工委全体同志到广州市人大常委会法工委学习考察，共同探讨在广佛同城化进程中如何推进协同立法工作，并就立法信息沟通、法规草案意见征求、协同立法的协作对象等达成了共识。其后，两市法工委又采用多种形式进行了多个层面的沟通，研讨协同立法的具体方式、方法，确定了协同立法的重点是解决跨区域民众急难愁盼的民生需求。2020年11月4日，时任佛山市人大常委会办公室主任陈锋就广佛立法协同的相关工作在书记督办提案办理工作座谈会上向佛山市委主要领导进行了专题汇报。

2. 及时汇报，争取省人大常委会法工委支持与指导

2020年12月10日，佛山市人大常委会法工委专程向广东省人大常委会法工委汇报佛山市协同立法的设想和工作，获得了高度肯定。广东省人大常委会法工委副主任余建红认为，这与国家推进粤港澳大湾区发展战略、建设"轨道上的大湾区"高度一致，也符合广佛同城化发展的现实需要。同时，目前全国人大正在探索推动粤港澳大湾区建设的实践措施，广佛非常适合率先推进。广东省人大常委会法工委领导立即在会议现场与广州市人大常委会法工委的相关领导进行了沟通。经商议，大家认为在交通和流域环境治理等方面有很多可以协同推进的地方，目前以轨道交通协同立法为切入点较为适宜：一方面，广佛地铁已运行十年，建设、运营、管理已经有大量的协同工作经验，且未来连通的轨道交通线路将会持续增加；另一方面，广州市已经出台了《广州条例》，可以在现有的法规框架上展开协同立法。

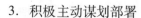
3. 积极主动谋划部署

在向广东省人大常委会法工委汇报，以及和广州市人大常委会法工委沟通的基础上，佛山市人大常委会积极谋划，主动向佛山市委汇报，并与佛山市政府沟通协同立法的相关工作。时任佛山市人大常委会分管领导叶良多次就协同立法与法工委一起研究部署，主动汇报推进，协商实施方案。2020 年 12 月 15 日，时任佛山市人大常委法工委主任蒋万伦向佛山市政府分管副市长进行了专题汇报，获高度赞同。同年 12 月 22 日，佛山市人大常委法工委派专人到市轨道交通局，与时任局长梁柱华等进行了沟通。佛山市轨道交通局表态全力按照立法计划部署推进工作，并对具体对接的制度设想进行了深入沟通。在此基础上，时任佛山市人大常委会党组副书记、副主任刘珊听取了法工委的专题汇报，并作出专门部署。随后，刘珊副主任又专门向佛山市委主要领导进行了汇报，得到主要领导的肯定。2021 年 3 月，经佛山市第十五届人大常委会第六十五次主任会议审议，并报经佛山市委第十二届第二百零八次常委会会议审查批准，《佛山条例》作为正式项目列入《佛山市人大常委会 2021 年立法工作计划》。

（二）构建区域协同立法的长效机制

广佛两市人大常委会法工委采取各种方式加强沟通，双方决定机制先行，搭建协同立法长效机制，为推动广佛协同立法走深走实提供制度机制保障。

2021 年 4 月 22 日，广佛两市人大常委会法工委在佛山召开工作会议。时任广州市人大常委会法工委主任邓成明、时任佛山市人大常委会法工委主任蒋万伦正式签署《关于加强两市协同立法的合作协议》。根据该合作协议，广佛决定加强两市协同立法，全面整合两市立法资源，共同打造粤港澳大湾区法治建设高地。广佛两市人大常委会法工委从两市立法工作实际出发，遵循"协同发展、互利共赢、求同存异、优势互补、重点突破、成果共享"的原则，加强协同立法，共同推进双方立法工作取得更多突破性成就。根据该协议，广佛协同立法内容包括立法项目的立项、调研、起草、修改、审议、实施、解释、清理等工作。围绕协同立法工作中的具体问题，双方将通过召开联席会议、参与对方立法活动、信息通报、走访学习等多种方式，加强联系与沟通。此外，双方还将在信息共享、立法工作队伍建设等方面强化沟通交流。① 时任广州市人大常委会法工委主任邓成明表示，协同立法是广佛全域同城化的一个重要部分。广佛两地将聚焦城市管理、环境保护等方面，互相借鉴经验，在立法规则、目标、方式上实现协同一致，通过协同立法更好地保障广佛两地的社会经济发展和人民幸福安全。时任佛山市人大常委会主任蒋万伦表示，广佛两市历经了 13 年的同城建设，广佛从硬联通到软互通，正在从各个领域实现全面互联和深度融合。《关于加强两市协同立法的合作协议》的签署，是广佛同城合作不断拓展、深化的重大举措，也是贯彻落实 2021 年度广佛全域同城化党政联席会议精神的重要举措。② 在会上，广佛两地人大常委会法工委还就首个协同立法项目《佛山条例》进行了深入研讨，就立法程序、步骤节点和重点内容进一步交换了意见。

（三）以第三方为基础，实现起草中的多元协同

立法起草是地方立法过程的必经阶段，是决定地方立法过程能否高效展开、地方立法质量能否有效提升的基础性环节，是实现地方立法意图、立法目的的关键。为确保广佛轨道交通协同立法的质量和效率，增强立法的科学性、民主性，《佛山条例》起草实行以第三方为基础、多元协同的起草模式。

1. 第三方起草中的协同

富勒曾指出："现今没有谁比立法起草者更是立法者。如果善使他的权力，起草者便是我们时代的英雄，如果他疏于使用他的权力，起草者便成为我们时代的罪人。"③ 轨道交通立法起草是一个专业性较强的工作。佛山市人大常委会确定由佛山市轨道交通局负责起草条例草案。由于佛山市轨道交通局缺乏立法方面的人才，为了扩大有序参与，提高立法质量，避免部门利益的负面影响，2021 年 4 月佛山市轨道交通局通过招标确定了朱最新教授团队作为第三方与佛山市轨道交通局相关科室（以下简称"起草团队"）一起联合起草《佛山条例》。

起草团队接受委托后，全面搜集整理了轨道交通管理立法的相关资料

---

① 参见黄碧云《助力打造大湾区法治建设高地》，载《佛山日报》2021 年 4 月 23 日，第 A03 版。

② 参见刘艺明《广佛协同立法签约轨道交通成首度探索》，载《广州日报》2021 年 4 月 23 日，第 FSA13 版。

③ 转引自〔美〕安·赛德曼、〔美〕罗伯特·鲍勃·赛德曼、〔美〕那林·阿比斯卡《立法学：理论与实践》，刘国福译，中国经济出版社 2008 年版，第 53 页。

和研究成果，形成了《全国城市轨道交通管理立法起草说明与新闻报道汇编》《〈佛山市城市轨道交通管理条例〉相关法律法规政策汇编》和《城市轨道交通管理立法研究成果汇编》。起草团队先后采取座谈会、实地调研、问卷调查等方式，广泛征求佛山市轨道交通局各科室、佛山市相关政府职能部门、佛山市铁路投资建设集团有限公司、广东广佛轨道交通有限公司、广州地铁集团有限公司以及社会公众的意见和建议。在此基础上，起草团队起草了《佛山市城市轨道交通管理条例（专家建议稿）》（以下简称《佛山条例（专家建议稿）》）。在起草《佛山条例（专家建议稿）》的过程中，起草团队的总体思路是始终坚持以习近平总书记有关城市轨道交通安全运行的系列重要指示批示为指导，以始终把人民群众生命财产安全摆在首位，加强城市轨道交通风险管控，确保城市轨道交通建设、运营安全为目标，在充分借鉴《广州条例》等兄弟省市立法经验，并与交通运输部《城市轨道交通运营管理规定》《广东省城市轨道交通运营安全管理办法》保持高度协调的基础上，根据佛山城市轨道交通管理实际，遵循政府主导、以人为本、统一规划、统筹建设、安全运营、优质服务、广佛协同的原则，对开展佛山城市轨道交通管理的各项工作作出具体可操作的规定。在协同立法方面，起草团队主要采取两种方式来推动广佛轨道交通管理协同：一是部分内容与广州地方性法规趋同。2015 年的《广州条例》是根据广州城市轨道交通实际修订的，有许多经验值得借鉴。同时，广佛城市轨道交通一体化也需要能有效衔接两市的制度作为保障。为此，只要是不与佛山城市轨道交通实际需要冲突的条款，起草团队都加以移植，从而使两个条例在不少内容上存在趋同，从而有利于《佛山条例》在广佛一体化城市轨道交通的实施。二是强化协同机制建设。为了给广佛城市轨道交通一体化提供法治保障，《佛山条例》不仅在总则中专条规定了广佛协同发展原则，而且围绕城市轨道交通建设、运营的全过程设立了一系列协同机制，主要包括广佛两市的规划协调机制、互联互通项目建设机制、协同巡线机制、票务管理协调衔接机制、乘客守则协同制定机制、运营互通协调机制等。

2021 年 5 月 7 日，《佛山条例（专家建议稿）》修改座谈会在佛山市轨道交通局召开，佛山市轨道交通局各科室、佛山市相关政府职能部门、佛山市铁路投资建设集团有限公司、广东广佛轨道交通有限公司的相关领导与工作人员出席会议。与会各方对《佛山条例（专家建议稿）》表示肯定的基础上提出了不少修改意见。其中，佛山市铁路投资建设集团有限公司提出了十大修改建议：一是建议将有轨电车纳入条例适用范围。二是建议在条例中对建设规划确定的线站位、敷设方式及主要设施选址方案的严肃性进行约定，原则上不得随意进行调整。三是建议明确城市轨道交通用地使用权实行分层登记制度，并在规划确定的城市轨道交通及其配套设施范围内实行地上地下空间综合开发利用。四是建议在条例中明确在城市轨道交通控制保护区内进行作业的，有关行政管理部门作出行政许可后，应按照"谁许可、谁监督、谁负责"的工作原则开展执法管理工作，并要求严格落实。五是建议在条例中明确相关主管部门按照违规项目对城市轨道交通规划、建设线路实施产生实质性影响程度按等级依法进行处罚。六是建议在条例中明确在城市轨道交通特别保护区内，原则上不得进行规定的作业活动，并禁止在城市轨道交通控制保护区范围内采用锚索、锚杆施工工艺。但对城市轨道交通影响较小的小型管线类，必需的市政路面工程、一般园林，小型环卫、人防、城市轨道交通工程，与城市轨道交通工程相连接的通道工程，轨道交通场站综合开发工程，以及已经规划批准的或者对现有建（构）筑物进行改（扩）建并已经取得许可手续的建设工程除外。七是根据《城市轨道交通运营管理规定》（交通运输部令 2018 年第 8 号）的有关规定，建议在条例中明确控制保护区的设定由线路的建设单位根据竣工图进行划定，在初期运营前由建设单位提出方案经市相关主管部门审核后，报市政府批准并公布。建设单位应将批准通过的控制保护区和特别保护区的红线图移交轨道交通运营单位，并在保护区设置提示或者警示标志。八是根据《城市轨道交通运营管理规定》（交通运输部令 2018 年第 8 号）的有关规定，建议在条例中明确作业单位在城市轨道交通控制保护区内进行相关活动的，应该由作业单位制订城市轨道交通设施保护方案，并经运营单位审查同意后方可进行作业。运营单位有权进入作业单位的施工现场查看，发现作业单位的施工活动危及或者可能危及城市轨道交通设施安全的，有权要求作业单位停止作业并采取相应的安全措施。九是根据《佛山市轨道交通行业文明运营服务规范（试行）》，建议在条例中明确城市轨道交通运营服务规范由城市轨道交通主管部门依法制定。这一服务规范由佛山市轨道交通经营单位制定更合适，也与部门规章、广州市地方性法规相一致。十是建议将《佛山市人民政府关于进一步加强轨道交通建设发展的意见》《佛山市城市轨道交通建设管理规定》《佛山市轨道交通发展专项资金管理办法》和《佛山市轨道交通场站及周边土地综合开发利用实施办法（试行）》等"1 + 3"政策文件中的主要条款纳入条例。起草团队综合各方意见，修改形成了《佛山市城市轨道交通管理条例（征求意见稿）》（以下简

称《佛山条例（征求意见稿）》）。

为确保《佛山条例》的科学性和可操作性，按照《佛山市人民政府拟定地方性法规草案和制定地方政府规章程序规定》的有关规定，2021 年 5 月 17 日佛山市轨道交通局在官网上发布《佛山条例（征求意见稿）》，起草团队向社会广泛征询意见。《佛山条例（征求意见稿）》公布以后，共回收各方修改意见 60 条。其中，广东广佛轨道交通有限公司提出了五大修改意见：一是建议将《佛山条例（征求意见稿）》第二十九条第一款①修改为："在城市轨道交通安全保护区内确需进行下列作业的，作业单位应当按照相关规定制定轨道交通专项施工方案和安全防护方案，并将其项目设计方案、图纸等相关资料按城市轨道交通经营单位相应要求报送城市轨道交通经营单位，且须征得城市轨道交通经营单位书面同意后，方可办理用地规划许可、工程规划许可、施工许可等相关手续，并对施工过程实施动态安全监控。"二是建议将《佛山条例（征求意见稿）》第二十九条第二款、第三款②修改为："出现危及城市轨道交通安全情形时，作业单位应当立即停止作业，并采取补救措施，并同时报告对该作业行为负有行业监管职责的部门、市轨道交通主管部门和城市轨道交通经营单位。施工过程中对城市轨道交通设施设备造成损坏的，城市轨道交通经营单位应当负责按照原技术标准恢复，所需费用由作业单位承担。""在城市轨道交通安全保护区内未办理用地规划许可、工程规划许可施工许可等相关手续进行违法作业的，城市管理和综合执法部门应当依法及时查处。城市轨道交通经营单位发现违法作业的，应当及时向城市轨道交通主管部门报告。""在上述作业中，对轨道交通既有结构存有重大影响的建设项目，建设单位应按有关要求委托具备相应资质的第三方开展安全评估，根据评估报告制定有针对性的轨

---

① 《佛山条例（征求意见稿）》第二十九条第一款　在城市轨道交通安全保护区内确需进行下列作业的，作业单位应当按照相关规定制定轨道交通专项施工方案和安全防护方案，征得城市轨道交通经营单位同意后，方可办理用地规划许可、工程规划许可、施工许可等相关手续，并对施工过程实施动态安全监控。

② 《佛山条例（征求意见稿）》第二十九条第二款、第三款　出现危及城市轨道交通安全情形时，作业单位应当立即停止作业，并采取补救措施，并同时报告对该作业行为负有行业监管职责的部门和城市轨道交通经营单位。施工过程中对城市轨道交通设施设备造成损坏的，城市轨道交通经营单位应当负责按照原技术标准恢复，所需费用由作业单位承担。""在城市轨道交通安全保护区内未办理用地规划许可、工程规划许可、施工许可等相关手续进行违法作业的，城市管理和综合执法部门应当依法及时查处。城市轨道交通经营单位发现违法作业的，应当及时向城市管理和综合执法部门报告。

道交通设施安全保护方案，并按要求委托具备相应资质的第三方监测单位对轨道交通结构实施安全监测；同时，在实施作业前应向城市轨道交通建设或运营单位办理施工作业申请，并签订有关的安全管理协议/承诺。""在上述作业中，对轨道交通既有结构存有重大影响的建设项目，在项目地基基础、基坑地下室等分部验收前，项目建设单位应征询轨道交通经营单位书面意见，项目行业主管部门在项目竣工验收备案前应予以核查轨道交通经营单位相关意见。"三是建议将《佛山条例（征求意见稿）》第三十三条第二款①修改为："城市轨道交通经营单位发现作业单位的施工活动危及或者可能危及城市轨道交通设施安全的，应当要求作业单位立即停止作业，同时向市轨道交通主管部门报告，若情况紧急的，可向公安等执法部门报告。"四是建议将《佛山条例（征求意见稿）》第五十七条第一款②修改为："城市轨道交通发生自然灾害、安全事故或者其他突发事件时，城市轨道交通经营单位应当按照本单位相关应急预案组织力量迅速开展应急抢险救援，防止事故扩大，减少人员伤亡和财产损失，同时向市轨道交通部门报告。"五是建议《佛山条例（征求意见稿）》第五十七条明确在应急处置时（如台风）若两地市政府发布的命令或信息不一致（如佛山方面要求停运，广州方面不停运）的解决办法。

起草团队与佛山市轨道交通局相关科室对 60 条意见建议经过反复研讨，并电话征询广州地铁集团有限公司有关机构的意见建议后，最终采纳意见建议 22 条、部分采纳意见建议 8 条、不予采纳意见建议 30 条。并在重大政策廉洁风险评估、公平竞争审查的基础上将《佛山条例（征求意见稿）》修改完善形成了《佛山市城市轨道交通管理条例（送审稿）》（以下简称《佛山条例（送审稿）》）。

2. 司法行政机关审查中的协同

2021 年 7 月 2 日，佛山市司法局收到《佛山条例（送审稿）》。7 月 5 日向各单位和社会公众广泛征求意见，并在官网上同步公布《佛山条例

---

① 《佛山条例（征求意见稿）》第三十三条第二款　城市轨道交通经营单位发现作业单位的施工活动危及或者可能危及城市轨道交通设施安全的，应当要求作业单位立即停止作业并采取相应的安全措施或者应急措施。

② 《佛山条例（征求意见稿）》第五十七条第一款　城市轨道交通发生自然灾害、安全事故或者其他突发事件时，城市轨道交通经营单位应当按照本单位相关应急预案组织力量迅速开展应急抢险救援，防止事故扩大，减少人员伤亡和财产损失，同时向市轨道交通、应急管理、公安等相关部门及消防救援机构报告。

（送审稿）》和起草说明。经过梳理汇总各单位和社会公众的反馈意见，共收到各单位意见50条、公众意见2条，其中采纳单位意见23条、公众意见1条。7月23日、7月26日，佛山市司法局组织召开《佛山条例（送审稿）》改稿会。佛山市司法局负责立法的领导及相关科室人员、佛山市轨道交通局主要负责人、起草团队对各方面意见进行讨论，并在征询佛山市铁路投资建设集团有限公司、广东广佛轨道交通有限公司、广州地铁集团有限公司意见的基础上确定初步修改方向，修改完善形成了《佛山市城市轨道交通管理条例（修改稿）》（以下简称《佛山条例（修改稿）》）。本次重点修改了以下六项内容：（1）关于在《佛山条例（修改稿）》适用范围中删除"有轨电车"相关内容。鉴于佛山市有轨电车的规划、建设、运营管理等是由区人民政府负责，与地铁、轻轨在规划、建设、运营管理上存在较大区别，在《佛山条例（修改稿）》统一进行规定较为困难，因此《佛山条例（修改稿）》不对"有轨电车"运营管理进行强制性规范，仅在附则中规定有轨电车规划、建设、运营管理可参照本条例执行。（2）关于授权城市轨道交通经营单位执法相关问题。经研究，根据《行政处罚法》第十九条和《立法法》第七十二条的规定，该授权具备合法性。关于授权的可行性，根据《广东省行政执法责任制条例》以及与广东省司法厅沟通确认，轨道交通经营单位的执法人员取得执法证是可行的，目前执法证的审批由地市负责，行政执法主体的审批由省司法厅负责，有以下要求：申请时以《广东省行政执法责任制条例》为依据；单位"三定"，如果没有"三定"，最好可以通过市编制委员会办公室参照政府部门的"三定"，对被授权单位的执法人员、编制、执法内容进行背书；轨道交通经营单位针对人员管理出具承诺书。（3）关于城市轨道交通规划编制的相关问题。经与佛山市轨道交通局沟通了解到综合开发规划不属于城市轨道交通规划范围，因此参照洛阳等其他地市的规定，将综合开发规划与城市轨道交通规划分开进行规定。（4）针对综合开发用地使用权取得方式的规定问题。《佛山条例（送审稿）》原规定在城市轨道交通及其配套设施用地范围内进行综合开发的，可按作价出资、协议出让等方式依法取得土地使用权。经研究，土地使用权取得方式分为作价出资、出租及出让，其中出让分为协议出让与招拍挂出让，鉴于作价出资与协议出让并非同一维度的土地使用权取得方式，不宜将两种取得方式并列规定。另外，根据《民法典》第三百四十七条和《招标拍卖挂牌出让国有建设用地使用权规定》第四条的规定，经营性用地以及同一土地有两个以上意向用地者的，应当采取招标、拍卖等公开竞价的方式出让。如果条例直接规定可通过协议出让方式取得土地使用权与上位法规定不符。因此，《佛山条例（修改稿）》将本条规定的综合开发用地使用权取得方式规定为："综合开发用地由市人民政府重新核准规划条件后，采取招标、拍卖、挂牌等方式出让土地使用权；经市人民政府批准，可以按照规定采用作价出资等方式由城市轨道交通经营单位实施综合开发。"（5）关于容积率调整是否需要补缴土地出让金的问题。自然资源局提出，《佛山条例（修改稿）》中规定的"已经出让或者划拨的建设项目，因城市轨道交通出入口、风亭、冷却塔等设施以及地下空间整体设计造成建筑面积增加的，可不计入土地出让合同约定或者规划条件规定的容积率计算范围"无上层法律依据，建议删除。经研究，不采纳该建议，理由有四个：一是容积率管理是城乡建设规划的重要事项，属于地方立法"城市建设与管理"的立法权限范畴。二是住房和城乡建设部《建设用地容积率管理办法》（2012）第三条第二款规定："容积率计算规则由省（自治区）、市、县人民政府城乡规划主管部门依据国家有关标准规范确定。"法律法规对已经出让或者划拨的建设项目，因城市轨道交通出入口、风亭、冷却塔等设施以及地下空间整体设计造成建筑面积增加的，是否可以不计入土地出让合同约定或者规划条件规定的容积率计算范围，并没有明确规定。依据地方性法规不抵触原则，地方立法有权设定相关内容。三是调研发现佛山有此需要，并且相关规范性文件已作出规定。例如，佛山市政府办公室2021年印发《佛山市轨道交通场站及周边土地综合开发实施办法（试行）》（佛府办〔2021〕8号）明确规定："轨道交通停车库、盖上机动车停车库建筑面积和轨道工程的其余配套附属设施不纳入用地容积率指标计算。"四是南京、苏州、洛阳等市的城市轨道交通条例已有相关规定。（6）关于广佛轨道协同立法问题。为便于日后佛山与广州进行协同，而且突出广佛协同是本次佛山城市轨道交通立法的重点、亮点，《佛山条例（修改稿）》特增设第六章"广佛协同"，将涉及广佛协同的相关规定进行归纳整理。《佛山条例（修改稿）》经过佛山市人民政府常务会议审议形成《佛山市城市轨道交通管理条例（草案）》（以下简称《佛山条例（草案）》）提交佛山市人大常委会审议。

（四）有的放矢，推动审议过程中的协同

搞好设区的市地方立法工作，审议法规草案是其最重要的环节，也是打造良法、实现善治的关键程序。如何搞好法规草案的审议，不仅考验着地方人大的政治智慧和担当，而且考验着执法者的水平和能力。① 在轨道交通协同立法中，佛山市人大常委会有的放矢，积极推动法规审议过程中的区域协同。

1. 全面把握，推进第一次审议的协同

按照佛山市人大常委会工作部署，《佛山条例》的第一次审议由佛山市人大常委会城乡建设环境与资源保护工作委员会（以下简称"城建环资工委"）负责。佛山市城建环资工委会同法工委主动、提前介入条例的起草过程，积极开展初审前期工作。2021年3月，佛山市人大常委会党组副书记、副主任刘珊，时任副主任叶良以及城建环资工委和法工委组成调研组，到佛山市轨道交通局开展本市"十四五"轨道交通规划编制及建设情况暨广佛轨道交通协调立法专项调研，听取条例起草情况介绍。调研组还实地考察了佛山地铁2号线一期工程，从石湾站进站搭乘调试列车至花卉世界站出站，途中听取项目建设单位关于工程进展情况和保证2021年底试运行措施的汇报。② 调研组指出，佛山地铁2号线是继广佛线后，又一条连接广佛的地铁线路。它联通了佛山中心城区与广东最大的高铁枢纽——广州南站，可有力推动佛山全方位融入粤港澳大湾区建设，为共建共享"轨道上的大湾区"注入新活力。调研组要求，佛山市轨道交通局要充分认识到广佛两地协同立法的重要性和紧迫感，扎实推进《佛山市城市轨道交通管理条例》立法起草工作，助推佛山融入"轨道上的大湾区"。③ 2021年6—7月，佛山城建环资工委联合法工委，多次组织条例起草相关单位召开立法推进协调会，对《佛山条例（草案）》的部分条款提出合法性研究建议，同时提出相关机制创设要注重可操作性的意见。10月中旬，城建环资工委会同法制工委深入禅城区、南海区、顺德区开展初审调研，分别听取区政府相关部门、镇、村居以及通信、供气、供电、供水等利害关系人的意见建议，同时召开部分市直部门、城建环资工委委员和专业小组代表等座谈会，听取意见建议，并同步委托三水区、高明区人大常委会收集相关各方意见建议，共收集各方书面和口头意见169条。

① 参见卢鸿福《建立健全设区的市人大立法审议机制》，载《人大研究》2017年第7期，第49页。

② 参见林嘉慧《确保地铁2号线一期年底全线试运行》，载《佛山日报》2021年3月11日，第A03版。

③ 参见梁建荣《佛山地铁2号线一期正式开通运营》，载《佛山日报》2021年12月29日，第A01版。

通过充分调研论证，佛山市第十五届人大常委会第五十一次会议于2021年11月9日对《佛山条例（草案）》进行了第一次审议。佛山市人大常委会综合其组成人员以及前期调研等各方面意见，着力对制定条例的必要性、合法性和可行性进行了审议。同时，结合佛山实际，并考虑与广州协同的情况下，统筹提出注意事项和修改建议：（1）关于广佛协同专章。在条例的调研和第一次审议过程中，大多数人都认为，草案设置广佛协同专章是一个很有特点的尝试，在具体的操作模式层面设置专章进行统一规范，从而推动不同区域之间利益诉求和价值目标的衡平，是有效发挥协同立法制度引领作用的重要模式。这种协同模式在长三角地区和成渝地区的协同立法中都有过有益的尝试。因此，设置广佛协同专章是本次协同立法的重要探索举措。在接下来的条例审议过程中，要采取多种措施推进广佛协同专章的完善。同时，相当多的意见也指出，广佛协同是一个大命题，涉及立法协同、规划协同、管理协同等方方面面。因此，一方面要进一步充分论证，另一方面要加强佛山与广州相关部门的联络，争取广州市相关立法的协同推进。例如，条例中有关广佛协同的部分表述超出了该条例的调整对象范围，如"广佛两市城市轨道交通线网规划编制时应当""由广佛两市共同协商确定""由广佛两市相关主管部门共同制定""两市人民政府应当"等表述，在本行政区域行政管理地方立法中设定了他市的义务，其合法性和合理性都需要进一步探讨完善。区域协同立法不仅需要内容上的协同，更需要立法技术规范方面的探索完善。（2）关于立法的对象。根据2007年发布的《城市公共交通分类标准》（CJJ/T 114—2007）中的定义，城市轨道交通为采用轨道结构进行承重和导向的车辆运输系统，依据城市交通总体规划的要求，设置全封闭或部分封闭的专用轨道线路，以列车或单车形式，运送相当规模客流量的公共交通方式，包括地铁系统、轻轨系统、单轨系统、有轨电车、磁浮系统、自动导向轨道系统、市域快速轨道系统。近年来，随着交通运输业的发展，还出现其他新的交通系统。在条例的调研和第一次审议过程中，有意见指出，条例草案中的地铁、轻轨无疑是佛山城市轨道交通的主要对象，但是否将有轨电车纳入立法调整对象，各方对此的意见不一，条例草案中关于有轨电车参照执行需要进一步调研论证。（3）关于立法中的具体措施。在条例调研和第一次审议过程中，有意见指出立法中的具体措施要注意与广州现有法规的协同。例如，《佛山条例（草案）》中关于保护区作业要求的规定，可参照《广州条例》。该草案第二十三条设定"将方案以及项目设计图纸等相关资料报送城市轨道交通经营单位审查同意后，依法办理相关手续"，未区分是否涉及行政许可事项的"审查同意"表述，涉嫌增设许可条件。"审查"行为具有行政性质，这一表述突破了上位法《城市轨道交通运营管理规定》第三十条的规定。因此，建议删除"审查"二字，与上位法表述保持一致。同时，将"同意"的标准、流程进一步细化。《广州条例》对关于这一具体措施的表述进行了区分处理，以是否办理行政许可事项区分作业单位，以书面征求城市轨道交通经营单位意见的程序或是书面告知城市轨道交通经营单位即可。若需书面征求意见，应同时设置轨道交通经营单位回复意见期限及对回复结果的救济渠道，做到权责统一。因此，在该立法过程中设置具体操作措施时要注意与广州立法的协同。（4）关于法律责任。协同立法是在一定区域内不同立法主体运用法律手段协同塑造并巩固区域发展新机制，同时对区域一体化建设进行引导和规范。相比其他协同制度，如政府间的工作方案、实施意见等不具有法律完整的假定、行为模式与法律责任，协同立法不具备严格的规范和约束力。也正因如此，审议中的绝大多数意见都认为，协同立法中的法律责任部分各方需要认真参与研讨论证，确保两地轨道交通的建设安全、线路安全、运营安全等方面的同质性事项和联动性事项能够得到协同规范，共同维护良好的轨道交通安全环境和秩序。例如，《佛山条例（草案）》第六十六条是针对其第三十四条的相应罚则，但没有区分行为的违法程度，而是笼统规定一个罚款上限，这将导致该条款操作性不强。审议意见建议，该条法律责任的设置应参照《广州条例》的做法，对相应的《佛山条例（草案）》第三十四条设置的违法行为条款作进一步的细化设置，既要增强可操作性，又能体现广佛协同的精神。

2. 重点研究，推进第二次审议的协同

《佛山条例（草案）》第一次审议之后，佛山市人大法制委、人大常委会法工委依法开展意见征集、调研论证等有关工作，特别是针对第一次审议提出的审议意见广泛征求意见，针对重点问题着力研究，同时正式与广州市人大常委会法工委进行工作对接，从以下三个维度开展协同立法工作：（1）坚持科学立法、民主立法、依法立法。这主要体现在三个方面：一是及时开展草案修改意见公开征集活动。2021年11月10日，佛山市人大常委会法工委就《佛山条例（草案）》在佛山市人大官网向社会公开征求意见，同时也在《佛山日报》等媒体上公布《佛山条例（草案）》并向社会广泛征求意见。二是积极发挥基层立法联系点的作用。佛山市人大法制委、市人大常委会法工委和城建环资工委会同有关部门成立调研组，前往祖庙、桂城、北滘街道人大办等五个市人大常委会基层立法联系点，依托其联系基层的优势，深入基层，听取基层群众、一线工作人员和基层执法部门的意见建议。三是依托各区人大常委会，组织区相关职能部门以及镇街等召开专项调研论证会，听取对《佛山条例（草案）》的具体意见和建议，并就有关制度创设的可行性和可操作性进行研究分析。（2）拓宽信息收集渠道，结项广佛全域全城化沟通协调。佛山市人大法制委、市人大常委会法工委在充分调研的基础上，为准确把握《佛山条例（草案）》的修改方向，一方面，加强"左右联系"，主动向广州、金华、杭州、东莞等兄弟城市了解有关轨道交通的立法动向；另一方面，加强"上下沟通"，佛山市人大常委会法工委、市轨道交通局加强与广东省人大常委会法工委、省交通厅等的联系，主动汇报佛山条例的立法协同进程及其存在的问题、难点，及时掌握轨道交通在建设管理、养护等方面的新政策动向，积极争取上级部门的指导。（3）全力推动广佛轨道交通立法协同。根据广州市和佛山市的人大常委会法工委签订《关于加强两市协同立法的合作协议》的有关规定，两市人大常委会法工委以《佛山条例》的制定为契机，探索推进两市协同立法机制的实践运行。2021年11月10日，佛山市人大常委会法工委专函广州市人大常委会法工委，请其代为征求广州市政府有关部门及广州地铁集团有限公司等相关单位对《佛山条例（草案）》的意见建议。广州市人大常委会法工委积极回应，在征求了相关单位意见后，于12月7日回函并提出了七个方面的修改意见建议：一是《佛山条例（草案）》与广州市现行的《广州条例》在管控要求以及标准的规定存在不一致。例如，《佛山条例（草案）》第二章第十一条至第二十条，以及第二十一条的保护区范围划定标准等。考虑到广州市与佛山市有多条既有、在建以及规划的跨市城市轨道工程，建议两市相关部门就管控要求及标准划定做好沟通衔接。二是建议将《佛山条例（草案）》第十四条第一款修改为："自然资源部门在开展片区城市设计优化、控制性详细规划调整、规划方案审查、建设项目选址意见书办理、建设用地规划许可、建设工程规划许可时，应当审核方案是否违反城市轨道交通线网控制性规划，必要时可征求轨道交通部门意见。若涉及跨市轨道交通线路，应征询线路所属轨道交通部门意见。"理由有两方面：一方面，对是否违反城市轨道交通线网控制性规划的审核，不仅局限于建设工程规划许可，还包括控制性详细规划调整、规划方案调查、建设项目选址意见书的办理、建设用地规划许可等方面；另一方面，需考虑跨市轨道交通线路的情形，做好市与市之间的沟通工作。三是建议《佛山条例

（草案）》第二十条第三款增加"涉及广州西江引水工程、广州南州水厂原水管道出故障时，轨道交通运营单位应配合做好应急抢险工作"。四是建议在《佛山条例（草案）》第五十二条的广佛协同原则中增加"广佛城市轨道交通互联互通应当以《广佛城市轨道交通互联互通行动细则》为基本准则"。五是建议将《佛山条例（草案）》第五十五条"在可行性研究报告编制前……协商确定城市轨道交通经营单位和牵头负责运营监督管理的主体"修改为"在可行性研究报告批复前……协商确定城市轨道交通经营单位和牵头负责运营监督管理的主体"。其理由是，符合工作惯例且协商时机更加成熟。六是鉴于城市轨道交通的经营单位和运营单位可能不是同一主体，可能存在城市轨道交通经营单位的职责实际上是由其运营单位负责具体履行，建议修改经营单位负责运营的相关表述，并厘清经营单位和运营单位的相关区别。七是建议《佛山条例（草案）》第六章"广佛协同"的标题、条款内容不局限于广佛两地，因为佛山未来还可能与广州以外的其他城市轨道交通实现互联互通。另外，根据地方性法规的属地原则和地域效力，除折中主义原则的一些特殊情况外，该条例对本行政区域外的部门和单位没有约束力。因此，这样的表述有超出管理权限之嫌，不宜在第六章条款中作出有关规定。如"广佛两市……应当……"之类的表述，应当修改为"市……应当配合、会同其他城市……"。

广州市人大常委会法工委的回复意见中不仅提出广佛两市轨道交通的规划、建设、管理等对接的具体操作方法，而且从自身角度出发提出轨道交通建设可能涉及的其他问题，还从立法技术层面提出协同立法应注意的问题及解决方法。这无论是对条例草案自身的完善，还是对协同立法实践的推进，都有重要的意义。佛山市人大常委会法工委针对这些问题进一步进行了论证研讨，并采用多种形式和广州市人大常委会法工委保持持续的沟通，共同推进协同立法。通过上述方式，佛山市人大法制委、常委会法工委在《佛山条例（草案）》的第一次审议后的调研修改期间共召开座谈会十余场，参加座谈人员近百人次，收到"部门职责分工、广佛协同立法表述、安全生产责任监管"等方面的反馈意见五十余条，经深入研究论证后，提出了《佛山市城市轨道交通管理条例（草案修改稿）》（以下简称《佛山条例（草案修改稿）》）。

2021 年 12 月 31 日，佛山市第十五届人大常委会第五十五次会议对《佛山条例（草案修改稿）》进行了第二次审议。本次修改审议除对草案进行规范以外，重点在于调整了立法协同的制度设计。根据佛山市人大常委会对条例第一次审议意见、法制委审议意见、广州市人大常委会法工委的有关意见，草案第六章"广佛协同"的具体内容表述过于局限，且具体条文的内容不符合立法技术规范的要求，广佛协同的部分表述超出了本条例的调整对象范围。因此，起草团队在广泛调研论证的基础上，对该部分进行了较大的调整：一是将本章名称从"广佛协同"调整为"互联互通"，从章节名称上明确条例调整对象的范围仅限于本市行政区域，同时又明确与广州等周边城市的轨道交通互联互通的要求；二是将本章涉及"广佛两市"等的表述做技术化处理，更多地从本市人民政府如何开展与广州等市的互联互通工作为切入点，进一步完善相关表述；三是明确本市轨道交通经营单位与广州市有关单位的联系，建立突发事件应急制度。

3. 强化统筹，推进第三次审议的协同

在条例的第二次审议后，佛山市人大常委会即组织开展了进一步的意见征集和调研论证，在采取有效措施不断完善轨道交通立法的同时，加强与广州市人大常委会的沟通，强化协同机制运行，克服疫情带来的各种负面影响，统筹推进广佛轨道交通协同立法工作走深走实。佛山市委、市政府、市人大常委会都高度重视对《佛山条例（草案修改稿）》的修改完善工作。佛山市委主要负责领导多次听取了轨道交通立法的汇报，亲自审阅《佛山条例（草案修改稿）》，提出了修改意见建议，并在市委常委会进行了专题研讨。佛山市政府主要负责领导和分管领导对轨道交通建设立法及配套相关工作多次进行研究，对与市政府的规文与立法的衔接问题进行了专题研讨。佛山市人大常委会主要负责领导在多次听取了轨道交通立法的专项汇报后，亲自带队对轨道交通建设进行了实地调研，并就立法需要解决的重难点问题进行了深入研讨。其中，最主要的有三个方面：（1）召开广佛人大协同立法座谈会。为了进一步推进广佛协同立法的相关工作，2022年6月2日上午，广佛人大协同立法座谈会在佛山市人大常委会举行。[①] 广州市人大常委会及法工委、佛山市人大常委会及法工委的领导和有关同志参加了座谈。会议交流了两地人大常委会2021年协同立法工作的推进落实情况，特别是对《佛山条例》的协同立法情况进行了总结交流。会议认为，在《佛山条例》协同立法过程中，广州市人大常委会法工委先后两次回函佛山市人大常委会法工委，提出了十五个方面的修改意见建议，大力促进

---

① 参见《广佛协同立法座谈会在佛山举行》，见"南方＋"客户端（https://static. nfapp. southcn. com/content/202206/06/c6562545. html），刊载日期：2022 年 6 月 6 日。

佛山市法规在制度设计、条文结构、立法技术规范等方面的进一步完善。同时，对《佛山条例》今后的协同提出了意见，两市人大常委会法工委要更加积极主动地沟通协调，共同推进两市完善协同立法机制，开展两市立法理论与实践研究的协作，推动两市立法工作机制的合作对接，加强轨道交通、食品安全、环境保护、岭南文化保护传承等重点领域立法工作的协同，共享两市立法人才资源，加强两市立法工作人员的学习交流互动，共同推进地方立法的理论研究，充分发挥立法工作对广佛全域同城化发展的保障、引领和推动作用。（2）在广东省人大常委会指导下开展广佛协同立法座谈会。2022 年 6 月 21 日，经过积极沟通和精心筹备，在广东省人大常委会法工委指导下，《佛山条例（草案修改稿）》专家论证会及广佛协同立法座谈会在佛山召开。[1] 广东省人大常委会法工委副主任余建红，广州市人大常委会法工委副主任陈宁，佛山市人大常委会副主任贾伟，佛山市人大常委会法工委主任林国荣，广东省人大、广州市人大的相关立法咨询专家，省直部门的相关负责同志，佛山市人大常委会法工委、轨道交通局、自然资源局、铁路投资建设集团有限公司等相关人员参加了会议。会前，为增加与会人员对轨道交通的认识，佛山市人大常委会法工委组织与会人员实地考察了佛山地铁 2 号线、在建的佛山地铁 3 号线、佛山地铁控制中心等地，了解佛山轨道交通建设情况。余建红副主任等对佛山轨道交通建设表示赞赏，并一致肯定广佛协同推进城市轨道管理立法工作的必要性和重要性。专家论证会及广佛协同立法座谈会通过线上线下相结合的方式举行，广东省人大常委会、广东省直部门、广州市人大的相关立法咨询专家通过远程视频对《佛山条例（草案修改稿）》提出修改意见和建议。其中，时任广东省人大教科文卫委主任委员张宇航提出要增加更多便民利民的措施，在设施规划建设中体现"立法为民"原则；省交通运输厅有关工作人员提出要增加运营安全的条款，进一步补充和完善《佛山条例（草案修改稿）》内容；暨南大学法学院高轩教授对《佛山条例（草案修改稿）》从整体结构上如何更好体现广佛协同提出建议。[2] 会议对立法对象是否应包含有轨电车

①　参见周龙凤《广佛协同推进城市轨道管理立法——佛山城市轨道交通立法举行专家论证会》，载《佛山日报》2022 年 6 月 22 日，第 A02 版。
②　参见周龙凤《广佛协同推进城市轨道管理立法——佛山城市轨道交通立法举行专家论证会》，载《佛山日报》2022 年 6 月 22 日，第 A02 版。

的问题展开了深入的讨论。经过讨论，专家一致认为，虽然有轨电车与地铁、轻轨同属轨道交通，而且广州市的轨道立法也明确包含有轨电车，但由于有轨电车的规划审批体制和建设模式与地铁有很大不同，如有轨电车一般都由各区建设管理，且有轨电车的行驶与城市道路平交的方式也与地铁等的封闭管理不同，与本次城市轨道交通立法的规划、建设、管理全链条统筹不尽一致，难以参照执行，因此建议不作为本次佛山轨道交通立法的主要对象。（3）进一步深入实地调研。2022 年 9 月 7 日，佛山市人大常委会主要领导带领佛山市人大法制委、佛山市人大常委会法工委组织开展了轨道交通立法专题调研。调研组先后前往佛山地铁 2 号线林岳西站和佛山地铁 3 号线季华六路站，详细了解城市轨道公共交通导向型发展（transit oriented development，TOD）建设运营情况、轨道地下物业空间开发利用以及地铁 3 号线建设运营等情况，并就立法需要解决的重难点问题进行深入交流。佛山市人大常委会主要领导对佛山市科学规划建设 TOD 项目以及加快轨道交通建设给予充分肯定，强调轨道交通作为城市公共交通的"骨干"，是纾解交通压力、改善出行条件、优化城市空间布局的重大民生工程，对完善城市功能、改善人居环境、促进经济和社会发展发挥至关重要作用。要进一步提高站位，深刻认识到轨道交通立法工作的必要性、重要性。要加强城市轨道交通场站及周边土地综合开发总体策略研究，确保城市轨道交通场站及周边土地综合开发与城市轨道交通工程同步规划、同步建设、同步推进。要提高安全意识，强化应急管理，研究制定具体规章制度、应急预案，确保城市轨道交通安全运行。佛山市人大常委会将充分借鉴吸收先进的立法经验，推动《佛山条例》加快出台，确保佛山市轨道交通运营管理有法可依，保障轨道交通安全运行，以高质量的立法引领轨道交通可持续发展，为加快建设"轨道上的大湾区"贡献佛山人大力量。①

    在《佛山条例》的第二次审议结束后，佛山市人大法制委、佛山市人大常委会法工委对佛山市委的修改意见、佛山人大常委会组成人员提出的审议意见进行了认真研究，继续采取各种方式广泛征求意见，加大调研论证力度，并请示广东省人大常委会法工委，组织广佛两市进一步开展立法协同工作。通过广泛的收集意见和调研论证，吸纳各方意见建议，修改完

①　参见郑弈纯《以高质量立法引领轨道交通可持续发展》，载《佛山日报》2022 年 9 月 8 日，第 A01 版。

善形成了《佛山市城市轨道交通管理条例（草案修改二稿）》（以下简称《佛山条例（草案修改二稿）》）。《佛山条例（草案修改二稿）》的修改主要体现在以下三个方面：（1）完善规划层级设置，体现规划引领作用。有佛山人大常委会组成人员和法制委委员、佛山市人大代表和广东省政府有关部门认为，《佛山条例（草案修改稿）》存在对于城市轨道交通规划的编制依据表述不准确、有关法定规划名称的表述不规范、创设的规划名称不符合实际等问题。据此，佛山人大法制委、法工委会同城建环资工委、市自然资源局、市轨道交通局对此问题进行了专项研究；佛山人大常委会法工委通过多种方式与厦门、洛阳、金华、常州等多地人大常委会法工委沟通，了解掌握各地在轨道交通立法过程中对于轨道交通规划的行为规制的规范经验后，作出下述四项相应修改：一是根据《国务院办公厅关于进一步加强城市轨道交通规划建设管理的意见》（国办发〔2018〕52号）的规定，按照城市轨道交通规划衔接协调、集约高效的要求，对《佛山条例（草案修改稿）》作相应调整；二是根据《中华人民共和国城乡规划法》《广东省城乡规划条例》《广东省城市控制性详细规划管理条例》的规定，对有关规划的名称进行规范表述，尤其是明确"线网控制性规划"不属于"控制性详细规划"，并按照实际情况将此规划明确为"城市轨道交通沿线用地控制规划"；三是根据广东省自然资源厅意见，明确城市轨道交通线网规划要纳入国土空间规划"一张图"管理实施；四是完善"城市轨道交通沿线用地控制规划"的编制，包括编制依据、批准程序、巡查和监管要求等，确保轨道交通沿线用地的依法控制、依规管理。（2）强化公交引领城市发展，提升城市竞争能力。有常委会组成人员、法制委委员和广东省政府组成部门认为，《佛山条例（草案修改稿）》第二章"规划与建设"中欠缺 TOD 模式（以公共交通为导向的发展模式）的有关内容。这与中共中央、国务院印发的《国家综合立体交通网规划纲要》（国务院公报 2021 年第 8 号）中"深入实施公交优先发展战略，构建以城市轨道交通为骨干、常规公交为主体的城市公共交通系统，推进以公共交通为导向的城市土地开发模式，提高城市绿色交通分担率"的要求有差距。因此，《佛山条例》在修改过程中增加了"发挥城市轨道交通在引领城市发展中的积极作用"的表述，增设开发模式、划拨手段和收益管理等相关规定，通过立法手段固化佛山市 TOD 发展经验，全力推动佛山市轨道交通可持续发展。（3）着眼粤港澳大湾区轨道发展，健全互联互通机制。有佛山人大常委会组成人员、法制委委员和广东省人大立法咨询专家认为，《佛山条例（草案修改稿）》第六章

"互联互通"的有关规定能够充分满足"广佛同城"的需要，也是广佛两市政府多年来在轨道建设管理方面的经验总结和提炼；但是，根据《粤港澳大湾区发展规划纲要》的要求，粤港澳大湾区城市群间要加快基础设施互联互通。有关规划也显示，佛山除与广州互联互通外，还要与周边的肇庆、中山、江门等多个粤港澳大湾区城市进行轨道交通的互联互通。因此，对《佛山条例（草案修改稿）》"互联互通"专章从以下三项进行进一步修改：一是从粤港澳大湾区的角度调整本章的协同对象；二是对跨市轨道交通线网规划的编制要求、建设标准等进行规范；三是明确要与相关城市人民政府及其部门共同推进跨市线路建设和应急处置工作。2022 年11 月 15 日，佛山市第十六届人大常委会第十次会议第三次审议并通过《佛山条例》。2023 年 3 月 30 日，广东省十四届人大第二次常委会表决批准了《佛山条例》。

（五）及时修改广州条例，进一步推动广佛轨道交通立法协同

为了进一步推动广佛协同立法，探索推进粤港澳大湾区建设，经过前期协调调研与谋划，2023 年 2 月 3 日，广州市交通运输局会同广州市人大常委会法工委、经济工委以及广州市司法局、广州地铁集团等单位组成联合调研组，到佛山市轨道交通局进行协同立法交流。佛山市轨道交通局也邀请佛山市人大常委会法工委、佛山市司法局、佛山地铁集团等参加了座谈。两市代表就城市轨道交通与周边城市互联互通、城市轨道交通与城际铁路贯通运营等方面的规划、建设、运营管理，以及推动轨道交通工程建设等方面的问题进行了沟通，并就协同立法重点进行了进一步会商。2 月 14日，广州市交通运输局召开《广州市城市轨道交通管理条例（修订稿）》（以下简称《广州条例（修订稿）》）专家论证会，对《广州条例（修订稿）》进行研究论证。《佛山市城市轨道交通管理条例》起草者朱最新教授应邀出席，就论证提纲提出的八个问题进行了论证，并对广佛轨道交通协同立法的有关问题提出自己的看法，强调要特别注重规划、建设、运营、应急等方面的协同衔接，实现广佛轨道交通的互联互通。

2023 年 2 月 27 日，广州市第十六届人大常委会第 31 次主任会议通过了 2023 年立法工作计划，将《广州条例》的修订正式纳入年度计划。3 月3 日，广州市交通运输局发布关于征求《广州市城市轨道交通管理条例（修订草案征求意见稿)》（以下简称《广州条例（征求意见稿)》）意见的公告。①《广州条例（征求意见稿)》除了与交通运输部规章、广东省人民政府规章以及政策进行统一表述，还基于"轨道上的大湾区"、轨道交通"一张网、一张票、一串城"的需求，拟增加互联互通线路的规划管理、建设管理、运营管理和应急管理等的统筹协作管理机制。在跨市城市轨道运营管理方面，《广州条例（征求意见稿)》增加了"互联互通"专章，相关内容与《佛山条例》高度一致。《广州条例（征求意见稿)》提出，本市城市轨道交通经营单位应当与相关城市轨道交通经营单位，协商建立健全跨区域联动的乘客服务标准和协调机制，定期互通运营信息，确保城市轨道交通一卡（码）通行、衔接线路安全有序运营。据媒体报道，广州条例在征求意见阶段共收到反馈意见 220 条，并将适时公布。② 3 月 24 日，广州市交通运输局发函佛山司法局征求佛山对《广州条例（征求意见稿)》的意见建议。佛山市司法局对从调整范围、规划、运营管理、互联互通等方面对《广州条例（征求意见稿)》提出了相应的完善建议。在《广州条例（征求意见稿)》的基础上，广州市人大常委会拟定了《广州市城市轨道交通管理条例（草案修订稿)》。5 月 10 日，为做好修订《广州市城市轨道交通管理条例（草案)》的有关工作，广州市人大常委会经济工委召开《广州市城市轨道交通管理条例（草案修订稿)》专家论证会，《佛山条例》起草者朱最新教授再次应邀出席论证会，针对论证提纲就大问题提出了自己的意见建议，并着重对互联互通线路的规划建设管理、运营管理和应急管理等的统筹协作管理机制，以及统一广佛两市行政处罚标准等事宜提出了相关意见建议。根据专家论证意见、社会公众意见，对《广州市城市轨道交通管理条例（草案修订稿)》进行了较大修改，在规划建设、运营管理、应急管理、行政执法、法律责任设置等方面大量借鉴《佛山条例》的内容，有力地推动了广佛轨道交通管理规则协调衔接，进一步推动了广佛轨道交通的立法协同。

---

① 《广州市交通运输局关于征求〈广州市城市轨道交通管理条例（修订草案征求意见稿)〉意见的公告》，见广州市交通运输局网站（http://jtj.gz.gov.cn/hdjlpt/yjzj/answer/26987），刊载日期：2023 年 3 月 3 日。

② 参见卢梦谦《〈广州市城市轨道交通管理条例（修订草案征求意见稿)〉征求意见阶段共收到反馈意见 220 条》，见大洋网（https://news.dayoo.com/guangzhou/202304/17/139995_54460615.htm），刊载日期：2023 年 4 月 17 日。

第四章　广佛城市轨道交通
协同立法的实践成果

2023 年 4 月 20 日，《佛山条例》正式出台。2023 年 3 月，广州市交通运输局公布《广州条例（征求意见稿）》，公开征求公众意见。本章以《佛山条例》为研究蓝本，对比《广州条例》①，从"规划建设协同""运营管理协同""应急管理协同""行政执法协同""法律责任设置协同"五个方面对广佛城市轨道交通协同立法实践进行论述，以期对跨区域城市轨道交通协同立法有所助益。

一、城市轨道交通规划建设协同

城市轨道交通建设的迅速发展为城市快速发展提供了重要的交通支撑和保障。随着城市化进程的加速和城市规模的扩大，越来越多的城市需要考虑跨区域城市轨道交通的规划和建设，以满足日益增长的交通需求。跨区域城市轨道交通与传统城市轨道交通相比，不仅跨越了不同的行政区域，而且涉及不同的城市规划和管理体制，这给轨道交通的规划、建设带来了新的挑战。接下来通过论述跨区域城市轨道交通管理中规划建设立法协同的必要性与现状，对比《佛山条例》与《广州条例》有关规定，进一步梳理和阐述广佛城市轨道交通协同立法中规划建设协同的制度建构。

（一）跨区域城市轨道交通管理中规划建设立法协同的必要性

2019 年 2 月，中共中央、国务院于印发《粤港澳大湾区发展规划纲要》，在诸多关于粤港澳大湾区合作发展的规划之中，就有关于构筑粤港澳

---

① 部分内容依据 2023 年 5 月 10 日广州市人大常委会经济工委召开的专家论证会提供的《广州市城市轨道交通管理条例（草案征求意见稿）》。

大湾区快速交通网络、实现主要城市间一小时通达的要求。2020 年 7 月 30 日，国家发展和改革委员会批复粤港澳大湾区城际铁路建设规划，不失时机地提出打造"轨道上的大湾区"构想。2022 年 8 月，住房和城乡建设部与国家发展和改革委员会印发《"十四五"全国城市基础设施建设规划》，提出"支持超大、特大城市为中心的重点都市圈织密以城市轨道交通和市域（郊）铁路为骨干的轨道交通网络，促进中心城市与周边城市（镇）一体化发展"。随着城市的发展，城市间的联系也越来越密切。跨区域城市轨道交通作为城市间连接的重要方式，对促进城市发展、推动城市协同发展具有重要作用。跨区域城市轨道交通通常需要涉及多个城市的协作，如果每个城市都按照自己的规划进行建设，在缺乏规划建设协同的情况下，轨道交通建设的过程中可能存在相互矛盾、重复建设和资源浪费等问题。

2020 年，广东出台的《广东省城市轨道交通运营安全管理办法》第七条第二款[①]明确要求城市轨道交通规划应当与周边城市轨道交通衔接。这是广东首次在地方立法层面明确要求城市轨道交通规划要保持与周边城市的协同发展。广州、佛山两市地处珠江三角洲（以下简称"珠三角"）的核心区域，两市地域相连、人缘相亲，经济社会发展联系紧密，合作源远流长，尤其是 2009 年两市正式签署同城化建设合作协议以来，同城化建设工作一直走在全国前列。2020 年，广佛地区生产总值之和达 3.6 万亿元，常住人口之和超 2800 万，在珠三角、粤港澳大湾区乃至全国经济社会发展格局中均占有重要地位。"广佛线"作为中国第一条跨城地铁，深入广州、佛山的城市中心，成为两地之间的交通骨干线。目前，广佛地铁高峰期发车间隔已缩短至 2 分 58 秒，日均客流至 50 多万人次。同时，"广州服务 + 佛山制造"的协同效应凸显，产业竞争力不断增强。广佛两地大力共建先进装备制造、汽车、新一代信息技术、生物医药与健康四个万亿级产业集群，其中，先进装备制造和汽车两个产业总规模超 2 万亿。因此，为贯彻落实国家有关轨道交通发展规划，促进广佛两市的城市轨道交通一体化发展，有必要确保广佛两市的城市轨道交通规划和建设相互衔接，达到整体规划合理的目的。

跨区域城市轨道交通规划建设的协同发展，不仅可以促进不同行政区域之间的经济、社会和文化联系，而且可以促进整个区域城市的协同发展。通过规划建设协同，可以协调不同行政区域的规划和建设，促进区域城市

---

① 《广东省城市轨道交通运营安全管理办法》（2020）第七条第二款 城市轨道交通规划应当统筹考虑城市轨道交通与其他交通运输方式及周边城市轨道交通的衔接。

整体的协同发展，实现区域城市的共同繁荣。目前，广东仅在规章层面要求城市轨道交通规划应当考虑与周边城市轨道交通的衔接，但如何进行规划建设衔接在立法层面尚未作出明确规定。同时，考虑到规章的特殊性，根据《行政诉讼法》第六十三条的有关规定，人民法院审理行政案件以法律和行政法规、地方性法规为依据。地方性法规适用于本行政区域内发生的行政案件，但是，规章只作为人民法院审理行政案件的参照。因此，有必要在地方性法规中加强对城市轨道交通规划建设协同的规定。

（二）跨区域城市轨道交通管理中规划建设协同的现状

跨区域城市轨道交通管理中规划建设协同是十分必要的，可以保证整个系统整体规划的合理性、效率和服务水平，减少建设和管理成本，促进区域城市交通一体化，更好地满足人民群众的出行需求。目前，广佛城市轨道交通规划建设协同衔接机制已基本建立。

1. 跨区域城市轨道交通规划协同衔接机制

为了应对经济活动范围与行政区域范围不统一的矛盾，目前欧洲、北美等区域城市已经建立多层级的都市区管治体系，进行有效的空间管理，进而引导跨市地区的联合增长。例如，美国建立"都市区规划委员会"对区域交通、土地利用和空间策略进行统一规划，应对跨市流动需求和空间协同发展的趋势。[1] 我国也在跨区域规划衔接沟通协调机制上积极探索，推动跨区域道路衔接。2006年，广佛两市规划部门联合编制的《广佛两市道路系统衔接规划》开创先河，是国内首个突破行政区划的"共编共批"的跨市合作的道路交通专项规划。它明确了55条规划衔接通道，拉开了广佛交通同城化发展的序幕，并取得明显成效。[2] 2021年1月，广州市规划和自然资源局召开新闻通气会，广州和佛山两市将按照"共编、共商、共审"的工作模式编制新一轮的《广佛两市道路衔接规划修编》。新一轮规划沿广佛两地197公里壤边界共规划布局了80条衔接道路，未来将实现广佛两市中心区30分钟互达、重点地区与主要枢纽60分钟通达。2022年8月，广州市人民政府办公厅联合佛山市人民政府办公室印发《同城化规划》，明确提出要打造轨道交通一张网，深化两市轨道交通衔接。

根据广佛两市人民政府在2021年签订的《广佛两市城市轨道交通互联

---

① 参见林雄斌、杨家文、孙东波《都市区跨市公共交通规划与空间协同发展：理论、案例与反思》，载《经济地理》2015年第35期，第40—48页。

② 参见柳时强《广佛超级都会区呼之欲出》，载《南方日报》2021年1月12日，第GC01版。

互通行动细则》（穗府函〔2021〕11 号），广佛两市城市轨道交通规划衔接机制主要包括"规划原则""规划目标""线网结构""规划方案""规划协调"等内容。规划原则要求广佛两市的轨道交通线网规划方案应契合《粤港澳大湾区发展规划纲要》《珠江三角洲地区城际轨道交通规划》和两市城市国土空间规划等相关规划的要求，实现与两市交通枢纽的良好衔接，以更好地满足两市市民出行需要，提升轨道交通的出行体验和服务水平，缩短市民的跨市出行时间。规划目标是建立联系中心城区和外围区域的快速轨道交通系统体系，实现两市外围组团 30 分钟到达广州或佛山中心城区、广佛中心城区内部 30 分钟互达、全区域组团间 1 小时互达的时空目标。其中，最重要的是两市规划的协调，要求广佛两市在编制城市轨道交通线网规划时应同步开展广佛两市轨道交通一体化规划（或衔接规划），应当充分征求对方城市意见，统筹确定广佛区域城市轨道交通线网总体技术方案后按国家规定分别报批，并纳入两市城市国土空间规划，作为建设规划编制报批的法定依据。

同时，为保证两地轨道交通规划建设的进一步协同配合，2022 年 1 月，佛山市印发《佛山市轨道交通发展"十四五"规划》，从"联合印发互联互通行动细则""推动两市轨道交通规划法定化""推进广佛两市下一轮建设规划的协同和联动""深化广佛轨道交通一体化的体制机制"等方面进一步提出构筑广佛一体的轨道交通顶层协同衔接机制和网络，包括已经联合印发的《广佛两市城市轨道交通互联互通行动细则》（穗府函〔2021〕11号），为广佛轨道交通衔接线路规划、建设和运营管理提供政策指引；推动《广佛两市轨道交通系统一体化规划》的规划成果纳入《佛山市城市轨道交通线网规划修编》；推进城市轨道交通近期建设规划项目的广佛两市联动，探索广佛两市轨道交通近期建设规划协同上报的政策和机制；积极谋划推进广佛两市在轨道交通一体化方面的深化合作和机制创新，响应国家新政策对都市圈轨道交通发展的部署和要求，不断优化和完善广佛两市轨道交通在报建、审批、建设、投资及运营等机制的衔接和合作，加强广佛轨道交通规划建设和管理的政策指引。

现行的广佛城市轨道交通规划协同衔接机制主要是在两市政府的文件中进行规定和体现，如《广佛两市城市轨道交通互联互通行动细则》（穗府函〔2021〕11 号）。两市城市轨道交通规划衔接机制存在基于的文件效力层级不够、权威性不强等问题，因此迫切需要在《广州条例》《佛山条例》中予以立法明确。

2. 跨区域城市轨道交通建设衔接机制

随着城市化进程的加速，城市之间的人流、物流、信息流交流日益增多，城市轨道交通成为缓解城市交通拥堵的重要方式之一。而跨区域城市轨道交通线路的建设需要涉及多个城市的规划与建设，如果各城市缺乏规划建设协同，可能会导致线路间的错位、重叠或者断档，从而无法有效解决交通拥堵问题。同时，跨区域城市轨道交通线路的建设需要遵循一系列的建设标准和规范，如果各城市缺乏建设协同，可能会导致各城市之间的建设标准不一致、规范不同，从而可能影响轨道交通线路的建设质量和安全。因此，有必要加强城市轨道交通规划的建设协同，确保跨区域城市轨道交通线路建设的质量和安全性。

跨区域城市轨道交通建设衔接模式一般指在两个或多个城市之间建设轨道交通项目时，如何协调各方利益，衔接各自的规划、建设、运营等工作，确保项目顺利完成并实现互联互通。跨区域城市轨道交通建设衔接存在两种建设衔接机制，分别是"站点之间衔接建设"与"贯通线路衔接建设"。站点衔接，是指在两个城市之间的行政边界附近的站点进行换乘和衔接，包括对已有线路的衔接或者正在规划线路的衔接，以及规划线路在站点的衔接。在跨市轨道交通建设中，站点衔接的投资由两个城市分别依照交通线路的占比进行投资。在站点衔接工程的建设过程中，站点的位置预留和接口协调是建设中的重点和难点。两条交通线路如果是同时期开展建设，两个城市的施工单位需协调好衔接站点的换乘接口和工期安排。若两条线路不是同时期开展建设，则先期建设需按照统一标准开展施工，提前预留换乘接口，后期建设需按照接口和建设标准做好对接工作。贯通衔接，是指城市轨道交通线路从起点直接进入对方城市的中心位置，从而实现两个城市贯通的目标，将整个交通线路作为一个整体开展统一建设。但在实际建设过程中，由于通常两个城市的行政审批制度不同、用地规划不同和财政资金分配不同等，轨道交通线路经常采用分段分期建设的方式。①

根据广佛两市人民政府在 2021 年签订的《广佛两市城市轨道交通互联互通行动细则》（穗府函〔2021〕11 号），广佛两市轨道交通互联互通项目建设模式应按照"属地建设，统一协调"的原则确定。在特殊情况下，经广佛双方协调同意后，也可以采用"代建模式"或者其他建设管理模式。

---

① 参见刘子长《广州与佛山跨市城市轨道交通的建设与运营模式研究》，载《城市轨道交通研究》2019 年第 1 期，第 11 – 14、64 页。

目前，广佛两市贯通衔接的轨道交通线路主要为广佛线和广州地铁 7 号线西延顺德段，且均采用两市共同建设的模式。在实际操作过程中，广佛两地在跨区域城市轨道交通建设中建立了高效的协调机制，主要包括以下四个方面：首先，定期召开联席会议，及时沟通交流，协商解决项目建设中出现的问题和矛盾。其次，建立部门间协同机制。由于广佛轨道交通建设项目涉及多个部门和单位，需要建立部门间协同机制确保各部门和单位的职责清晰、协同配合，以保证项目的顺利推进。再次，广佛轨道交通建设还需要建立完善的信息共享机制，确保各方及时了解项目的进展情况、出现的问题和存在的瓶颈，并及时采取应对措施，确保项目建设的顺利进行。最后，广佛轨道交通建设还需要建立严格的监督机制，加强对项目建设各环节的监督和检查，确保项目建设的合法性和规范性，避免项目建设过程中出现违法违规行为、避免产生不良影响。总体上说，广佛轨道交通建设衔接机制的现状比较良好，各方面都有比较有效的沟通和协作机制。

（三）广佛城市轨道交通协同立法中规划建设协同的制度建构

为积极推动粤港澳大湾区轨道交通的互联互通，《佛山条例》专门设立了"互联互通"章，对跨市轨道交通线网规划的编制要求、建设标准等关于城市轨道交通规划建设内容进行了明确，同时要求跨城市轨道交通线路要与相关城市的人民政府及其部门共同协商决定。2023 年 3 月，广州市交通运输局公开征求对《广州条例》的意见，参照《佛山条例》同样设置"互联互通"章。因此，接下来将结合《广州条例》的有关规定，对比《佛山条例》，系统论述广佛城市轨道交通协同立法中规划建设协同的制度建构。

1. 跨区域城市轨道交通规划协同制度的建构

跨城市轨道交通线网规划的编制对跨城市轨道交通建设和管理至关重要。因此在《佛山条例》起草之初，基于广佛轨道交通规划衔接的实际工作经验，在总则中单设一条"广佛两市规划协调"①，明确要求"广佛两市城市轨道交通线网规划编制时应当同步做好广佛轨道交通一体化规划或者衔接规划，充分征求对方城市意见，统筹确定广佛区域线网总体技术方案后按规定分别报批，并将批准的线网规划纳入两市城市国土空间规划，作

---

① 《佛山市轨道交通局关于公开征求〈佛山市城市轨道交通管理条例（征求意见稿）〉意见的公告》，见佛山市人民政府门户网站（http://www.foshan.gov.cn/zwgk/gggs/content/post_4804183.html），刊载日期：2021 年 5 月 17 日。

为城市轨道交通建设规划的编制依据。广佛两市城市轨道交通建设规划应当根据广佛轨道交通一体化规划或者衔接规划的要求，协调确定跨市轨道交通线网规划方案后分别报批，协通推进广佛两市互联互通线路建设"。《佛山条例》进入人大审议阶段后，将跨市城市轨道交通规划衔接的内容调整至"广佛协同"① 或"互联互通"② 章中，从两个方面对规划衔接机制作出规定：一是城市轨道交通线网规划编制时应当按照实际需要征求相关城市人民政府意见；二是城市轨道交通建设规划应当根据跨市城市轨道交通一体化规划或者衔接规划的要求，协调确定跨市轨道交通线路规划方案。在《广州条例》中，对规划衔接机制的规定同样放置在"互联互通"章中，要求城市轨道交通线网规划编制时应当与相邻城市协调衔接方案，同时，城市轨道交通建设规划应当根据综合交通体系规划、轨道交通线网规划编制规划方案。

2. 城市轨道交通项目建设技术标准的协同

城市轨道交通项目建设技术标准的统一是保证轨道建设质量的重要手段。建设技术标准不统一是跨区域城市轨道交通规划建设进程的一大障碍，为了建设和运营的方便，有必要统一城市轨道交通互通互联项目建设的技术标准。为此，《佛山条例》在"互联互通"章节中明确"城市轨道交通互联互通项目建设模式实行属地建设、统一协调，项目建设技术标准全线统一"。这不仅规定了城市轨道交通互联互通项目的建设模式，更明晰了项目建设的责任主体，为互联互通轨道交通的运营、管理、维护等奠定了基础。《广州条例》在起草过程中参考《佛山条例》的有关规定，并作出了相同的要求。在实际操作中，城市轨道交通经营单位应当根据《广佛两市城市轨道交通互联互通行动细则》（穗府函〔2021〕11 号），按照属地建设技术原则，由建设项目部统筹确定工程建设的技术标准及要求，实现全线技术标准及要求的统一。

二、城市轨道交通运营管理协同

随着城市的发展和城市化进程的加速，城市轨道交通系统的运营管理

---

① 《关于公开征询〈佛山市城市轨道交通管理条例（草案）〉意见的公告》，见佛山人大网（http://www.fsrd.gov.cn/jlyd/jyzj/content/post_ 707845.html），刊载日期：2021 年 11 月 10 日。

② 《关于公开征询〈佛山市城市轨道交通管理条例（草案修改稿）〉意见的公告》，见佛山人大网（http://www.fsrd.gov.cn/jlyd/jyzj/content/post_ 713556.html），刊载日期：2021 年 12 月 31 日。

也变得越来越复杂。在跨区域城市轨道交通管理系统中，不同的地区和城市可能拥有自己独立的城市轨道交通系统，但这些系统之间又需要协同运营管理，以确保整个交通系统的高效、便捷和安全。城市轨道交通运营管理的协同可以帮助不同城市轨道交通系统之间实现无缝衔接，实现资源共享和成本优化，降低整个交通系统的运营成本，提供更加便捷和快速的城市轨道交通服务。本部分通过论述跨区域城市轨道交通中运营管理协同的必要性与现状，对比《佛山条例》《广州条例》有关规定，进一步梳理阐述广佛城市轨道交通协同立法中运营管理协同的制度建构。

（一）跨区域城市轨道交通运营管理协同的必要性

《广东省城市轨道交通运营安全管理办法》（2020）明确要求跨地级以上市运营的城市轨道交通线路应当建立跨市线路协调决策机制，统一相关的运营安全管理制度和执行标准。在广州 – 佛山城市轨道交通协同发展中，运营管理区域协同是重要内容。自 2010 年第一条跨市轨道交通线路"广佛线"开通后，多条轨道交通线路的建设工作陆续进行，成为沟通广佛两市的重要桥梁和手段。如今，广佛跨市轨道交通建设已走过 10 多年。从广佛线开始，两市轨道交通网络一体化的建设和运营工作一直在稳步推进。衔接两市的轨道交通线路建设运营模式也在不断变迁，由开始的委托建设、委托运营，到佛山地铁 2 号线的自主建设、自主运营。[①] 随着佛山城市轨道交通运营线路的急剧增加，城市轨道交通覆盖范围不断扩大，城市轨道交通运营的安全要求也越来越高。跨城市轨道交通的运输组织、调度指挥、票务分清、信息沟通等成为跨区域城市轨道交通运营管理协同的重中之重。[②] 因此，加强城市轨道交通运营管理区域协同，维持城市轨道管理模式的一致性、管理养护的标准化、应急管理的协同，是提高跨区域城市轨道交通运营安全的重要保障。[③]

（二）跨区域城市轨道交通运营管理协同的现状

在跨区域城市轨道交通管理中，运营管理协同已经成为社会热点和民

---

① 参见刘子长《广州与佛山跨市城市轨道交通的建设与运营模式研究》，载《城市轨道交通研究》2019 年第 1 期，第 11 – 14、64 页。

② 参见宋以华、刘子长、张晓航等《跨区域城市轨道交通线路运营管理模式研究》，载《城市轨道交通研究》2021 第 8 期，第 89 – 92 页。

③ 参见人民资讯《广佛首个"协同立法"要来了：互通轨道建设标准全线统一》，见网页（https://baijiahao.baidu.com/s?id = 1700158286907502134&wfr = spider&for = pc），刊载日期：2021 年 5 月 19 日。

众关注的话题。不同地区的政府和交通运营管理部门也开始意识到运营协同的必要性，并采取了一些措施来推动跨区域城市轨道交通系统的协同运营。目前，跨市城市轨道交通运营管理模式主要有两种：站点衔接线路运营管理模式和贯通衔接线路运营管理模式。站点衔接线路运营管理模式是指在两个不同的城市之间设置一个或多个衔接站点，由两个城市各自负责运营本地轨道交通线路，并在衔接站点处进行协调和联合运营。目前站点衔接线路运营管理模式主要有两种方案：一是任意一方完全管理方案，即由其中一条轨道交通线路的运营方全权负责衔接车站的管理；二是双方各自管理方案，即衔接车站设置管理界面，由两条轨道交通线路的运营方分别负责管理各自的部分。这两种方案各有优劣，前者的优势在于可以对衔接车站进行系统的管理，提高车站管理效率；后者则降低了衔接车站单方管理的压力，且管理界面和职责划分清晰。但后者存在管理效率和客流组织的协调性较弱的问题，需要双方多进行沟通协调。相对站点衔接线路运营模式而言，贯通衔接线路运营管理模式更为复杂，因为其衔接车站众多、建设时序不同步、投资主体和管理主体具有多样性、票务票制不同等。因此，在实践中应根据具体情况选择相应的运营模式，确保衔接车站运营管理高效有序。贯彻衔接线路运营管理模式主要有三种运营方案：一是线路由一方完全管理方案。贯通线路由某一方（市）的地铁运营单位统筹负责，另一方（市）提供资金补贴。这种模式可提高全线的管理效率，但由于涉及票务清分和资金平衡，具体操作时需要两市统一协调。二是双方共同管理方案。两市分别管理属地内线路的站务部分，但行车组织管理部分仍需统一调度、统一协调、统一管理。该方案的总体运营组织管理需由共同的上层领导部门来进行协调。三是第三方管理方案。双方通过招标或委托等方式，通过融资租赁等形式，将线路的运营管理权交给第三方企业。两市政府根据客流等情况进行补亏，并象征性收取土建部分的租金。根据运营情况，在一定年限后，运营方将经营权交还给两市政府或由其继续运营。①

根据广佛两市 2021 年签订的《广佛两市城市轨道交通互联互通行动细则》（穗府函〔2021〕11 号），广佛两市应当建立两市衔接线路的运营协调机制，定期互通城市轨道交通运营信息，协调解决运营管理中存在的问题，使两市衔接线路安全有序运营。同时，广佛轨道交通互联互通衔接线路应

---

① 刘子长：《广州与佛山跨市城市轨道交通的建设与运营模式研究》，载《城市轨道交通研究》2019 年第 1 期，第 11 – 14、64 页。

当按照"贯通运营"的原则由一家运营单位负责运营管理，充分发挥两地各自的优势和经验，减少运营管理接口，提升运营管理效率。原则上，广佛轨道交通互联互通衔接线路由项目主导方作为项目运营单位，或协商委托两市其中一方作为项目运营单位，或协商确定第三方运营单位。① 目前，广佛两市的广佛线、佛山地铁 2 号线和广州地铁 7 号线西延线顺德段，不论建设采用的是站点衔接还是贯通衔接，其运营管理均采用一方完全管理或双方共同管理，只是不同线路的具体运营管理内容有区别②：（1）广佛线的线路运营管理委托广州地铁集团有限公司全权负责，佛山市政府提供政策支持，其资源开发和运营补亏由广佛两市政府共同负责。全线开通后，两市按约定和出资股份比例进行运营补亏，其中广州为 51%，佛山为 49%。（2）佛山地铁 2 号线的运营组织由佛山市轨道交通发展有限公司全权负责，包括行车组织调度、运营维保等。衔接站点（广州南站）的站务由两市共同管理。佛山地铁 2 号线开通运营后，由佛山市政府完全承担运营补亏。

（三）广佛城市轨道交通协同立法中运营管理协同的制度建构

广佛两市城市轨道交通运营管理协同的最终目标是形成"两城一网"，即以广佛中心城区乘客需求为导向，推动实现广佛中心城区内轨道交通系统互通互联、换乘便捷、一票通达的"一张网"目标，构建起层级合理、高效便捷、一体化的轨道交通网络体系。本部分将从"协调机制的建立""服务管理标准协同""票务管理协同"三个方面出发，同时对比《广州条例》《佛山条例》，梳理阐述广佛城市轨道交通立法中运营管理协同的制度建构。

1. 跨区域城市轨道交通运营管理协调机制的建立

城市轨道交通运营管理协调机制的建立对互联互通城市轨道交通项目的管理至关重要。根据《广佛两市城市轨道交通互联互通行动细则》（穗府函〔2021〕11 号）的有关要求，《佛山条例》在起草之初曾专条明确要求广佛两市建立健全跨区域联动的乘客服务标准和协调机制，定期互通运营信息，确保两市城市轨道交通一码通行、衔接线路安全有序运营。《佛山条

---

① 参见宋以华、刘子长、张晓航等《跨区域城市轨道交通线路运营管理模式研究》，载《城市轨道交通研究》2021 年第 8 期，第 89－92 页。

② 参见刘子长《广州与佛山跨市城市轨道交通的建设与运营模式研究》，载《城市轨道交通研究》2019 年第 1 期，第 11－14、64 页。

例》进入人大审议阶段后，将跨区域城市轨道交通运营管理协同的内容调整至"广佛协同"①或"互联互通"②章中，在第二十八条第二款明确提出城市轨道交通经营单位应当与相关城市轨道交通经营单位，协商建立健全跨区域联动的协调机制，定期互通运营信息，确保城市轨道交通一码通行、衔接线路安全有序运营。《广州条例（征求意见稿）》吸收借鉴了《佛山条例》有关内容，对此作出了相同的规定。《广州条例》的出台，将为广佛建立城市轨道交通运营管理协调机制提供法治保障。

2. 跨区域城市轨道交通乘客管理服务标准的协同

随着城市轨道交通的快速发展及其客流量的大幅增加，跨区域城市轨道交通的运营过程中也不断暴露出许多新问题，乘客文明乘车越来越受到关注。统一轨道交通乘客管理服务标准，把乘客经常发生的、带有不良社会风气的行为作为规范焦点，将此前的道德约束变为法律约束，对规范和引导乘客文明乘车出行具有重要意义，更有利于提高城市轨道交通的服务质量，提升广大乘客的出行满意度。因此，《佛山条例》在起草时参考《广佛两市城市轨道交通互联互通行动细则》（穗府函〔2021〕11号）的有关规定，在"互联互通"章第二十八条第二款明确要求"城市轨道交通经营单位应当与相关城市轨道交通经营单位，协商建立健全跨区域联动的乘客服务标准协调机制"。《佛山条例》除对乘客管理服务标准的协同作出了原则性规定外，还在"运营与服务"章中对"城市轨道交通经营单位服务措施""乘客规范"等内容作出了规定。这有利于互联互通城市轨道交通运营管理服务标准协同的落实。

在实际操作中，互联互通城市轨道交通经营单位应当从以下三方面制定跨区域城市轨道交通运营服务规范，为乘客提供安全、便捷的客运服务：首先，建立互联互通城市轨道交通乘客服务联动机制，实现信息共享，在充分保障线路安全有序运营的基础上，积极响应乘客的服务需求，实现运能、设备、保障等方面的互认互通；其次，城市轨道交通运营单位在保留各自线网导向标识系统特点的基础上，应统一协调衔接线路和衔接换乘站点的导向设计与设置原则；最后，两市城市轨道交通运营主管部门应当建

---

① 《关于公开征询〈佛山市城市轨道交通管理条例（草案）〉意见的公告》，见佛山人大网（http://www.fsr.gov.cn/jlyd/jyzj/content/post_707845.html），刊载日期：2021年11月10日。
② 《关于公开征询〈佛山市城市轨道交通管理条例（草案修改稿）〉意见的公告》，见佛山人大网（http://www.fsrd.gov.cn/jlyd/jyzj/content/post_713556.html），刊载日期：2021年12月31日。

立跨区域城市轨道交通运营安全的公众监督机制，公布监督电话，接受公众对运营安全的投诉和建议，并鼓励单位和个人对危害城市轨道交通运营安全的行为进行举报，确保投诉反馈机制协同运行。

3. 跨区域城市轨道交通票务管理的协同

实现跨区域轨道交通一票制换乘是技术创新与区域同城化发展的大趋势。建立跨区域轨道交通一票制换乘技术标准体系更是实现区域轨道交通协同化发展的关键①，这一体系可以为构建互联互通、高效便捷区域轨道交通系统提供技术支撑，增强跨区域通道间的连通性，完善综合交通运输体系，提高服务水平。② 在线路衔接后，不同的城市轨道交通运营公司有着不同的财政补贴和票制票价规定。因此，在费用清分方面，城市轨道交通运营公司需要做好协调工作，以确保费用分摊的公平合理。此外，城市轨道交通互联互通线路之间的票制问题也是一个重要的议题。为了提高乘客的便捷性，应尽可能采用一票通过的形式，即乘客只需使用一张车票或一卡通就可以通过衔接线路上的任一车站。这样不仅可以为乘客节省时间、降低乘客换乘成本、提高乘客出行效率，还可以增强城市轨道交通网络的整体竞争力，进一步促进城市经济发展。因此，《佛山条例》在第二十八条明确要求"确保城市轨道交通一码通行"，这是票务协同管理工作在"互联互通"章中的呈现。

在实际操作中，政府及经营单位对互联互通城市轨道交通的设计应当根据《广佛两市城市轨道交通互联互通行动细则》（穗府函〔2021〕11号），按照以下标准做好票务管理协同工作：一是确保地铁自动售票机应具备可购买两市轨道交通车票的功能；二是政府及运营单位应互相认可对方的票价与票务政策，采用一致的轨道交通票价计算原则以及优惠政策、一致的票务事务处理规则和相近的自动售检票设备服务界面；三是协商采用统一的清分原则、清分规则体系和清分算法，保证轨道交通票务收益、客运量及相关指标统计的合理性和公平性。

① 参见赵婉妤、史天运、沈海燕等《城际铁路与城市轨道交通售检票互联互通模式研究》，载《铁道运输及经济》2020年第3期，第12-17页。

② 参见陈青云、顾洋、里海博《跨市域轨道交通一票制换乘应用探析》，载《铁道运输与经济》2020年第11期，第13-16页。

三、城市轨道交通应急管理协同

应急管理是保障城市轨道交通安全运营的主要手段之一。通过建立联动应对机制，采取科学、技术、规划与管理等手段与措施，加强跨区域城市轨道交通应急管理协同，有利于城市轨道交通运营公司与相关应急管理部门在突发事件的预防、应对、处置和恢复过程中，最大程度保障公众生命、健康和财产安全，促进城市轨道交通安全运营和健康发展。[①] 本部分通过论述跨区域城市轨道交通中应急管理协同的必要性与现状，对比《广州条例》《佛山条例》有关规定，进一步梳理阐述广佛城市轨道交通协同立法中应急管理协同的制度建构。

（一）跨区域城市轨道交通管理中应急管理协同的必要性

2015 年 4 月，国务院办公厅印发的《国家城市轨道交通运营突发事件应急预案》（国办函〔2015〕32 号）明确规定："跨城市运营的城市轨道交通线路，有关城市人民政府应建立跨区域运营突发事件应急合作机制。对跨城市运营的城市轨道交通线路，有关城市人民政府在建立跨区域运营突发事件应急合作机制时应明确各级应急响应的责任主体。"2018 年 3 月，《国务院办公厅关于保障城市轨道交通安全运行的意见》（国办发〔2018〕13 号）印发，明确要求："对跨城市运营的城市轨道交通线路，有关城市人民政府应建立跨区域运营突发事件应急合作机制。"2021 年 10 月，广东省人民政府办公厅印发《广东省城市轨道交通运营突发事件应急预案》（粤办函〔2021〕296 号），要求"对跨城市运营的城市轨道交通线路，相关城市人民政府应建立跨区域运营突发事件应急合作机制，形成部门之间、区域之间、条块之间应急联动，必要时报告省指挥部办公室，请求统筹应急指挥，共同做好跨城市运营的城市轨道交通线路运营突发事件防范和应对工作"。2020 年 11 月，广州市交通运输局 广州市应急管理局印发《广州市城市轨道交通运营突发事件应急预案》（穗交运〔2020〕368 号），要求跨城市运营的城市轨道交通线路（如广佛地铁等）发生运营突发事件时，各部门按照属地负责、协调联动的原则，依照本预案有关职责分工开展处置工作；同时，设立市处置城市轨道交通运营突发事件应急指挥部，建立跨区

[①] 参见刘乐毅、贺申、张宁等《城市轨道交通应急管理责任归属研究》，载《城市轨道交通研究》2018 年第 10 期，第 39－43、78 页。

域运营突发事件应急合作机制等；跨城市运营的城市轨道交通线路（如广佛线），每三年至少组织一次联合应急预案演练。

随着城市轨道交通系统的不断发展和扩展，跨区域城市轨道交通管理中的应急管理协同变得越来越重要。在跨区域城市轨道交通系统中，不同区域的城市轨道交通线路交错交织，线路之间存在相互依存的关系，因此，当一条线路发生故障或遭遇其他突发事件时，往往会对周边的其他线路和区域造成影响。在这种情况下，应急管理协同可以帮助不同区域之间的城市轨道交通系统协调应对突发事件。通过实现跨区域的信息共享和资源协同，可以最大限度地减少事件对城市轨道交通系统的影响，提高应急管理的效率和能力。应急管理协同还有助于提高城市轨道交通系统的安全性和稳定性，通过建立跨区域城市轨道交通的联合应急机制，可以更快速、更有效地响应和处置各种事件，减少事件对城市轨道交通系统运营造成的影响，保障乘客的安全和保证良好的服务质量。因此，跨区域城市轨道交通管理中的应急协同是必要的，它可以提高城市轨道交通系统的应急管理能力和安全性，保障乘客的出行安全和良好的出行体验，同时也为城市轨道交通系统的可持续发展打下坚实的基础。

（二）跨区域城市轨道交通管理中应急管理协同的现状

目前较为普遍的跨区域城市轨道交通应急管理模式主要有两种：一种是城市轨道交通专业部门间展开的应急演练。例如，2020年1月，为进一步提升广佛两市协同应对跨城市运营的城市轨道交通运营突发事件应急处置能力，广州、佛山两市政府在地铁广佛线的"金融高新区站—西塱站"开展城市轨道交通运营突发事件联合应急演练活动。此次演练是广佛两市在全国首次开展跨市地铁线路的联合应急演练，由两市处置城市轨道交通运营突发事件应急指挥部联合主办，两市轨道交通运营主管部门以及公安、交警、医疗、消防、属地政府、地铁和公交运营企业等成员单位参与。演练模拟地铁广佛线隧道被外部违规施工的钻杆打穿，导致两列列车相继受损和乘客受伤的场景，按照地铁先期处置、广佛两地政府联动响应和应急处置、人员救护和设备抢修，以及恢复运营善后等环节，重点展现了人员疏散和逃生、应急信息联动响应、消防医疗救援、现场秩序管控、应急公交接驳等内容。① 此种模式属于临时性演练，能够提高特定领域即城市轨道交通应急管理中的协同组织能力，但未能建立长期沟通协调机制。另一种是应急管理部门间的协议模式。2023 年 3 月 2 日，为进一步促进广佛同城安全发展，广州市应急管理局与佛山市应急管理局签订《广州市应急管理局 佛山市应急管理局应急管理合作框架协议》，根据该协议，广佛两市将加强突发事件信息通报、应急资源共享、突发事件协同处置、联合应急演练等跨区域应急联动协作，探索建立互访机制、常态联络机制、紧急会商机制。同时，广佛两市将各确定 1 名联络员负责双方日常联络工作，做好合作项目的跟踪、协调、服务工作。遇到紧急情况时，两市可根据需要随时组织进行会商，解决两市在突发事件应急联动合作的不充分、不协调问题。② 此种模式建立了不同地域间的合作框架，能够进行常态化联系，但是未能聚焦行业，无法针对城市轨道交通领域开展应急管理协同。

（三）广佛城市轨道交通协同立法中应急管理协同的制度建构

城市轨道交通是现代城市不可或缺的公共交通工具之一。加强城市轨道交通应急管理对人民群众的生命财产安全、城市经济发展以及社会稳定都至关重要。下面从"跨区域城市轨道交通应急管理协同机制的构建"与"跨区域城市轨道交通安全管理禁止性行为"两部分出发，通过对比《佛山条例》与《广州条例》，系统论述广佛城市轨道交通协同立法中应急管理协同的制度建构。

1. 跨区域城市轨道交通应急管理协同机制的构建

突发事件或自然灾害等不可预见的因素会对城市轨道交通运营产生不可预测的影响，如交通拥堵、线路中断、车站关闭等，这将给跨区域城市轨道交通带来极大的安全隐患和经济损失。因此，建立健全跨区域城市轨道交通应急管理协同机制，对实现跨城市的应急响应具有重要意义。《佛山条例》在起草之初曾专条明确要求广佛两市建立健全广佛应急合作机制，涉及广佛互联互通的城市轨道交通线路，两市人民政府相关部门应当制定组织协同处置应急预案。《佛山条例》进入人大审议阶段后，将跨区域城市轨道交通运营管理协同的内容调整至"广佛协同"或"互联互通"章中，

---

① 广州市交通运输局：《国内首次开展跨市城市轨道交通运营突发事件联合应急演练》，见佛山市人民政府门户网站（http://www.foshan.gov.cn/gzjg/fssgdjtj/zwdt/gzdt/content/post_4521163. html），刊载日期：2020 年 10 月 15 日。

② 参见何波《如何实现"广佛同安"？广佛两地应急管理局打算这么做!》，见大洋网（https://news.dayoo.com/gzrbrmt/202303/02/158545_54435823.htm），刊载日期：2023 年 3 月 2 日。

明确佛山市人民政府相关部门应当会同相关城市人民政府有关部门，共同制定跨区域城市轨道交通协同处置应急预案，并建立应急合作机制。《广州条例》在修订过程中吸收、借鉴《佛山条例》的有关内容，对此作出了相同规定。《广州条例》出台后，将为广州佛山建立城市轨道交通运营管理协调机制提供法治保障。

根据《广佛两市城市轨道交通互联互通行动细则》（穗府函〔2021〕11号）的有关规定，互联互通城市轨道交通线路发生运营突发事件时，城市轨道交通运营单位应坚持"统一领导、属地负责，条块结合、协调联动，快速反应、科学处置"的原则。运营突发事件发生后，所在地城市各级人民政府和有关部门、运营单位应立即按照职责分工和相关预案开展处置工作。互联互通城市轨道交通线路所在市政府应对跨市运营线路的安保组织工作给予政策支持，互联互通线路的城市轨道交通运营单位应建立跨区域安保组织协商机制，与所属地区政府、执法部门、镇（街道）、村（社区）委等建立健全治安环境综合治理长效工作机制。同时，互联互通城市轨道交通运营单位应当建立安保组织联动机制，并成立安保组织协调工作组，统一安保应急响应标准，及时沟通配合，确保互联互通城市轨道交通线路安保响应措施的有效匹配。

在实际操作中，互联互通城市轨道交通运营的应急管理协同应当包括以下四项内容①：一是应急配备协同。两市互联互通城市轨道交通线路设备应尽量采用统一的技术标准和制式，以便于不同线路设备之间的信息交互，减少各线路设备互联互通的技术障碍。同时，以便在城市轨道交通应急管理协同中实现应急资源的信息化、空间化管理协同，提供应急资源的空间分布同等配置，使应急指挥中心可以在最短时间内调度相关的救援物资到达现场。二是应急预案协同。牵头市城市轨道交通运营主管部门应当会同沿线有关城市轨道交通运营主管部门建立跨市城市轨道线路应急联动机制，制定协同处置应急预案。跨市城市轨道线路发生运营突发事件时，应由运营突发事件发生地的人民政府及其部门和运营单位按照规定报告，及时启动协同处置应急预案。应急预案工作应当坚持"统一领导、属地负责，条块结合、协调联动，快速反应、科学处置"的原则。三是应急处置协同。连接跨市轨道交通应急过程的信息集成和动态可视化服务过程，实现应急

---

① 参见张艳伟、曾楠《基于空间信息服务的城市轨道交通应急管理》，载《城市轨道交通研究》2012年第5期，第12－14、17页。

反应、应急救援的远程调度和协同指挥。在应急处置实施过程中，应整合各种应急信息资源进行仿真和评估，以建立快速反应的应急指挥流程，及时调度搜救人员和设备，组织安排人员的疏散和安置，从而实现综合协调和高效处置。四是应急恢复协同。跨城市轨道交通协同调度中心需要统计分析灾害造成的轨道交通设施状况，及时作出反应并采取有效措施，帮助尽快恢复轨道交通的正常运营秩序。①

2. 跨区域城市轨道交通安全管理的禁止性行为

随着互联互通城市轨道交通项目的运营里程及其客流的快速增长，城市轨道交通安全运行的压力日益加大。面对其运营过程中发生的各类突发事件，需要及时、妥善应对，防止事态扩大升级，积极保障人民群众生命财产安全。轨道交通运营安全，是城市轨道交通运营过程中最重要、最核心的部分。加强城市轨道交通安全运营管理有利于规范城市轨道交通运营管理，提高运营安全性，促进城市轨道交通行业健康发展，保障人民群众人身安全。因此，《佛山条例》第二十四条对危害城市轨道交通运营安全的禁止性行为进行了规定，禁止实施的行为包括：（1）在城市轨道交通地面线路和高架线路轨道两侧修建妨碍行车瞭望的建（构）筑物，或者种植妨碍行车瞭望的树木；（2）强行上下车，非法拦截列车或者阻碍列车正常运行；（3）攀爬或者跨越城市轨道交通围栏、护栏、护网、站台门、闸机等；（4）向城市轨道交通线路、列车以及其他设施投掷物品；（5）擅自进入轨道、隧道以及其他禁入区域；（6）在车站或者车厢内使用助力车、电瓶车（不包括残疾人助力车）、滑板、溜冰鞋等，或者在运行的自动扶梯上逆行、推挤、嬉戏打闹；（7）擅自操作有警示标志的按钮、开关装置，非紧急状态下动用紧急或者安全装置；（8）在出入口、通风亭五十米范围内存放有毒、有害、易燃、易爆、放射性和腐蚀性等物品；（9）在出入口、通风亭、变电站、冷却塔外侧五米范围内堆放和晾晒物品、停放车辆、摆设摊点、候车拉客以及其他妨碍乘客通行或者救援疏散的行为；（10）在地面线路或者高架线路两侧各一百米范围内升放风筝、气球等低空飘浮物体和无人机等低空飞行器；（11）其他危害或者可能危害城市轨道交通运营安全的行为。这与《广州条例》关于危害城市轨道交通安全运营管理禁止性行为的

①　参见邵伟中、朱效洁、徐瑞华等《城市轨道交通事故故障应急处置相关问题研究》，载《城市轨道交通研究》2006年第1期，第3－6页。

规定基本保持一致，可为现阶段广州－佛山城市轨道交通公共场所跨区域城市轨道交通安全运营管理提供法治保障。

四、城市轨道交通行政执法协同

轨道交通建设运营跨市界，意味着不同行政区域存在管理主体、执法依据、执法标准等方面的差异。[1] 接下来通过论述跨区域城市轨道交通中行政执法协同的必要性与现状，对比《佛山条例》与《广州条例》的有关规定，进一步梳理广佛城市轨道交通协同立法中行政执法协同的制度建构。

（一）跨区域城市轨道交通行政执法协同的必要性

虽然轨道交通一般实施的是属地管辖，但有必要进行协同执法。行政执法，是指行政主体根据有关法律法规和行政执法程序的规定，处理具体事件并直接影响相对人权利与义务的具体行政法律行为。行政执法是国家行政机关在执行宪法、法律、行政法规或履行国际条约时所采取的具体办法和步骤。它是为了保证行政法律法规的有效执行，对特定的人和事所实施的具体行政行为。[2] 城市轨道交通行政执法区域协同是现代政府治理理念的制度实践。它要求不同地域同一政府轨道交通管理部门之间避免行政的"碎片化"，协调配合执法以实现轨道交通管理的公共行政目的。城市轨道交通行政执法协同机制建设作为区域法治建设的内容，也是当前深化行政执法体制改革的重要问题。[3] 但是，传统行政执法的属地管理体制与轨道交通问题的跨域性、区域协同执法之间的矛盾进一步凸显。尽管各地方政府围绕区域交通协同执法进行了有益的合作与尝试，但区域协同执法的法律桎梏仍未打破。在跨区域城市轨道交通管理问题的处理上，探索建立一种跨域联合、协同执法的制度成为区域一体化发展的必然选择。[4]

行政执法区域协同是轨道交通协同治理的重要手段之一，也是推动区

---

① 参见马金《宁镇携手，"小快灵"立法率先破圈》，载《南京日报》2021年10月20日，第 A05 版。

② 参见孙国瑞《对知识产权行政执法标准和司法裁判标准统一的几点认识》，载《中国应用法学》2021年第2期，第 87－99 页。

③ 参见周悦丽《整体政府视角下的京津冀区域执法协同机制研究》，载《首都师范大学学报（社会科学版）》2017年第4期，第 65－72 页。

④ 参见王学栋、岳晓君《系统理论视角下的我国区域环境协同执法制度研究》，载《中国石油大学学报（社会科学版）》2021年第37期，第 76－82 页。

域整体平稳发展的有效途径之一。在城市轨道交通建设和运营中，需要积极推进行政执法区域协同，以创设高效、有序的法治化环境，促进区域整体平稳发展。因而，达到高水平和常态化的行政执法协同对区域内法律秩序、经济制度以及市场环境具有举足轻重的作用。良好的行政执法形式与区域经济相适应，能够促进区域经济的有序发展。良好的运行机制不仅反映区域的经济运行规律，而且体现区域的社会共同价值。基于国内都市圈轨道交通迅速发展、轨道交通人流量日益递增的现状，规范城市轨道交通管理、维护乘客合法权益成为人们的迫切愿望。①

（二）跨区域城市轨道交通行政执法协同的现状

跨区域城市轨道交通行政执法协同在实务界存在两种比较典型的模式：一种是统一立法授权行政执法协同模式，主要以南京镇江城市轨道交通行政执法为代表；另一种则是协议授权行政执法协同模式，主要以广佛城市轨道交通行政执法为代表。下面通过分析两种模式的形成过程，系统阐述跨区域城市轨道交通行政执法协同的现状。

1. 统一立法授权行政执法协同模式——以南京镇江城市轨道交通行政执法为代表

统一立法授权行政执法协同模式，是指针对某一领域或者特定的行政执法任务，通过制定相关法律法规并统一授权给负责该领域或任务的行政执法机构，从而达到提高执法效率、保证执法权威和公正等目的的一种管理模式。在这种模式下，各级行政执法机构需要在规定的法律法规范围内履行职责，保证行政执法的统一性和协调性，以确保执法过程的公正、合法和规范。同时，在执法过程中，需要加强不同行政执法机构之间的沟通协调和信息共享，充分发挥各方的优势，提高执法效率和质量。该模式的实施不仅可以避免不同行政执法机构在处理同一事项时出现冲突或重复执法的情况，而且能够有效提高行政执法的权威性和可信度，为实现依法治理和促进社会和谐稳定作出有益贡献。

2021 年 5 月，在第三次南京都市圈城市人大常委会主任协商联席会议年度行动计划正式确立"实质性推进区域协同立法探索"的任务后，南京市人大常委会迅速启动正式立法程序，抓住问题核心，明确立法体裁，提出以"小快灵"方式分别出台法规性决定的动议。镇江市人大积极响应。立法过程中，两市共同研究围绕建立一体化协同机制，推动"分段而治"

---

① 参见覃剑《协同立法助推广佛全域同城化》，载《人民之声》2021 年第 8 期，第 61 页。

转为"有机整合"的目标相向而行，并专题调研广（州）佛（山）线跨市运营管理的做法、了解上海－昆山地铁执法衔接情况。① "选择南京都市圈城市间共同需求、共性问题的单一事项，实质性推进'小快灵'区域协同立法探索"被正式写入年度行动计划。2022 年 10 月，南京市人大常委会和镇江市人大常委会先后审议通过《关于加强跨市域轨道交通运营和执法管理若干问题的决定》（以下简称《决定》），并于 2022 年 11 月 26 日经江苏省人大常委会批准施行。该法规成为国内首部针对跨市域轨道交通运营和执法管理工作进行规范的地方性法规。② 这一协同性地方性法规，通过解决2022 年 12 月 28 日开通的宁句线列车车厢内的执法主体、执法事项和执法尺度统一问题，为轨道交通引领南京都市圈发展提供了有力的法治保障。③《决定》第四条规定，由两市人民政府共同确定轨道交通经营单位；轨道交通经营单位则根据《决定》的授权，行使轨道交通列车车厢内运营安全、设施容貌、环境卫生、乘车秩序等相应管理权限，并在授权范围内实施行政处罚。经两市人民政府共同确定的轨道交通经营单位的公共事务管理主体身份得到确定，不仅可依法规授权实施行政处罚，而且其行政法上的公共组织身份也得到确认，可根据轨道交通运营实际需要行使相关公共管理权限，从而更利于维护轨道交通的公共秩序与安全，更好地为乘客提供服务。④ 这是在《南京市轨道交通条例》的基础上，进一步确立该市行政区域内轨道交通经营单位的执法主体地位，同时其他城市也对同一轨道交通经营单位依法赋权，实现执法主体的统一，且管理权限与立法调整范围匹配。《决定》的意义有两方面：一方面，坚持急用先行，强化有效制度供给；另一方面，立足于打造开放性的法规范本，既指导即将建成运营的宁句线的执法实践，也为南京都市圈及今后更大范围的交通互联预留制度接口，为解决宁扬、宁马、宁滁等城际轨道交通执法问题积累经验、提供方案，同时为国内其他城市市域轨道交通执法管理提供借鉴和参考。⑤

---

　　① 参见陈月飞《跨市协同立法，破解分治难题》，载《新华日报》2021 年 12 月 16 日，第 2 版。

　　② 参见郑新钰《南京镇江携手"试水"跨市域协同立法》，载《中国城市报》2021 年 11 月 11 日，第 6 版。

　　③ 参见顾大松《〈关于跨市域轨道交通运营和执法管理若干问题的决定〉的法律意义》，载《城市轨道交通》2022 年第 1 期，第 44－45 页。

　　④ 参见顾大松《〈关于跨市域轨道交通运营和执法管理若干问题的决定〉的法律意义》，载《城市轨道交通》2022 年第 1 期，第 44－45 页。

　　⑤ 参见陈月飞《南京都市圈实质推进协同立法》，载《新华日报》2021 年 10 月 24 日，第 2 版。

宁句线跨市域协同执法的实践，开创了都市圈内打破行政区划界限、优化资源配置、助推区域协调发展的先河，有力推动了南京都市圈加快融合发展。① 为进一步落实《决定》关于跨区域轨道交通执法的规定，句容市政府制定出台《宁句城际轨道交通句容段管理办法》，明确了宁句城际轨道交通句容地铁保护的范围、职责和相应管理要求等；建立了地铁派出所和交通综合执法大队轨道保护中队"两支队伍"，具体负责保护区内规划、在建、运营线路的巡查执法，地铁车站、车厢内文明执法以及票务稽查管理等工作。②

2. 协议授权行政执法协同模式——以广佛城市轨道交通行政执法为代表

协议授权行政执法协同模式，是指在某一特定领域或任务中，各相关行政执法机构依照共同制定的协议规定，通过相互授权和协作，共同开展执法工作的一种管理模式。在该模式下，各级行政执法机构之间根据协议规定明确各自的执法职责和权限，确定执法协作方式、人员配备等细节，提高了行政执法工作的协作性和效率。同时，该模式还可以避免不同行政执法机构之间的重复执法和冲突，保证执法程序的合法性和权威性。协议授权行政执法协同模式主要适用于涉及多个行政执法部门需要协同开展执法活动的情况，如城市综合治理、食品安全监管、环境保护等领域。实施该模式需要建立良好的沟通协调机制，加强信息交流和共享，充分发挥各方面的优势，提高执法效率和质量。需要注意的是，协议授权行政执法协同模式与统一立法授权行政执法协同模式有所不同，前者是基于协议制定而成的，各方之间的授权和合作依赖于协议规定；而后者则通过统一立法和授权，明确相应的行政执法机构职责和权限，并加强配套管理制度。

根据广州市人民政府和佛山市人民政府签订的《广佛两市城市轨道交通互联互通行动细则》（穗府函〔2021〕11号），广佛轨道交通互联互通衔接线路按照"贯通运营"的原则由一家运营单位负责运营管理。广州市地铁集团依据《广州条例》授权，对广州城市轨道交通设施的保护、城市轨道交通范围内公共场所的运营秩序和容貌、环境卫生的维护以及安全应急等公共事务实施行政管理和行政处罚。《佛山条例》出台后，广州、佛山城

---

① 参见明庭舒《南京镇江两市人大召开新闻发布会解读〈关于加强跨市域轨道交通运营和执法管理若干问题的决定〉》，见句容市人民政府网站（http://www.jurong.gov.cn/jurong/xfhd/202112/6dbfc21ff5cb4bf6be59737f2b445ac9.shtml），刊载日期：2021年12月16日。

② 参见顾大松《〈关于跨市域轨道交通运营和执法管理若干问题的决定〉的法律意义》，载《城市轨道交通》2022年第1期，第44–45页。

市轨道交通线路经营单位依据授权，对佛山城市轨道交通线路进行管理，并可以进行行政执法。在明确具体负责广佛轨道交通互联互通衔接线路的单位后，其根据《广州条例》和《佛山条例》的授权，对广佛城市轨道交通互联互通线路进行轨道交通设施的保护、城市轨道交通范围内公共场所的运营秩序和容貌、环境卫生的维护以及安全应急等公共事务实施行政管理和行政处罚。

（三）广佛城市轨道交通协同立法中行政执法协同的制度建构

《佛山条例》虽然未在"互联互通"章中对区域执法协同内容作出规定，但在其他章对佛山跨区域城市轨道交通管理的重要内容如"执政执法协同主体""行政执法协同范围""行政执法协同事项"等作出了相关规定。《佛山条例》通过明确上述内容，可以保证跨区域城市轨道交通线路执法工作的顺利开展。接下来，本部分通过对比《佛山条例》与《广州条例》有关行政执法协同的规定，系统论述广佛城市轨道交通协同立法中行政执法协同的制度建构。

1. 城市轨道交通行政执法协同主体的明确

明确城市轨道交通执法的主体，对推动城市轨道交通管理工作至关重要。首先需要明确的是，佛山城市轨道交通执法单位为佛山市轨道交通局与城市管理和综合执法局，但由于城市轨道交通运营线路长、设施多，很多矛盾问题随时有可能发生，需要及时处置，且佛山市轨道交通局与城市管理和综合执法局的执法力量有限。同时，随着佛山城市轨道交通的延伸和发展，这些问题可能更加突出。调研中发现，城市轨道交通经营单位没有执法权，对日常工作中发现的危害轨道交通的违法行为无法及时有效处理，只能向相关主管部门报告。基于城市轨道交通的跨区域性，这种执法模式不仅执法效率低下、易产生安全隐患，而且容易引发执法冲突，不利于相关问题的及时解决。为有效解决佛山城市轨道交通的执法力量不足、跨区协调难等问题，根据《行政处罚法》第十九条的规定"法律、法规授权的具有管理公共事务职能的组织可以在法定授权范围内实施行政处罚"，并参考广州、上海等城市的授权执法模式，《佛山条例》明确授权城市轨道交通经营单位对相关公共事务实施行政处罚。这提高了佛山市轨道交通的执法效率，提升了佛山市轨道运营管理的安全水平。同时，对执法人员的任用应当依照《广东省行政执法责任制条例》规定的条件，要求其在持有效执法证件时，才能执法。而《广州条例》第六条第二款明确："城市轨道交通经营单位依照本条例的有关授权，对城市轨道交通设施的保护、城市轨道交通范围内公共场所的运营秩序和容貌、环境卫生的维护以及安全应急等公共事务实施行政管理和行政处罚。"对于跨市城市轨道交通线路的经营单位的确定,《佛山条例（草案）》曾专条明确"广佛执法协同主体",提出"对广佛一体化城市轨道交通运营管理以及安全保护区巡线管理,市轨道交通部门、城市轨道交通经营单位应当加强与广州市相关部门的协同配合"。经过修改后,《佛山条例》在第二十八条提出"跨市城市轨道交通线路的城市轨道交通经营单位应当由本市人民政府与相关城市人民政府共同协商确定"。《佛山条例》和《广州条例》虽未直接明确跨市城市轨道交通线路的行政执法主体,但是却为实际操作中行政执法主体的确立提供了法律依据。

2. 城市轨道交通行政执法范围的明确

在明确城市轨道交通行政执法主体后,其行政执法协同范围的明确同样重要。在城市轨道交通管理过程中,行政执法协同范围主要包括城市轨道交通的安全保护区、设备设施等区域。（具体内容见表4-1）

一是城市轨道交通范围的明确。在明确城市轨道交通经营单位可以依照《佛山条例》的授权对相关公共事务实施行政处罚前,应对何为城市轨道交通进行明确,即佛山城市轨道交通的范围。因此,《佛山条例》第二条第二款明确:"本条例所称城市轨道交通,是指地铁、轻轨等城市轨道公共客运系统。"由此可知,佛山城市轨道交通经营单位可以对佛山地铁、轻轨等城市轨道公共客运系统进行授权执法。而《广州条例》第二条第一款规定:"本条例所称城市轨道交通,是指地铁、轻轨、有轨电车等城市轨道公共客运系统。"对比两个条款可以发现,两市的规定稍有不同,广州将有轨电车纳入城市轨道交通范围,而佛山则没有。

二是城市轨道交通安全保护区范围的明确。由于安全保护区的范围涉及跨区域间范围的衔接,因此,需要两地政府根据国家有关规定进行明确同意。关于安全保护区范围的规定,《佛山条例》在起草过程中,根据《城市轨道交通安全保护区测量技术规范》（DB11/T 1715—2020）,结合佛山城市轨道交通建设的实际,并与现行《广州条例》规定保持基本一致的情况（具体情况见表4-1）,明确安全保护区范围包括:"（一）地下车站与隧道结构外边线外侧五十米内;（二）车辆基地、地面和高架车站以及线路轨道的结构外边线外侧三十米内;（三）出入口、通风亭、控制中心、变电站、集中供冷站等建（构）筑物结构外边线外侧十米内;（四）过江隧道、跨江桥梁外边线外侧一百米内。"这里需要特别指出的是,2021年11月,佛山市人民政府办公室印发的《佛山市城市轨道交通保护管理办法》，除对安全保护区范围进行明确外，还在城市轨道交通安全保护区内设立特别保护区，作为重点执法区域，特别保护区范围包括："（一）车辆基地、地下工程（车站、隧道等）的结构外边线外侧5米内；（二）高架车站及高架线路工程结构水平投影外侧3米内；（三）地面车站及地面线路路堤或路堑外边线外侧3米内。"

三是城市轨道交通设施设备范围的明确。城市轨道交通设施设备作为轨道交通运行的载体，加强其管理可以保障城市轨道交通更加安全和稳定。因此，《佛山条例》第三十六条参考交通运输部2019年印发的《城市轨道交通设施设备运行维护管理办法》，明确佛山城市轨道交通设施设备范围，主要包括城市轨道交通的路基、轨道、隧道、高架道路（含桥梁）、车站（含出入口、通道）、通风亭、车辆基地及控制中心、站场、车辆、机电设备、供电系统、通信信号系统及其附属设施等。对比《广州条例》，两者规定范围基本一致。

表 4-1 广佛城市轨道交通执法范围的设置

	《佛山条例》	《广州条例》
城市轨道交通范围的明确	第二条第二款 本条例所称城市轨道交通，是指地铁、轻轨等城市轨道公共客运系统	第二条第一款 本条例所称城市轨道交通，是指地铁、轻轨、有轨电车等城市轨道公共客运系统
安全保护区范围	第十四条 城市轨道交通建设工程初步设计批复后，应当在城市轨道交通沿线设立城市轨道交通安全保护区，安全保护区范围包括： （一）地下车站与隧道结构外边线外侧五十米内； （二）车辆基地、地面和高架车站以及线路轨道的结构外边线外侧三十米内； （三）出入口、通风亭、控制中心、变电站、集中供冷站等建（构）筑物结构外边线外侧十米内； （四）过江隧道、跨江桥梁外边线外侧一百米内	第十二条 城市轨道交通沿线设立城市轨道交通控制保护区，其范围包括： （一）地下车站与隧道结构外边线外侧五十米内； （二）地面和高架车站以及线路轨道结构外边线外侧三十米内； （三）出入口、通风亭、车辆段、控制中心、变电站、集中供冷站等建（构）筑物结构外边线外侧十米内； （四）城市轨道交通过江隧道两侧各一百米范围内

续表4-1

	《佛山条例》	《广州条例》
城市轨道交通设施设备范围	第三十六条 本条例所称城市轨道交通设施设备，包括城市轨道交通的路基、轨道、隧道、高架道路（含桥梁）、车站（含出入口、通道）、通风亭、车辆基地及控制中心、站场、车辆、机电设备、供电系统、通信信号系统及其附属设施等	第二条 城市轨道交通设施包括城市轨道交通的路基、轨道、隧道、高架道路（含桥梁）、车站（含出入口、通道）、通风亭、车辆段及控制中心、站场、车辆、机电设备、供电系统、通信信号系统及其附属设施等

数据来源：根据《佛山市城市轨道交通管理条例》与《广州市城市轨道交通管理条例》相关规定整理形成。

3. 城市轨道交通行政执法协同事项的明确

根据《佛山条例》的有关规定，行政执法协同事项主要包括安全保护区管理、交通公共场所管理、设施设备管理、运营管理等内容。（具体内容见表4-2）

一是城市轨道交通安全保护区管理事项的协同。由于城市轨道交通建设覆盖面积广，难免会出现需要在交通控制保护区内进行作业的情况。2018年，交通运输部《城市轨道交通经营管理规定》（交通运输部令2018年第8号）提出，在城市轨道交通保护区内进行部分作业时，作业单位应当按照有关规定制定安全防护方案，经运营单位同意后，依法办理相关手续并对作业影响区域进行动态监测。城市轨道交通安全保护区的设置是为避免周边工程施工、勘探等外部作业出现侵入轨道交通结构，影响轨道交通建设及运营安全，但是，由于轨道交通安全保护区部分区域也属于公共活动范围，有时候不可避免需要开展相关施工活动。因此，《佛山条例》第十五条规定"在城市轨道交通安全保护区内进行下列可能危及城市轨道交通安全活动的，作业单位应当制定安全防护方案、应急措施，并在作业前征得城市轨道交通经营单位同意"，同时对部分活动进行了列举，主要包括新建、改建、扩建或者拆除建（构）筑物；取土、地面堆载、钻探作业、基坑开挖、爆破、桩基础施工、地下顶进、灌浆、锚杆作业等施工；修建塘堰、开挖河道水渠、疏浚河道、采石挖沙、打井取水等可能影响城市轨道交通安全的作业。这与现行《广州条例》关于安全保护区作业要求的规定基本保持一致，可为现阶段广州-佛山城市轨道交通安全保护区跨区域协同执法提供法治保障。

同时,《佛山条例》第十六条第三款规定,城市轨道交通经营单位发现违法作业的,应当及时向有关部门和轨道交通部门报告。有关部门和轨道交通部门应当对城市轨道交通经营单位报告的情况进行核查并依法处理。城市轨道交通经营单位应当加强对安全保护区范围内施工活动的管理,发现作业危及或者可能危及城市轨道交通运营安全的,可以要求作业单位停止作业并采取相应的安全措施。作业单位未制定安全防护方案、应急措施的,或者未在作业前征得城市轨道交通经营单位同意的,轨道交通部门应当依照《广东省城市轨道交通运营安全管理办法》规定责令改正,对单位处一万元以上三万元以下罚款,对个人处一千元罚款;造成安全事故的,依法承担法律责任。另外,在安全保护区部分作业活动,依照相关法律法规需要办理许可的,还应当依法办理相应的许可。

二是城市轨道交通公共场所管理事项的协同。城市轨道交通公共场所作为跨城市轨道交通线路主要行政执法区域,对轨道交通公共场所的容貌、环境卫生的行为进行规范显得十分必要。因此,《佛山条例》第十九条对在城市轨道交通公共场所的禁止性行为进行了规定,主要包括:擅自停放车辆、堆放杂物、摆设摊档、派发印刷品;随地吐痰、便溺、吐口香糖或者乱扔果皮、纸屑等废弃物;随意刻划、涂画、张贴、悬挂物品;乞讨、卖艺、捡拾垃圾,大声喧哗,使用电子设备时外放声音;携带宠物、家禽等动物乘车及其他影响城市轨道交通公共场所容貌、环境卫生的行为。这与现行《广州条例》关于城市轨道交通公共场所管理的规定基本保持一致,可为现阶段广州－佛山城市轨道交通公共场所跨区域执法提供法治保障。这里需要提醒的是,由于《佛山条例》作为地方性法规,无法在地方立法中穷尽城市轨道交通公共场所规范,因此2022年7月《佛山市轨道交通局关于印发〈佛山市城市轨道交通乘客守则〉的通知》(佛轨道通〔2022〕64号)对乘客乘车规范做出规定,作为《佛山条例》的配套执行政策。乘客在乘坐广州－佛山城市轨道交通时,在佛山路段除需要遵守《佛山条例》的有关规定外,同样需要遵守《佛山市城市轨道交通乘客守则》。

三是城市轨道交通设施设备管理事项的协同。城市轨道交通设施设备作为轨道交通运行的载体,加强其管理可以保障城市轨道交通更加安全和稳定。因此,《佛山条例》第三十六条明确了城市轨道交通设施设备范围,主要包括"城市轨道交通的路基、轨道、隧道、高架道路(含桥梁)、车站(含出入口、通道)、通风亭、车辆基地及控制中心、站场、车辆、机电设

备、供电系统、通信信号系统及其附属设施等"。同时，参考交通运输部《城市轨道交通运营管理规定》对危害城市轨道交通运营设施设备安全行为的规定，《佛山条例》第二十三条对危害城市轨道交通设施设备安全的行为进行了规定，主要包括"擅自在城市轨道交通线路上铺设平交道口、平交人行道；擅自移动、遮盖、损坏安全消防警示标志、疏散导向标志、监测设备以及安全防护设施；损坏隧道、轨道、路基、高架、车站、通风亭、冷却塔、变电站、管线、护栏护网等城市轨道交通设施设备；损坏车辆、机电、电缆、自动售检票等城市轨道交通设备，干扰通信信号、视频监控设备等系统；擅自在高架桥梁及附属结构上钻孔打眼，搭设电线或者其他承力绳索，设置附着物；擅自利用城市轨道交通桥墩或者桥梁进行施工，在过河、湖隧道安全保护区范围水域内抛锚、拖锚等危害城市轨道交通设施设备安全的行为"。这与现行《广州条例》关于城市轨道交通设施设备管理的规定基本保持一致，可为现阶段广州 - 佛山城市轨道交通公共场所跨区域交通设施设备管理执法提供法治保障。

四是城市轨道交通运营安全管理事项的协同。城市轨道交通作为现代城市发展的重要组成部分，已经成为人们日常出行和生活的必需品，因此，加强城市轨道交通运营安全管理尤为重要。《佛山条例》第二十四条对危害或者可能危害城市轨道交通运营安全的禁止性行为进行了列举，并与现行《广州条例》关于城市轨道交通运营管理的规定基本保持一致，可为现阶段广州 - 佛山城市轨道交通公共场所跨区域交通运营管理执法提供法治保障。

表4-2　广佛城市轨道交通执法事项的设置

执法事项	《佛山条例》	《广州条例》
安全保护区作业注意事项	第十五条　在城市轨道交通安全保护区内进行下列可能危及城市轨道交通安全活动的，作业单位应当制定安全防护方案、应急措施，并在作业前征得城市轨道交通经营单位同意： （一）新建、改建、扩建或者拆除建（构）筑物； （二）取土、地面堆载、钻探作业、基坑开挖、爆破、桩基础施工、地下顶进、灌浆、锚杆作业等施工； （三）修建塘堰、开挖河道水渠、疏浚河道、采石挖沙、打井取水； （四）敷设、埋设管线或者设置跨线等架空作业； （五）大面积增加或者减少建（构）筑物荷载的作业； （六）电焊、气焊和使用明火等具有火灾危险作业； （七）其他可能影响城市轨道交通安全的作业。 　　城市轨道交通经营单位发现作业危及或者可能危及城市轨道交通运营安全的，可以要求作业单位停止作业并采取相应的安全措施；发现作业单位在作业过程中对城市轨道交通设施设备造成损坏的，应当责令作业单位按照原技术标准及时恢复；发现违法作业的，应当及时向有关部门和轨道交通部门报告。有关部门和轨道交通部门应当对城市轨道交通经营单位报告的情况进行核查并依法处理	第十三条　在城市轨道交通控制保护区内进行下列活动的，有关行政管理部门依照法律、法规进行行政许可时，应当书面征求城市轨道交通经营单位的意见。城市轨道交通经营单位应当自收到征求意见之日起十五日内给予书面答复： （一）建造、拆卸建（构）筑物； （二）取土、地面堆载、钻探作业、基坑开挖、爆破、桩基础施工、顶进、灌浆、锚杆作业； （三）修建塘堰、开挖河道水渠、采石挖砂、打井取水； （四）敷设管线或者设置跨线等架空作业； （五）在过江隧道段疏浚河道； （六）其他可能危害城市轨道交通设施的作业。 　　在城市轨道交通控制保护区内进行本条第一款所列活动不需行政管理部门行政许可的，作业单位应当在施工前书面告知城市轨道交通经营单位

续表 4－2

执法事项	《佛山条例》	《广州条例》
影响城市轨道交通公共场所容貌、环境卫生执法事项	第十九条 禁止实施以下影响城市轨道交通公共场所容貌、环境卫生的行为： （一）擅自堆放杂物、摆设摊档、派发印刷品； （二）随地吐痰、便溺、吐口香糖或者乱扔果皮、纸屑等废弃物； （三）随意刻划、涂画、张贴、悬挂物品； （四）乞讨、卖艺、捡拾垃圾，大声喧哗，使用电子设备时外放声音； （五）携带宠物、家禽等动物乘车； （六）其他影响城市轨道交通公共场所容貌、环境卫生的行为	第二十七条 禁止下列影响城市轨道交通公共场所容貌、环境卫生的行为： （一）在车站、站台或者其他城市轨道交通设施内停放车辆、堆放杂物、摆设摊档或者未经许可派发印刷品； （二）在车站、站台、列车或者其他城市轨道交通设施内随地吐痰、便溺、吐口香糖、乱扔果皮、纸屑等废弃物； （三）在车厢或者其他城市轨道交通设施上乱刻、乱写、乱画、乱张贴、悬挂物品； （四）携带宠物、家禽等动物乘车； （五）在禁止吸烟区域内吸烟； （六）在车站、站台或者其他城市轨道交通设施内乞讨、卖艺、捡拾垃圾； （七）其他影响城市轨道交通公共场所容貌、环境卫生的行为

续表 4 – 2

执法事项	《佛山条例》	《广州条例》
对城市轨道交通设施设备的禁止性行为	第二十三条 禁止实施以下危害城市轨道交通设施设备安全的行为： （一）擅自在城市轨道交通线路上铺设平交道口、平交人行道； （二）擅自移动、遮盖、损坏安全消防警示标志、疏散导向标志、监测设备以及安全防护设施； （三）损坏隧道、轨道、路基、高架、车站、通风亭、冷却塔、变电站、管线、护栏护网等城市轨道交通设施设备； （四）损坏车辆、机电、电缆、自动售检票等城市轨道交通设备，干扰通信信号、视频监控设备等系统； （五）擅自在高架桥梁及附属结构上钻孔打眼，搭设电线或者其他承力绳索，设置附着物； （六）擅自利用城市轨道交通桥墩或者桥梁进行施工，在过河、湖隧道安全保护区范围水域内抛锚、拖锚； （七）其他危害城市轨道交通设施设备安全的行为	第三十四条 禁止下列危害城市轨道交通安全的行为： （一）擅自操作有警示标志的按钮、开关装置，非紧急状态下动用紧急或者安全装置； （二）擅自移动、遮盖安全消防警示标志、疏散导向标志、测量设施以及安全防护设备； （三）在轨道上放置、丢弃障碍物，向城市轨道交通列车、机车、维修工程车等设施投掷物品； （四）在城市轨道交通的地面线路轨道上擅自铺设平交道口、平交人行道； （五）损坏轨道、隧道、车站、车辆、电缆、机电设备、路基、护坡、排水沟等设施； （六）在城市轨道交通过江隧道控制保护区内的水域抛锚、拖锚； （七）在城市轨道交通地面线路或者高架线路轨道两侧修建妨碍行车瞭望的建（构）筑物或者种植妨碍行车瞭望的树木； （八）故意干扰城市轨道交通专用通讯频率； （九）其他危害城市轨道交通安全的行为

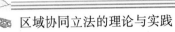

续表 4－2

执法事项	《佛山条例》	《广州条例》
危害或者可能危害城市轨道交通运营安全的禁止性行为	第二十四条　禁止实施以下危害或者可能危害城市轨道交通运营安全的行为： （一）在城市轨道交通地面线路和高架线路轨道两侧修建妨碍行车瞭望的建（构）筑物，或者种植妨碍行车瞭望的树木； （二）强行上下车，非法拦截列车或者阻碍列车正常运行； （三）攀爬或者跨越城市轨道交通围栏、护栏、护网、站台门、闸机等； （四）向城市轨道交通线路、列车以及其他设施投掷物品； （五）擅自进入轨道、隧道以及其他禁入区域； （六）在车站或者车厢内使用助力车、电瓶车（不包括残疾人助力车）、滑板、溜冰鞋等，或在运行的自动扶梯上逆行、推挤、嬉戏打闹； （七）擅自操作有警示标志的按钮、开关装置，非紧急状态下动用紧急或者安全装置； （八）在出入口、通风亭五十米范围内存放有毒、有害、易燃、易爆、放射性和腐蚀性等物品； （九）在出入口、通风亭、变电站、冷却塔外侧五米范围内堆放和晾晒物品、停放车辆、摆设摊点、候车拉客以及其他妨碍乘客通行或者救援疏散的行为； （十）在地面线路或者高架线路两侧各一百米范围内升放风筝、气球等低空飘浮物体和无人机等低空飞行器； （十一）其他危害或者可能危害城市轨道交通运营安全的行为	第二十六条　禁止下列影响城市轨道交通运营秩序的行为： （一）非法拦截列车、阻断运输； （二）擅自进入轨道、隧道或者其他有警示标志的区域； （三）攀爬或者翻越围墙、栏杆、闸机、机车等； （四）强行上下车； （五）不按规定购票乘车，经城市轨道交通经营单位追索后仍拒付票款； （六）其他影响城市轨道交通运营秩序的行为

　　数据来源：根据《佛山市城市轨道交通管理条例》与《广州市城市轨道交通管理条例》相关规定整理形成。

五、城市轨道交通法律责任设置协同

接下来,通过论述跨区域城市轨道交通中设置法律责任协同的必要性,同时纵向对比《城市轨道交通运营管理规定》(交通运输部令 2018 年第 8 号)(以下简称《交通部规章》)与《广东省城市轨道交通运营安全管理办法》(2020)(以下简称《省政府规章》),横向对比《佛山条例》与《广州条例》的有关规定,进一步梳理阐述广佛城市轨道交通协同立法中法律责任协同的制度建构。

(一)跨城市轨道交通管理中法律责任设置协同的必要性

在区域经济一体化背景下,强调统一的执法环境和执法标准,强调跨区域执法的协调一致是区域经济一体化下对行政执法的客观要求。强调区域执法协调,预防和避免执法冲突,实现对公共事务有效治理,是政府合作中必须直面的问题。[①] 为了推进区域经济一体化向纵深方向发展,使合作各方的执法标准相一致是必要的。[②] 执法标准统一是区域经济发展、社会进步的内在要求,也是维护我国法治统一的根本要求。行政执法标准的统一,首先是法律规定的统一。因此,在城市轨道交通立法中,首要做的就是法律责任设置的协同。在跨区域城市轨道交通管理中,如果各城市、各地区之间的法律责任设置不协同,各城市、各地区在跨城市轨道交通管理中职责划分不明确,就容易出现职责重复或职责缺失等问题,不利于快速有效地解决突发事件和应对紧急状况,容易出现职责不清、责任推脱的情况,严重时可能导致事故的发生,增加城市轨道交通运营风险。因此,协同设置跨区域城市轨道交通立法中的法律责任,使各相关方充分协调合作,确立相应的法律责任,有利于实现轨道交通系统的安全、高效、顺畅运行,为公众提供更加优质的交通服务。

(二)广佛城市轨道交通协同立法中法律责任协同的制度建构

在城市轨道交通一体化进程中,执法标准的统一是影响跨城市轨道交通行政执法效果的因素。而执法标准的统一在区域协同立法中则表现为同一行为设置相同或者相近的法律责任。在对城市轨道交通管理事项进行明

---

① 参见石佑启、潘高峰《论区域经济一体化中政府合作的执法协调》,载《武汉大学学报(哲学社会科学版)》2014 年第 1 期,第 45－51 页。

② 参见杨桦《论区域行政执法合作——以珠三角地区执法合作为例》,载《暨南学报(哲学社会科学版)》2012 年第 4 期,第 26－32、163 页。

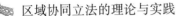
确后,《佛山条例》也随之对违反相关内容的法律责任进行了设置,主要包括城市轨道交通管理单位及工作人员的法律责任、违反城市轨道交通公共场所规范的法律责任、危害轨道交通设备设施和运营安全的责任。本部分将侧重对比《佛山条例》与现行《广州条例》对同一行为设置的法律责任是否相当,以探讨广佛城市轨道交通协同立法中法律责任的设置是否协同。

1. 城市轨道交通管理行政主体的法律责任

作为城市轨道交通管理的行政主体,如果不能正确履行其责任,将对城市轨道交通安全运营和管理带来隐患。因此,《佛山条例》在"法律责任"章的首条就对有关部门工作人员、城市轨道交通经营单位依授权执法的工作人员的法律责任进行了明确。如果他们出现玩忽职守、滥用职权、徇私舞弊,那么将依据《中华人民共和国公务员法》《中华人民共和国公职人员政务处分法》给予处分;构成犯罪,依据《中华人民共和国刑法》追究刑事责任。这与现行《广州条例》《省政府规章》《交通部规章》关于行政主体的法律责任基本保持一致,在对从事广州-佛山城市轨道交通管理的行政管理部门、城市轨道交通经营单位依授权执法的工作人员具有一致约束力。(具体内容见表4-3)

表4-3 城市轨道交通行政主体的法律责任设置

违法行为	《佛山条例》	《广州条例》	《省政府规章》	《交通部规章》
行政主体玩忽职守、滥用职权、徇私舞弊	第三十条 有关部门工作人员、城市轨道交通经营单位依授权执法的工作人员,在城市轨道交通管理工作中玩忽职守、滥用职权、徇私舞弊的,依法给予处分;构成犯罪的,依法追究刑事责任	第五十一条 行政管理部门、城市轨道交通经营单位依授权执法的工作人员玩忽职守、滥用职权或者徇私舞弊的,由其所在部门或者行政监察部门依法给予行政处分;构成犯罪的,依法追究刑事责任	第二十六条 相关主管部门的工作人员在城市轨道交通运营安全管理工作中玩忽职守、滥用职权、徇私舞弊的,依法给予处分;构成犯罪的,依法追究刑事责任	第五十四条 城市轨道交通运营主管部门不履行本规定职责造成严重后果的,或者有其他滥用职权、玩忽职守、徇私舞弊行为的,对负有责任的领导人员和直接责任人员依法给予处分;构成犯罪的,依法追究刑事责任

数据来源:根据《佛山市城市轨道交通管理条例》《广州市城市轨道交通管理条例》《广东省城市轨道交通运营安全管理办法》《城市轨道交通运营管理规定》相关规定整理形成。

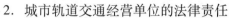

2. 城市轨道交通经营单位的法律责任

城市轨道交通经营单位是城市轨道交通管理的主要承担单位。《佛山条例》第五条开宗明义提出"城市轨道交通经营单位负责本市轨道交通建设、运营及相关综合开发工作，并依照本条例的授权对相关公共事务实施行政处罚"，同时其第十四条第四款、第十七条、第十八条、第二十一条、第二十二条第一款和第二款、第二十五条第一款分别对城市轨道交通经营单位的"建立安全保护区巡查制度""保障城市轨道交通安全有序、规范运营""制定公布城市轨道交通服务规范和乘客守则""城市轨道交通运营安全生产""制定违禁物品、限带物品目录"和"对乘客及其携带的物品进行安全检查"，以及"及时采取增加运力、疏导乘客、限制客流、停运或者疏运等措施"等方面职责进行了明确。为保证城市轨道交通经营单位具体落实其法定管理责任，在"法律责任"章中对上述职责设定了相应的法律责任。横向对比《广州条例》可以发现，《佛山条例》对部分城市轨道交通经营单位的违法行为未设置法律责任，主要包括："未向社会公布运营服务质量承诺或者定期报告履行情况""未按规定向乘客提供运营服务和安全应急等信息""未建立投诉受理制度，或者未及时处理乘客投诉并将处理结果告知乘客""采取的限流、甩站、封站、暂停运营等措施，未及时告知公众或者封站、暂停运营等措施未向城市轨道交通运营主管部门报告"。但通过纵向对比《交通部规章》的有关规定，其已对相关违法行为设置了法律责任，根据《佛山条例》第三十一条"违反本条例规定的有关行为，法律法规已有处罚规定的，从其规定"，《佛山条例》对城市轨道交通经营单位的法律责任不做重复性规定。（具体内容见表4－4）

表4－4　城市轨道交通经营单位的法律责任设置

违法行为	《佛山条例》	《广州条例》	《省政府规章》	《交通部规章》
未建立安全保护区巡查制度	第三十二条 由市轨道交通部门责令改正；逾期未改正的，处一万元以上十万元以下罚款	未设置法律责任	未设置法律责任	未设置法律责任

续表4-4

违法行为	《佛山条例》	《广州条例》	《省政府规章》	《交通部规章》
未规范提供乘客遗失物招领服务	第三十三条 由市轨道交通部门责令限期改正；逾期未改正的，处一万元以下罚款	未设置法律责任	未设置法律责任	未设置法律责任
未定期对设置的广告设施开展安全检查的	第三十三条 由市轨道交通部门责令限期改正；逾期未改正的，处一万元以下的罚款	未设置法律责任	未设置法律责任	未设置法律责任
未按规定对乘客及其携带的物品进行安全检查的	第三十五条 由市轨道交通部门责令改正、给予警告，并可处一千元以上一万元以下罚款	未设置法律责任	未设置法律责任	未设置法律责任
未及时采取增加运力、疏导乘客、限制客流、停运或者疏运等措施	第三十五条 由市轨道交通部门责令改正、给予警告，并可处一千元以上一万元以下罚款	第四十一条 有关法律、行政法规没有规定的，由市交通行政管理部门责令改正，予以警告，并可处以一千元以上一万元以下罚款，对相关责任人给予处分，构成犯罪的，依法追究法律责任：（八）违反本条例第三十五条、第三十六条，未及时排除故障，尽快恢复运营或者采取相应的组织疏散、换乘、限制客流等措施的	未设置法律责任	未设置法律责任

续表 4 - 4

违法行为	《佛山条例》	《广州条例》	《省政府规章》	《交通部规章》
未向社会公布运营服务质量承诺或者定期报告履行情况	未设置法律责任	未设置法律责任	未设置法律责任	第五十一条 违反本规定，运营单位有下列行为之一，由城市轨道交通运营主管部门责令限期改正；逾期未改正的，处以 1 万元以下的罚款：（一）未向社会公布运营服务质量承诺或者定期报告履行情况
未按规定向乘客提供运营服务和安全应急等信息	未设置法律责任	未设置法律责任	未设置法律责任	第五十一条 违反本规定，运营单位有下列行为之一，由城市轨道交通运营主管部门责令限期改正；逾期未改正的，处以 1 万元以下的罚款：（三）未按规定向乘客提供运营服务和安全应急等信息

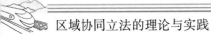

续表4－4

违法行为	《佛山条例》	《广州条例》	《省政府规章》	《交通部规章》
未建立投诉受理制度，或者未及时处理乘客投诉并将处理结果告知乘客	未设置法律责任	第四十一条　有关法律、行政法规没有规定的，由市交通行政管理部门责令改正，予以警告，并可处以一千元以上一万元以下罚款，对相关责任人给予处分，构成犯罪的，依法追究法律责任：（四）违反本条例第二十八条，未依法处理乘客投诉的	未设置法律责任	第五十一条　违反本规定，运营单位有下列行为之一，由城市轨道交通运营主管部门责令限期改正；逾期未改正的，处以1万元以下的罚款：（四）未建立投诉受理制度，或者未及时处理乘客投诉并将处理结果告知乘客
采取的限流、甩站、封站、暂停运营等措施，未及时告知公众或者封站、暂停运营等措施未向城市轨道交通运营主管部门报告	未设置法律责任	未设置法律责任	未设置法律责任	第五十一条　违反本规定，运营单位有下列行为之一，由城市轨道交通运营主管部门责令限期改正；逾期未改正的，处以1万元以下的罚款：（五）采取的限流、甩站、封站、暂停运营等措施，未及时告知公众或者封站、暂停运营等措施未向城市轨道交通运营主管部门报告

3. 违反城市轨道交通公共场所规范的法律责任

加强城市轨道交通公共场所容貌、环境卫生管理对提高乘客体验、安全有序运营、促进城市发展和推动可持续发展均具有重要意义。城市轨道交通公共场所是广大市民出行的重要场所，做好其容貌、环境卫生管理，可以提高站厅、候车室等各项服务设施的品质，改善乘客的出行体验，从而提高市民对公共交通的满意度。良好的容貌、环境卫生管理可以提高轨道交通系统的形象和品牌效应，有助于增强公众对轨道交通系统的信任感、安全感和幸福感。《佛山条例》第十九条对在城市交通公共场所的禁止性行为进行了列举，主要包括擅自堆放杂物、摆设摊档、派发印刷品；随地吐痰、便溺、吐口香糖或者乱扔果皮、纸屑等废弃物；随意刻划、涂画、张贴、悬挂物品；乞讨、卖艺、捡拾垃圾，大声喧哗，使用电子设备时外放声音；携带宠物、家禽等动物乘车等影响城市轨道交通公共场所容貌、环境卫生的行为。根据《佛山条例》第十九条的禁止性行为规定，《佛山条例》第三十五条只针对"违反规定擅自堆放杂物、摆设摊档、派发印刷品的"和"违反规定随意刻划、涂画、张贴、悬挂物品的"两项违法行为设置了法律责任，明确对影响城市轨道交通公共场所容貌、环境卫生的行为，由城市轨道交通经营单位责令改正，视情节轻重处以警告，并处以五十元以上二百元以下罚款。但是，对"随地吐痰、便溺、吐口香糖或者乱扔果皮、纸屑等废弃物""乞讨、卖艺、捡拾垃圾，大声喧哗，使用电子设备时外放声音""携带宠物、家禽等动物乘车"等禁止性行为并未设置相应法律责任。《广州条例》与《佛山条例》的禁止性行为规定和罚款金额基本一致。同时，《广州条例》除了对"违反规定堆放杂物、摆设摊档""违反规定乱刻、乱写、乱画、乱张贴、悬挂物品"两种违法行为进行法律责任设置，还对"随地吐痰、便溺、吐口香糖、乱扔果皮、纸屑等废弃物的""违反规定携带宠物、家禽等动物乘车的"设置了相应的法律责任：堆放杂物、摆设摊档和乱刻、乱写、乱画、乱张贴、悬挂物品的，处以五十元以上二百元以下罚款；随地吐痰、便溺、吐口香糖、乱扔果皮、纸屑等废弃物的，处以二十元以上五十元以下罚款；携带宠物、家禽等动物乘车的，处以五十元罚款。最后，《广州条例》新增一项法律责任，对在禁止吸烟区域内吸烟（含电子烟）的，处以五十元罚款。需要注意的是，广州 - 佛山城市轨道交通线路执法人员在进行执法时，对在佛山行政区域内发生的"违反规定随地吐痰、便溺、吐口香糖或者乱扔果皮、纸屑等废弃物""携带宠物、家禽等动物乘车"的行为时，只能劝阻，不得处以罚款。（具体内容见表 4 - 5）

表4-5 广佛违反城市轨道交通公共场所规范的法律责任设置

违法行为	《佛山条例》	《广州条例》	《省政府规章》	《交通部规章》
违反规定擅自堆放杂物、摆设摊档、派发印刷品的	第三十四条 违反本条例第十九条相关规定，影响城市轨道交通公共场所容貌、环境卫生的，由城市轨道交通经营单位责令改正，视情节轻重处以警告，并处五十元以上二百元以下罚款：（一）违反该条第（一）项规定擅自堆放杂物、摆设摊档、派发印刷品的	第四十八条 违反本条例第二十七条第（一）、（二）、（三）、（四）项，有碍城市轨道交通公共场所容貌和环境卫生的，由城市轨道交通经营单位责令其纠正违法行为，采取补救措施，视情节轻重处以警告，并可按下列规定予以罚款：（一）违反该条第（一）项规定堆放杂物、摆设摊档或者违反第（三）项规定乱刻、乱写、乱画、乱张贴、悬挂物品的，处以五十元以上二百元以下罚款	未设置法律责任	未设置法律责任
违反规定随意刻划、涂画、张贴、悬挂物品的	第三十四条 违反本条例第十九条相关规定，影响城市轨道交通公共场所容貌、环境卫生的，由城市轨道交通经营单位责令改正，视情节轻重处以警告，并处五十元以上二百元以下罚款：（二）违反该条第（三）项规定随意刻划、涂画、张贴、悬挂物品的	第四十八条 违反本条例第二十七条第（一）、（二）、（三）、（四）项，有碍城市轨道交通公共场所容貌和环境卫生的，由城市轨道交通经营单位责令其纠正违法行为，采取补救措施，视情节轻重处以警告，并可按下列规定予以罚款：（一）违反该条第（一）项规定堆放杂物、摆设摊档或者违反第（三）项规定乱刻、乱写、乱画、乱张贴、悬挂物品的，处以五十元以上二百元以下罚款	未设置法律责任	未设置法律责任

续表 4－5

违法行为	《佛山条例》	《广州条例》	《省政府规章》	《交通部规章》
违反规定随地吐痰、便溺、吐口香糖或者乱扔果皮、纸屑等废弃物	未设置法律责任	第四十八条　违反本条例第二十七条第（一）、（二）、（三）、（四）项，有碍城市轨道交通公共场所容貌和环境卫生的，由城市轨道交通经营单位责令其纠正违法行为，采取补救措施，视情节轻重处以警告，并可按下列规定予以罚款：（二）违反该条第（二）项规定随地吐痰、便溺、吐口香糖、乱扔果皮、纸屑等废弃物的，处以二十元以上五十元以下罚款	未设置法律责任	未设置法律责任
携带宠物、家禽等动物乘车	未设置法律责任	第四十八条　违反本条例第二十七条第（一）、（二）、（三）、（四）项，有碍城市轨道交通公共场所容貌和环境卫生的，由城市轨道交通经营单位责令其纠正违法行为，采取补救措施，视情节轻重处以警告，并可按下列规定予以罚款：（三）违反该条第（四）项规定携带宠物、家禽等动物乘车的，处以五十元罚款	未设置法律责任	未设置法律责任

4. 危害轨道交通设备设施和运营安全的责任

安全是城市轨道交通管理中不可忽视的重要问题。"安全第一"是乘客的基本需求和首要标准，也是城市轨道交通管理首要目标。《佛山条例》第二十三条和第二十四条分别对危害城市轨道交通设施设备安全和城市轨道交通运营安全的禁止性行为进行了规定。对应的，《佛山条例（草案修改稿)》在第五十六条、第五十七条分别设置了法律责任，提出"危害城市轨道交通设施安全的，城市轨道交通经营单位有权予以劝阻和制止，情节严重的，可以对单位处三万元以下罚款，对个人处五千元以下罚款；违反治安管理规定的，由公安机关依法处理；构成犯罪的，依法追究刑事责任；危害或者可能危害城市轨道交通运营安全的，由城市轨道交通经营单位责令改正，可以对单位处三万元以下的罚款，对个人处五千元以下的罚款；违反治安管理规定的，由公安机关依法处理；构成犯罪的，依法追究刑事责任"。虽然在最后印发的《佛山条例》中并未对此两种行为设置法律责任，究其原因，主要是因为《佛山条例》第三十一条明确提出"违反本条例规定的有关行为，法律法规已有处罚规定的，从其规定"。纵向对比《交通部规章》，其在第五十三条规定："违反本规定第三十三条、第三十四条，运营单位有权予以制止，并由城市轨道交通运营主管部门责令改正，可以对个人处以五千元以下的罚款，对单位处以三万元以下的罚款；违反治安管理规定的，由公安机关依法处理；构成犯罪的，依法追究刑事责任。"而《交通部规章》第三十三条、第三十四条则分别是关于"禁止危害城市轨道交通运营设施设备安全的行为""禁止危害或者可能危害城市轨道交通运营安全的行为"。因此，《佛山条例》不再重复对上述两种行为的法律责任进行规定。对比《广州条例》有关规定，《佛山条例》在第四十九条规定："损害城市轨道交通设施、影响城市轨道交通运营秩序或者危害城市轨道交通安全的行为，城市轨道交通经营单位有权对行为人进行劝阻和制止，可以责令行为人离开城市轨道交通设施或者拒绝为其提供客运服务，并依法告知有关行政管理部门进行处罚。"此处需要指出的是，《广州条例》虽在第六条第二款明确授权城市轨道交通经营单位对城市轨道交通设施的保护、城市轨道交通范围内公共场所的运营秩序和容貌、环境卫生的维护以及安全应急等公共事务实施行政管理和行政处罚，但是在面对损害城市轨道交通设施、影响城市轨道交通运营秩序或者危害城市轨道交通安全的行为时，只能进行劝阻和制止，无法进行行政处罚，并且须依法告知有关行政管理部门进行处罚。在笔者看来，这样的规定较为保守，不利于维护轨道交通设备设施和运营安全。

同时，虽然《佛山条例》第四款明确规定"城市轨道交通经营单位有权进入城市轨道交通安全保护区的作业现场查看，有关单位和个人应当予以配合并提供便利"，但是并未设置有关单位和个人拒不配合的法律责任。究其原因，主要是因为《省政府规章》与《交通部规章》已设置相关法律责任。《省政府规章》规定"拒绝运营单位进入作业现场查看的，由城市轨道交通运营主管部门责令改正，对单位处一万元以上三万元以下罚款，对个人处一千元罚款；造成安全事故的，依法承担法律责任"。《交通部规章》规定"运营单位有权进入作业现场进行巡查，发现危及或者可能危及城市轨道交通运营安全的情形，运营单位有权予以制止，并要求相关责任单位或者个人采取措施消除妨害；逾期未改正的，及时报告有关部门依法处理"。因此，《佛山条例》不再重复规定。（具体内容见表4-6）

表4-6 广佛危害轨道交通运营和设备设施安全的法律责任设置

违法行为	《佛山条例》	《广州条例》	《省政府规章》	《交通部规章》
违反安全保护作业要求	未设置法律责任	第四十七条 违反本条例第十四条规定，作业单位在城市轨道交通控制保护区内施工，未制定、实施城市轨道交通设施保护方案或者应急预案、拒绝城市轨道交通经营单位进入施工现场查看、拒不停止作业的，由建设行政主管部门或者其他有关行政管理部门责令改正；拒不改正的，建设行政主管部门或者其他有关行政管理部门可以对作业单位处以一万元以上三万元以下罚款；造成安全事故的，依法承担法律责任	第二十七条 违反本办法第十二条规定，有下列行为之一的，由城市轨道交通运营主管部门责令改正，对单位处一万元以上三万元以下罚款，对个人处一千元罚款；造成安全事故的，依法承担法律责任：（一）拒不配合安全保护区巡查的；（二）未制定安全防护方案或者应急措施的；（三）未在作业前征得运营单位同意的；（四）拒绝运营单位进入作业现场查看的；（五）拒不执行停止作业要求或者采取安全措施要求的	第三十一条 运营单位有权进入作业现场进行巡查，发现危及或者可能危及城市轨道交通运营安全的情形，运营单位有权予以制止，并要求相关责任单位或者个人采取措施消除妨害；逾期未改正的，及时报告有关部门依法处理

续表 4-6

违法行为	《佛山条例》	《广州条例》	《省政府规章》	《交通部规章》
危害城市轨道交通运营设施设备安全	未设置法律责任	第四十九条 对违反本条例第十二条第二款、第十六条、第二十五条第一款、第二十六条、第二十九条、第三十三条、第三十四条规定，损害城市轨道交通设施、影响城市轨道交通运营秩序或者危害城市轨道交通安全的行为，城市轨道交通经营单位有权对行为人进行劝阻和制止，可以责令行为人离开城市轨道交通设施或者拒绝为其提供客运服务，并依法告知有关行政管理部门进行处罚	未设置法律责任	第五十三条 违反本规定第三十三条、第三十四条，运营单位有权予以制止，并由城市轨道交通运营主管部门责令改正，可以对个人处以五千元以下的罚款，对单位处以三万元以下的罚款；违反治安管理规定的，由公安机关依法处理；构成犯罪的，依法追究刑事责任

续表 4 - 6

违法行为	《佛山条例》	《广州条例》	《省政府规章》	《交通部规章》
危害或者可能危害城市轨道交通运营安全的行为	未设置法律责任	第四十九条　对违反本条例第十二条第二款、第十六条、第二十五条第一款、第二十六条、第二十九条、第三十三条、第三十四条规定，损害城市轨道交通设施、影响城市轨道交通运营秩序或者危害城市轨道交通安全的行为，城市轨道交通经营单位有权对行为人进行劝阻和制止，可以责令行为人离开城市轨道交通设施或者拒绝为其提供客运服务，并依法告知有关行政管理部门进行处罚	未设置法律责任	第五十三条　违反本规定第三十三条、第三十四条，运营单位有权予以制止，并由城市轨道交通运营主管部门责令改正，可以对个人处以五千元以下的罚款，对单位处以三万元以下的罚款；违反治安管理规定的，由公安机关依法处理；构成犯罪的，依法追究刑事责任

附录一

佛山市城市轨道交通管理条例[①]

第一章 总 则

第一条 为规范城市轨道交通建设管理，保障运营安全，促进城市轨道交通高质量发展，发挥城市轨道交通在引领城市发展中的积极作用，根据有关法律法规，结合本市实际，制定本条例。

第二条 本条例适用于本市行政区域内城市轨道交通的规划、建设、运营以及安全管理、互联互通等活动。

本条例所称城市轨道交通，是指地铁、轻轨等城市轨道公共客运系统。

第三条 城市轨道交通应当遵循统一规划、安全运营、规范服务的原则。

第四条 市轨道交通部门负责本市城市轨道交通建设和运营的监督管理，统筹、规范和指导全市城市轨道交通信息化建设工作。

发展改革、公安、财政、自然资源、生态环境、住房和城乡建设、交通运输、水利、卫生健康、应急管理、国有资产、城市管理和综合执法等部门应当依据各自职责，协同做好城市轨道交通管理工作。

城市轨道交通沿线各级人民政府及其有关部门应当配合做好城市轨道交通的建设、管理和保护工作；园区管委会根据依法获得的授权配合开展相关工作。

第五条 城市轨道交通经营单位由市人民政府依法确定。

城市轨道交通经营单位负责本市轨道交通建设、运营及相关综合开发

---

① 2022 年 11 月 15 日，佛山市第十六届人民代表大会常务委员会第十次会议通过；2023 年 3 月 30 日，广东省第十四届人民代表大会常务委员会第二次会议批准。

工作，并依照本条例的授权对相关公共事务实施行政处罚。

第六条　市人民政府应当做好城市轨道交通建设、运营资金保障，促进城市轨道交通可持续发展。

第七条　市、区人民政府有关部门以及城市轨道交通经营单位应当利用报刊、广播、电视、互联网等媒体，开展城市轨道交通运营安全、设施维护、文明出行等方面的公益宣传。

鼓励城市轨道交通经营单位为志愿服务活动提供场所和其他便利条件，充分发挥志愿者作用，开展公益宣传、文明劝导、秩序维护、帮扶救助、应急救援等志愿服务。

鼓励城市轨道交通列车车厢、车站、通道内的广告设置及沿线车站设计风貌与本市地域特色和历史文化传承相结合，彰显时代精神，以提升公共空间品质，塑造良好城市形象。

第二章　规划与建设

第八条　城市轨道交通规划应当依据国土空间规划、综合交通体系规划等进行编制，集约节约做好沿线土地、空间等统筹利用，并与国家铁路、城际铁路、枢纽机场等规划以及城市其他专项规划相衔接。

第九条　城市轨道交通规划包括城市轨道交通线网规划、城市轨道交通建设规划、城市轨道交通沿线用地控制规划。

城市轨道交通线网规划应当依法组织编制与调整优化，并纳入国土空间规划"一张图"管理实施。

城市轨道交通建设规划由市轨道交通部门会同市发展改革部门、城市轨道交通经营单位，根据城市轨道交通线网规划组织编制，并按照法定程序报批。

城市轨道交通沿线用地控制规划由市轨道交通部门会同市自然资源部门，根据批准的城市轨道交通线网规划组织编制，经市人民政府批准后实施。

第十条　自然资源部门应当根据相关规划依法做好城市轨道交通沿线、车站及车辆基地等用地控制。

市轨道交通部门应当加强城市轨道交通沿线用地控制规划范围内的巡查管理工作，可以依法委托城市轨道交通经营单位开展城市轨道交通沿线用地控制规划范围内的巡查管理，协助相关区人民政府做好城市轨道交通

区域协同立法的理论与实践

沿线用地的规划控制。

第十一条　城市轨道交通综合开发用地由市人民政府核准规划条件后，依法采取划拨、出让等方式为城市轨道交通经营单位供应建设用地使用权。

城市轨道交通经营单位结合城市轨道交通设施一并开发使用的其他地表、地上、地下空间，符合划拨或者协议出让条件的，自然资源部门应当与城市轨道交通设施用地一并规划，并依法办理相应土地划拨或者出让手续。

城市轨道交通经营单位在城市轨道交通综合开发获取的收益，应当用于城市轨道交通发展，并依法接受市财政、国有资产、审计等部门的监督。

第十二条　城市轨道交通场站及周边土地综合开发总体策略研究由市轨道交通部门负责编制；城市轨道交通场站及周边土地综合开发规划方案由市自然资源部门负责编制；城市轨道交通车辆基地、控制中心等设施的综合体概念方案由城市轨道交通经营单位负责编制，其余站点综合体概念方案由各区人民政府组织相关单位负责编制。

城市轨道交通场站及周边土地综合开发应当与城市轨道交通建设工程同步规划、同步设计；结构不可分割、工程必须统一实施的项目应当与城市轨道交通建设工程同步建设。

第十三条　城市轨道交通工程建设期间，城市轨道交通经营单位应当及时对城市轨道交通沿线已有建（构）筑物、道路和供电、供水、排水、输油、输气、通信等设施进行调查、记录和动态监测，并采取相应安全保护措施，减少对上述设施的影响。需要查阅、调取、复制相关档案资料的，有关部门和单位应当按照有关规定提供便利。

城市轨道交通经营单位在已有建（构）筑物和供电、供水、排水、输油、输气、通信等设施资料不全或者缺失的地段勘察、施工的，有关部门和单位应当予以配合并派员现场指导，避免造成已有建（构）筑物和设施的损坏。

第三章　安全保护区管理

第十四条　城市轨道交通建设工程初步设计批复后，应当在城市轨道交通沿线设立城市轨道交通安全保护区，安全保护区范围包括：

（一）地下车站与隧道结构外边线外侧五十米内；

（二）车辆基地、地面和高架车站以及线路轨道的结构外边线外侧三十

138

米内；

（三）出入口、通风亭、控制中心、变电站、集中供冷站等建（构）筑物结构外边线外侧十米内；

（四）过江隧道、跨江桥梁外边线外侧一百米内。

城市轨道交通经营单位应当将城市轨道交通安全保护区划定依据和相关方案，在本市主要媒体和市人民政府网站向社会公众公告。

城市轨道交通经营单位应当在具备条件的城市轨道交通安全保护区内依法设置安全警示标志，城市轨道交通沿线有关单位和个人应当予以配合。任何单位和个人不得毁坏、遮挡、涂改、污损或者擅自移动安全警示标志。

城市轨道交通经营单位应当建立健全城市轨道交通安全保护区巡查制度并按规定组织巡查，有权进入城市轨道交通安全保护区的作业现场查看，有关单位和个人应当予以配合并提供便利。

第十五条 在城市轨道交通安全保护区内进行下列可能危及城市轨道交通安全活动的，作业单位应当制定安全防护方案、应急措施，并在作业前征得城市轨道交通经营单位同意：

（一）新建、改建、扩建或者拆除建（构）筑物；

（二）取土、地面堆载、钻探作业、基坑开挖、爆破、桩基础施工、地下顶进、灌浆、锚杆作业等施工；

（三）修建塘堰、开挖河道水渠、疏浚河道、采石挖沙、打井取水；

（四）敷设、埋设管线或者设置跨线等架空作业；

（五）大面积增加或者减少建（构）筑物荷载的作业；

（六）电焊、气焊和使用明火等具有火灾危险作业；

（七）其他可能影响城市轨道交通安全的作业。

第十六条 作业单位在城市轨道交通安全保护区范围内施工时，出现可能危及城市轨道交通安全情形的，应当立即停止作业，并按照安全防护方案采取措施，同时报告有关部门和城市轨道交通经营单位。

安全隐患或者危险消除后需要恢复施工的，作业单位应当委托有资质的单位对工程进行安全评估，并将安全评估结果报城市轨道交通经营单位，确定作业活动不会影响轨道交通安全的，方可继续作业。

城市轨道交通经营单位发现作业危及或者可能危及城市轨道交通运营安全的，可以要求作业单位停止作业并采取相应的安全措施；发现作业单位在作业过程中对城市轨道交通设施设备造成损坏的，应当责令作业单位按照原技术标准及时恢复；发现违法作业的，应当及时向有关部门和轨道交通部门报告。有关部门和轨道交通部门应当对城市轨道交通经营单位报告的情况进行核查并依法处理。

第四章 运营与服务

第十七条 城市轨道交通经营单位应当采取以下措施，保障城市轨道交通安全有序、规范运营，提升服务质量：

（一）向社会公布运营服务质量承诺，报市轨道交通部门备案，并定期报告履行情况。

（二）建立公众监督机制，公布监督电话，接受公众对运营安全和服务的投诉和建议。

（三）合理配置岗位工作人员，维护车站和列车内秩序，及时有序疏导客流。

（四）合理设置人工售票窗口、自动售票检票设备，提供规范、便捷的售票检票服务。

（五）提供乘客遗失物招领服务，及时发布遗失物招领信息，并依法处理无人认领的遗失物。

（六）为老、弱、病、残、孕和携带婴幼儿的乘客提供便利服务，并在列车内设置专座。

（七）建立公共卫生管理制度，制定公共卫生事件应急处置预案，建立应急处置联动机制；落实有关卫生管理、疫情防控等措施，保证车站（含出入口、通道）、车厢等公共场所的空气质量和卫生状况符合国家卫生标准；合理配置急救药箱及体外自动除颤仪等设备。

（八）依法在城市轨道交通车站、车厢、隧道、站前广场等范围内设置广告，并定期对设置的广告设施开展安全检查。

（九）使用符合国家规定的城市轨道交通设施设备，并定期进行维护、保养和检查。

（十）法律法规规定的其他义务。

第十八条 市轨道交通部门应当制定并公布城市轨道交通服务规范和乘客守则，加强安全宣传，指导和监督运营活动；定期对城市轨道交通运营服务质量进行考评，考评结果应当及时向社会公布。

第十九条 禁止实施以下影响城市轨道交通公共场所容貌、环境卫生的行为：

（一）擅自堆放杂物、摆设摊档、派发印刷品；

（二）随地吐痰、便溺、吐口香糖或者乱扔果皮、纸屑等废弃物；

（三）随意刻划、涂画、张贴、悬挂物品；

（四）乞讨、卖艺、捡拾垃圾，大声喧哗，使用电子设备时外放声音；

（五）携带宠物、家禽等动物乘车；

（六）其他影响城市轨道交通公共场所容貌、环境卫生的行为。

第二十条　乘客应当持有效车票或者有效乘车凭证乘车。无票、持无效车票或者无效乘车凭证、冒用他人乘车凭证或者持伪造车票、乘车凭证乘车的，由城市轨道交通经营单位按出闸站线网单程最高票价收取票款。

城市轨道交通因故障不能正常运行的，乘客有权持有效车票或者其他有效乘车凭证，要求城市轨道交通经营单位按照当次购票金额退还票款。

第五章　应急管理

第二十一条　城市轨道交通经营单位依法承担城市轨道交通运营安全生产责任，并履行以下安全生产职责：

（一）设立安全生产管理机构，建立完善安全生产制度，配备专职安全生产管理人员，保证安全生产所必需的资金投入；

（二）严格按照消防管理、事故救援的规定，在城市轨道交通车站及车厢内按国家相关标准配置消防、报警、救援、疏散照明、防汛、防爆、防毒、防护监视等器材、设备，并定期检查、维护、更新，保证正常使用；

（三）对城市轨道交通沿线采取技术保护和监测措施，评估城市轨道交通运行对车站、隧道、高架线路等建（构）筑物的影响，定期对城市轨道交通进行安全性检查和评价，发现安全隐患的，应当及时排除；

（四）建立应急救援队伍，配齐应急人员，完善应急值守和报告制度，加强应急培训，提高应急救援能力。

第二十二条　市公安机关应当会同市轨道交通部门依法制定违禁物品、限带物品目录，并向社会公布。城市轨道交通经营单位应当在车站醒目位置采取张贴等方式，方便乘客了解违禁品、限带物品目录。

城市轨道交通经营单位应当设置必要的安全检查设施，依法对乘客及其携带的物品进行安全检查，发现违禁品、管制物品的，应当按照有关规定处置。对携带限带物品或者拒绝检查的乘客，城市轨道交通经营单位应当拒绝其进站乘车；强行进站乘车的，应当立即制止并报告公安机关依法处理。

鼓励城市轨道交通与其他交通运输方式实现安检互认，提高安检通行效率。

第二十三条 禁止实施以下危害城市轨道交通设施设备安全的行为：

（一）擅自在城市轨道交通线路上铺设平交道口、平交人行道；

（二）擅自移动、遮盖、损坏安全消防警示标志、疏散导向标志、监测设备以及安全防护设施；

（三）损坏隧道、轨道、路基、高架、车站、通风亭、冷却塔、变电站、管线、护栏护网等城市轨道交通设施设备；

（四）损坏车辆、机电、电缆、自动售检票等城市轨道交通设备，干扰通信信号、视频监控设备等系统；

（五）擅自在高架桥梁及附属结构上钻孔打眼，搭设电线或者其他承力绳索，设置附着物；

（六）擅自利用城市轨道交通桥墩或者桥梁进行施工，在过河、湖隧道安全保护区范围水域内抛锚、拖锚；

（七）其他危害城市轨道交通设施设备安全的行为。

第二十四条 禁止实施以下危害或者可能危害城市轨道交通运营安全的行为：

（一）在城市轨道交通地面线路和高架线路轨道两侧修建妨碍行车瞭望的建（构）筑物，或者种植妨碍行车瞭望的树木；

（二）强行上下车，非法拦截列车或者阻碍列车正常运行；

（三）攀爬或者跨越城市轨道交通围栏、护栏、护网、站台门、闸机等；

（四）向城市轨道交通线路、列车以及其他设施投掷物品；

（五）擅自进入轨道、隧道以及其他禁入区域；

（六）在车站或者车厢内使用助力车、电瓶车（不包括残疾人助力车）、滑板、溜冰鞋等，或在运行的自动扶梯上逆行、推挤、嬉戏打闹；

（七）擅自操作有警示标志的按钮、开关装置，非紧急状态下动用紧急或者安全装置；

（八）在出入口、通风亭五十米范围内存放有毒、有害、易燃、易爆、放射性和腐蚀性等物品；

（九）在出入口、通风亭、变电站、冷却塔外侧五米范围内堆放和晾晒物品、停放车辆、摆设摊点、候车拉客以及其他妨碍乘客通行或者救援疏散的行为；

（十）在地面线路或者高架线路两侧各一百米范围内升放风筝、气球等低空飘浮物体和无人机等低空飞行器；

（十一）其他危害或者可能危害城市轨道交通运营安全的行为。

第二十五条 在运营过程中出现下列情况的，城市轨道交通经营单位应当开展以下工作：

（一）因节假日、大型群众活动等原因引起客流上升的，及时增加运力，疏导乘客；

（二）在城市轨道交通客流激增，严重影响运营秩序，可能危及运营安全的情况下，及时采取限制客流的临时措施；

（三）经采取限制客流措施仍无法保证运营安全的，及时停止城市轨道交通线路部分区段或全线运营，及时发布公告并向市轨道交通部门报告。

采取限制客流量、停运措施，造成客流大量积压的，市人民政府应当组织有关部门采取疏运等应对措施。

第二十六条 城市轨道交通建设和运营过程中发生自然灾害、安全事故或者其他突发事件时，城市轨道交通经营单位应当按照本单位相关应急预案组织力量开展应急抢险救援，疏散现场人员，防止事故扩大，减少人员伤亡和财产损失，同时报告有关部门。现场人员应当服从城市轨道交通经营单位工作人员的指挥。

城市轨道交通建设和运营过程中发生突发事件的，有关部门以及电力、通讯、供水、公交等单位应当按照相关应急预案的要求，立即组织调动相关应急救援队伍和社会力量进行应急处置、保障和抢险救援，及时抢救人员，修复受损的设施设备，协助城市轨道交通经营单位恢复城市轨道交通建设和运营。

涉及恐怖袭击、治安突发事件以及战时防袭行动的，公安机关、人民防空部门应当及时启动相关应急预案，并依法予以处置。

第六章 互联互通

第二十七条 为积极推动粤港澳大湾区轨道交通的互联互通，建设"轨道上的大湾区"，本市城市轨道交通线网规划编制时应当按照实际需要征求相关城市人民政府意见；本市城市轨道交通建设规划应当根据跨市城市轨道交通一体化规划或者衔接规划的要求，协调确定跨市线路规划方案后依法报批。

跨市城市轨道交通互联互通项目建设模式实行属地建设，项目建设技术标准全线统一。

第二十八条 跨市城市轨道交通线路应当在可行性研究报告编制前，由本市人民政府与相关城市人民政府共同协商确定城市轨道交通经营单位和牵头负责运营监督管理的主体。

本市城市轨道交通经营单位应当与相关城市轨道交通经营单位，协商建立健全跨区域联动的乘客服务标准和协调机制，定期互通运营信息，确保城市轨道交通一码通行、衔接线路安全有序运营。

第二十九条 本市人民政府相关部门应当会同相关城市人民政府有关部门，共同制定跨市城市轨道交通协同处置应急预案，并建立应急合作机制。

第七章　法律责任

第三十条 有关部门工作人员、城市轨道交通经营单位依授权执法的工作人员，在城市轨道交通管理工作中玩忽职守、滥用职权、徇私舞弊的，依法给予处分；构成犯罪的，依法追究刑事责任。

第三十一条 违反本条例规定的有关行为，法律法规已有处罚规定的，从其规定。

第三十二条 违反本条例第十四条第四款规定，城市轨道交通经营单位未建立城市轨道交通安全保护区巡查制度或者未按规定组织巡查的，由市轨道交通部门责令改正；逾期未改正的，处一万元以上十万元以下罚款。

第三十三条 城市轨道交通经营单位违反本条例第十七条有关规定的，由市轨道交通部门责令限期改正；逾期未改正的，处一万元以下罚款：

（一）违反第五项规定，未规范提供乘客遗失物招领服务的；

（二）违反第八项规定，未定期对设置的广告设施开展安全检查的。

第三十四条 违反本条例第十九条相关规定，影响城市轨道交通公共场所容貌、环境卫生的，由城市轨道交通经营单位责令改正，视情节轻重处以警告，并处以五十元以上二百元以下罚款：

（一）违反该条第（一）项规定擅自堆放杂物、摆设摊档、派发印刷品的；

（二）违反该条第（三）项规定随意刻划、涂画、张贴、悬挂物品的。

第三十五条 城市轨道交通经营单位存在以下情形之一的，由市轨道交通部门责令改正、给予警告，并可处一千元以上一万元以下罚款：

（一）违反本条例第二十二条第二款规定，未按规定对乘客及其携带的物品进行安全检查的；

（二）违反本条例第二十五条第一款规定，未及时采取增加运力、疏导乘客、限制客流、停运或者疏运等措施的。

第八章 附 则

第三十六条 本条例所称城市轨道交通设施设备，包括城市轨道交通的路基、轨道、隧道、高架道路（含桥梁）、车站（含出入口、通道）、通风亭、车辆基地及控制中心、站场、车辆、机电设备、供电系统、通信信号系统及其附属设施等。

本条例所称综合体，是指与城市轨道交通同步建设的城市轨道交通场站上盖以及与城市轨道交通场站整体相连的项目，包括城市轨道交通站点，城市轨道交通车辆基地，出入口、通风亭等附属工程，以及站前广场、绿地、道路等公共设施、与城市轨道交通站点相连的地下空间等涉及城市轨道交通安全保护、交通衔接工程。

第三十七条 本条例自 2023 年 7 月 1 日起施行。

附录二

佛山市城市轨道交通管理条例
（征求意见稿）

第一章　总　则

第一条【立法目的】　为了规范城市轨道交通管理，保障城市轨道交通建设和运营安全，维护乘客合法权益，促进城市轨道交通事业持续健康发展，根据有关法律、法规，结合本市实际，制定本条例。

第二条【适用范围】　本条例适用于本市行政区域内城市轨道交通的规划、建设、运营、综合开发及相关的管理活动。

本条例所称城市轨道交通，是指地铁、轻轨、有轨电车等城市轨道公共客运系统。

本条例所称城市轨道交通设施包括城市轨道交通的路基、轨道、隧道、高架道路（含桥梁）、车站（含出入口、通道）、通风亭、车辆段及控制中心、站场、车辆、机电设备、供电系统、通信信号系统及其附属设施等。

第三条【基本原则】　城市轨道交通应当遵循政府主导、统一规划、统筹建设、安全运营、优质服务、广佛协同的原则。

第四条【政府职责】　市人民政府统一领导本市城市轨道交通管理工作，建立健全城市轨道交通综合协调机制，统筹解决城市轨道交通规划、建设、运营、综合开发、保护区管理等重大事项。

城市轨道交通沿线各区人民政府负责落实城市轨道交通线路沿线用地的规划控制管理、项目用地红线范围内征地拆迁、与项目建设运营有关的安全生产属地管理责任，督促区级相关职能部门履行国家法律、法规赋予的相关行政职能。

第五条【部门职责】　轨道交通部门负责本市城市轨道交通建设、运营的监督管理工作，组织实施本条例。

发展改革、财政、自然资源、住房和城乡建设、交通运输、公安、民政、应急管理、生态环境、市场监管、卫生健康、城市管理与综合执法、水利、航道、海事等部门应当依据各自职能范围做好城市轨道交通的相关管理工作，协同实施本条例。

第六条【广佛协同发展】 广佛城市轨道交通互联互通应当按照整合规划、统筹建设、贯通运营、协同运输的原则，加强轨道交通一体化协调，实现两市城市轨道交通在网络、功能、服务、体制等方面的协同发展。

第七条【城市轨道交通经营单位】 城市轨道交通经营单位由市人民政府依法确定，负责城市轨道交通建设、运营等工作。

城市轨道交通经营单位依照本条例有关授权，对保护区管理、城市轨道交通设施的保护、城市轨道交通范围内公共场所运营秩序和容貌、环境卫生的维护以及安全应急等公共事务实施行政管理和行政处罚。

城市轨道交通经营单位应当确定本单位的专门机构具体负责行政管理和行政处罚工作。执法人员依照《广东省行政执法责任制条例》规定的条件任用，并持有效执法证件执法。市轨道交通部门应当加强对城市轨道交通经营单位行政管理、行政处罚的指导、评查。

第八条【资金与政策保障】 市人民政府设立轨道交通发展专项资金，用于保障城市轨道交通建设投入和运营补亏；轨道交通发展专项资金的筹集与使用遵照"政府主导、市场运作、多元筹资"原则，具体办法由市人民政府制定。

市人民政府财政和审计部门应当按照各自职责对轨道交通发展专项资金实施监督管理。

城市轨道交通的建设和运营按照国家、省、市有关规定享受政策支持。

第九条【综合开发】 经市人民政府批准，城市轨道交通经营单位在城市轨道交通及其配套设施用地范围内进行综合开发的，可按作价出资、协议出让等方式取得土地使用权。具体办法由市人民政府制定。

经市人民政府批准，城市轨道交通经营单位依据综合开发规划方案开展土地综合开发活动，并依法享有广告、商业、物业等资源的综合开发经营权。

城市轨道交通综合开发应当与城市轨道交通工程同步规划、同步设计；结构不可分割、工程必须统一实施的项目应当与城市轨道交通工程同步建设。

城市轨道交通综合开发收益应当纳入轨道交通发展专项资金，用于轨道交通建设与运营。

第十条【信息化建设】 城市轨道交通行业应当加强信息化建设，在项目规划设计、建设管理、运营服务等过程中广泛应用物联网、云计算、大数据等现代信息技术，提升城市轨道交通行业管理与公共服务的智能化水平。

市轨道交通部门应当统筹全市城市轨道交通信息化建设工作，结合实际编制城市轨道交通信息化建设总体规划，报市人民政府批准后实施。

城市轨道交通经营单位负责信息化系统的建设、运用，所需经费由城市轨道交通发展专项资金予以保障。

第十一条【社会参与】 社会公众应当自觉遵守城市轨道交通管理规定，对违反城市轨道交通管理规定的行为，有权进行劝阻、投诉、举报。

供电、供水、排水、供气、通信等相关单位，应当保障城市轨道交通建设和运营的正常需要。

第十二条【宣传教育】 市、区人民政府有关部门、城市轨道交通经营单位以及报刊、广播、电视、互联网等媒体，应当开展轨道交通安全、设施维护、文明出行等方面的公益宣传。

第二章 规划与建设

第十三条【规划编制的一般要求】 城市轨道交通规划应当依据国民经济和社会发展规划、国土空间规划、珠三角城际轨道交通网规划、城市综合交通规划和环境保护规划等编制，并与城市其他专项规划相衔接。

城市轨道交通规划包括线网规划、控制性规划、建设规划、基础配套设施规划、综合开发规划及相关专项规划。

城市轨道交通规划的编制，应当征求市人民政府相关部门、沿线区人民政府、社会公众以及专家等的意见。

经批准的城市轨道交通规划不得擅自变更；确需变更的，应当按照法定程序报批。

第十四条【规划编制】 市自然资源部门应当会同市轨道交通部门等有关部门根据国土空间总体规划、综合交通规划和城市发展需求组织编制与调整优化城市轨道交通线网规划，并按照法定程序报批。

市轨道交通部门应当会同市自然资源部门根据批准的城市轨道交通线

网规划，编制城市轨道交通线网控制性规划，并报市人民政府批准向社会公布。

市轨道交通部门应当会同市发展改革部门、城市轨道交通经营单位根据城市轨道交通线网规划组织编制城市轨道交通建设规划，并按照法定程序报批。

市交通运输部门负责编制与城市轨道交通项目配套的基础设施配套规划。

第十五条【广佛两市规划协调】 广佛两市城市轨道交通线网规划编制时应当同步做好广佛轨道交通一体化规划或者衔接规划，充分征求对方城市意见，统筹确定广佛区域线网总体技术方案后按规定分别报批，并将批准的线网规划纳入两市城市国土空间规划，作为城市轨道交通建设规划的编制依据。

广佛两市城市轨道交通建设规划应当根据广佛轨道交通一体化规划或者衔接规划的要求，协调确定跨市线路规划方案后分别报批，协通推进广佛两市互联互通线路建设。

第十六条【站点综合体规划】 站点综合体规划依据目的、内容、时序不同，依次分为综合开发总体策略研究、综合开发规划和综合体概念方案。

市轨道交通部门、市自然资源部门分别负责编制综合开发总体策略研究、综合开发规划。城市轨道交通经营单位负责编制车辆段、停车场、控制中心的综合体概念方案，其余站点的综合体概念方案由各区人民政府组织相关单位负责编制。

站点综合体规划编制完成后应当组织专家评审，并按规定报批或报备。

前款所称站点综合体，是指与轨道交通同步建设的轨道交通场站上盖以及与轨道交通场站整体相连的项目，包括轨道交通站点，轨道交通停车场、车辆段等车辆基地，出入口、通风亭等附属工程，以及站前广场、绿地、道路等公共设施、与轨道交通站点相连的地下空间等涉及轨道交通控制保护、交通衔接工程。

第十七条【交通衔接】 城市轨道交通规划应当合理安排城市轨道交通不同线路之间，城市轨道交通与铁路、航空、公路和城市其他公共交通之间的换乘衔接，按照科学合理、疏密有度、高效便捷的原则设置站点，并预留公共设施和紧急疏散用地。

第十八条【用地保障与供给】 市自然资源部门应当按照城市轨道交

通规划实施城市轨道交通及其配套设施用地的控制管理，优先安排城市轨道交通建设用地，并监督城市轨道交通沿线各区人民政府做好轨道交通线路沿线用地的规划控制管理工作。

城市轨道交通及其配套设施用地，未经法定程序调整，不得改变其用途。

第十九条【周边用地供给】 城市轨道交通沿线及设施周边用地尚未出让或者划拨的，市自然资源部门应当将整体设计要求纳入规划条件；已经出让或者划拨的建设项目，因城市轨道交通出入口、风亭、冷却塔等设施以及地下空间整体设计造成建筑面积增加的，可不计入土地出让合同约定或者规划条件规定的容积率计算范围。

第二十条【用地便利】 城市轨道交通建设使用地表、地上、地下空间时，其范围内及相邻的建筑物、构筑物、市政管线和土地的所有权人、使用权人应当提供必要的便利。

第二十一条【工程建设一般要求】 城市轨道交通工程建设应当遵守有关质量安全管理的法律、法规、规章，符合技术标准和规范的要求，落实企业主体责任，强化部门监管职责。

市、区人民政府相关部门依职责分工实施投融资管理、招投标管理、勘察设计管理、质量安全监督、造价监督、诚信管理、廉政监督等，具体办法由市人民政府制定。

第二十二条【经营单位建设责任】 城市轨道交通建设阶段，城市轨道交通经营单位应当履行下列职责：

（一）严格履行基本建设程序，严格执行工程发包承包法律法规制度，依法将工程发包给具备相应资质的勘察、设计、施工、监理等单位；

（二）履行质量管理职责，健全工程项目质量管理体系；

（三）全面落实安全生产和文明施工主体责任；

（四）推行施工过程结算，按照国家有关规定按时支付经费，并确保农民工工资支付；

（五）按规定组织实施交通疏解、绿化迁移及管线迁改等工作，负责城市轨道交通建成后道路和相关设施的恢复；

（六）严格工程竣工验收，建立质量终身责任信息档案；

（七）按规定办理竣工财务决算和固定资产移交手续；

（八）法律法规规定或者合同约定的其他责任。

第二十三条【既有设施保护】 城市轨道交通工程建设期间，城市轨道交通经营单位应当对城市轨道交通沿线已有建（构）筑物和供电、供水、排水、输油、输气、通信等设施进行调查、记录和动态监测，并采取相应安全保护措施，减少对上述设施的影响。造成损失的，应当承担相关法律责任。涉及需要查阅、复制相关档案资料的，有关部门、单位应当提供便利。

城市轨道交通经营单位在已有建（构）筑物和供电、供水、排水、输油、输气、通信等设施资料不全或者缺失的地段勘察、施工，相关部门和单位应当配合，并派员现场指导，避免造成已有建（构）筑物和设施的损坏。

第二十四条【验收、试运营与档案资料移交】 城市轨道交通工程验收、试运行、初期运营、正式运营按照国家和省有关规定执行。

城市轨道交通经营单位应当按照规定，向城乡建设档案管理部门移交完整的建设工程档案资料。

第二十五条【广佛互联互通项目建设】 广佛城市轨道交通互联互通项目建设模式按照属地建设、统一协调的原则确定，项目建设技术标准及要求实行全线统一。续建项目的机电设备、车辆应当与已建工程保持技术标准、制式、维护操作界面、设备界面等保持系统兼容。

必要时经双方协调同意，广佛城市轨道交通互联互通项目也可以采取代建或者其他建设管理模式。

第三章 保护区管理与设施保护

第二十六条【规划控制】 城市轨道交通线网控制性规划范围内，自然资源部门在办理土地出让或者划拨手续和建设工程规划许可、住房和城乡建设部门在办理建设工程施工许可时，应当书面征求轨道交通部门的意见。

城市轨道交通线网控制性规划范围内的建设项目禁止采用锚索、锚杆施工工艺。

第二十七条【保护区范围】 城市轨道交通初步设计批复后，市轨道交通部门应当划定城市轨道交通线路安全保护区，并依法向社会公布。

轨道交通安全保护区范围如下：

（一）地下车站与隧道结构外边线外侧50米内。

（二）车辆基地、地面和高架车站以及线路轨道的结构外边线外侧30

米内。

（三）出入口、通风亭、控制中心、变电站、集中供冷站等建筑物、构筑物结构外边线外侧 10 米内。

（四）城市轨道交通过江隧道（轨道中心线）两侧各 100 米范围内。

城市轨道交通项目开工建设后，需要调整安全保护区范围的，市轨道交通部门应当会同城市轨道交通经营单位根据线路实际情况及时调整并重新公布。

第二十八条【设置警示标志标牌】 城市轨道交通经营单位应当在城市轨道交通安全保护区内设置安全警示标志或标牌。

任何单位和个人不得毁坏或者擅自移动安全警示标志或标牌。

第二十九条【保护区作业要求】 在城市轨道交通安全保护区内确需进行下列作业的，作业单位应当按照相关规定制定轨道交通专项施工方案和安全防护方案，征得城市轨道交通经营单位同意后，方可办理用地规划许可、工程规划许可、施工许可等相关手续，并对施工过程实施动态安全监控：

（一）新建、改建、扩建或者拆卸建筑物、构筑物；

（二）钻探、桩基础、降水、爆破、基坑开挖、取土、顶进等施工；

（三）修建塘堰、开挖河道水渠、疏浚河道、采石挖沙、打井取水；

（四）敷设、埋设管线或者设置跨线等架空作业；

（五）大面积增加或者减少荷载等活动；

（六）其他可能影响城市轨道交通安全的作业。

出现危及城市轨道交通安全情形时，作业单位应当立即停止作业，并采取补救措施，并同时报告对该作业行为负有行业监管职责的部门和城市轨道交通经营单位。施工过程中对城市轨道交通设施设备造成损坏的，城市轨道交通经营单位应当负责按照原技术标准恢复，所需费用由作业单位承担。

在城市轨道交通安全保护区内未办理用地规划许可、工程规划许可、施工许可等相关手续进行违法作业的，城市管理和综合执法部门应当依法及时查处。城市轨道交通经营单位发现违法作业的，应当及时向城市管理和综合执法部门报告。

第三十条【封闭管理】 城市轨道交通地面线路、车辆基地应当实行全封闭管理，道路、铁路等通行需要除外。

高架线路下部空间应当设置隔离设施或者按照隔离要求进行绿化。因公共利益需要使用高架线路下部空间的，不得影响城市轨道交通运营安全。

第三十一条【与其他交通的协调管理】 船舶通过城市轨道交通桥梁应当符合桥梁的通航净空高度并遵守航行规则。桥区航标中的桥梁航标、桥柱标、桥梁水尺标由城市轨道交通经营单位负责设置、维护，水面航标由市航道管理部门负责设置、维护。

下穿城市轨道交通桥梁、涵洞的道路应当按照国家标准设置车辆通过限高、限宽标志和限高防护架。公路、城市道路的限高、限宽标志和限高防护架由城市轨道交通经营单位负责设置、维护，市交通运输部门应当予以协助和配合。机动车通过下穿城市轨道交通桥梁、涵洞的道路，应当遵守限高、限宽规定。

第三十二条【巡线管理】 城市轨道交通经营单位应当建立健全轨道交通安全保护区巡查制度，组织日常巡查。对广佛一体化轨道交通安全保护区巡线，城市轨道交通经营单位应当加强与广州市相关部门的协同配合。

市轨道交通部门可以结合实际指定相关单位开展城市轨道交通线网控制性规划范围内的巡线管理工作，协助沿线区人民政府做好沿线用地的规划控制管理。

第三十三条【巡线单位职权】 城市轨道交通经营单位在日常巡查中有权进入城市轨道交通安全保护区范围内作业单位的施工现场查看，有关单位和个人应当予以配合并提供便利。

城市轨道交通经营单位发现作业单位的施工活动危及或者可能危及城市轨道交通设施安全的，应当要求作业单位立即停止作业并采取相应的安全措施或者应急措施。

第四章 运营服务与管理

第三十四条【制度建设】 城市轨道交通经营单位应当建立健全运营管理制度，做好城市轨道交通设施检查维护工作，确保其正常运行和使用。

城市轨道交通经营单位应当建立公共卫生管理制度，落实有关卫生管理、疫情防控等措施，保证车站（含出入口、通道）、车厢等公共场所的空气质量和卫生状况符合国家卫生标准。

城市轨道交通经营单位应当制定城市轨道交通运营服务规范，为乘客提供安全、便捷的客运服务。

第三十五条【标志设置】 城市轨道交通经营单位应当保持出入口、

通道的畅通，根据国家有关标准的要求，设置安全、消防、疏散等各类指引导向标志。城市轨道交通经营单位设置导向标志时，周边物业的所有人、使用人应当予以配合。

城市轨道交通经营单位应当在车站醒目位置公布首末班车行车时间、列车运行状况提示和换乘指示。

第三十六条【经营单位义务】 城市轨道交通经营单位应当采取以下措施，保障轨道交通安全有序、规范运营，提升服务质量：

（一）向社会公布运营服务质量承诺，报市轨道交通部门备案，并定期报告履行情况。

（二）使用符合国家规定的轨道交通设施设备和综合监控系统，并定期进行维护、保养和检查。

（三）合理配置岗位工作人员，维护车站和列车内秩序，及时有序疏导客流。

（四）合理设置人工售票窗口、自动售票设备，规范、便捷提供售票、检票服务。

（五）提供乘客遗失物招领服务，及时发布遗失物招领信息，并依法处理无人认领的遗失物。

（六）列车因故延误的，应当及时向乘客告知；调整首末班车行车时间的，应当提前一周向社会公布。

（七）法律、法规、规章规定的其他义务。

第三十七条【工作人员要求】 城市轨道交通经营单位工作人员应当具备与其岗位相适应的专业知识和技能。列车驾驶员、行车调度员、行车值班员、信号工、通信工等重点岗位工作人员，必须经考核合格，通过安全背景审查后，方可持证上岗。城市轨道交通经营单位进行安全背景审查时，公安机关应当予以协助。

城市轨道交通经营单位应当加强对重点岗位工作人员和参与救援工作人员的定期培训，并进行考核。

第三十八条【票务管理】 城市轨道交通票价实行政府定价，票价的确定和调整应当广泛征求、听取公众意见，并与本市其他公共交通的票价相协调。

市人民政府应当制定并公布票价优惠实施办法，对符合规定的乘客实行免票或者优惠票价，并优化相关办理程序。

广佛一体化轨道交通线路的票价及其优惠政策，应当与广州市相关政策衔接协同。

第三十九条【乘车管理】 市轨道交通部门应当会同有关部门制定城市轨道交通乘客守则，并向社会公布。广佛一体化轨道交通乘客守则由广州、佛山两市相关主管部门共同制定。

乘客应当持有效车票乘车，验票进出站。无票、持无效车票、逃票、冒用他人优惠乘车票证乘车的，由城市轨道交通经营单位按单程最高票价收取票款。

城市轨道交通因故障不能正常运行且无法及时恢复的，乘客有权要求城市轨道交通经营单位按照原价退还票款。

乘客应当自觉遵守乘客守则，文明乘车。拒不遵守的，城市轨道交通经营单位有权制止、劝阻。

第四十条【环境与卫生】 禁止下列影响城市轨道交通公共场所容貌、环境卫生的行为：

（一）在车站、站台或者其他城市轨道交通设施内停放车辆、堆放杂物或者未经许可摆设摊档、派发印刷品；

（二）在车站、站台、列车或者其他城市轨道交通设施内随地吐痰、便溺、吐口香糖、乱扔果皮、纸屑等废弃物；

（三）在车厢或者其他城市轨道交通设施上乱刻、乱写、乱画、乱张贴、悬挂物品；

（四）携带宠物、家禽等动物乘车，执行任务的军警犬以及盲人乘车时携带的导盲犬除外；

（五）在禁止吸烟区域内吸烟；

（六）在车站、站台或者其他城市轨道交通设施内乞讨、卖艺、捡拾垃圾；

（七）其他影响城市轨道交通公共场所容貌、环境卫生的行为。

第四十一条【商业活动管理】 车站商业网点的设置应当符合轨道交通车站设计方案，不得影响轨道交通运营安全。禁止在车站出入口、站台及通道设置商业网点，禁止在车站、站台或者其他城市轨道交通设施内擅自推销产品或者从事营销活动。

城市轨道交通车站、车辆的广告设置应当合法、规范、安全，不得影响车站、车辆标志的识别，不得影响轨道交通运营安全和服务设施的使用。城市轨道交通经营单位应当定期对其进行安全检查。

在城市轨道交通设施范围内拍摄电影、电视剧或者广告等，应当经城市轨道交通经营单位同意,并不得影响轨道交通运营安全。

第四十二条【投诉举报】 城市轨道交通经营单位应当建立投诉受理与反馈制度,公布投诉电话,接受乘客对违反运营服务规范行为的投诉。

城市轨道交通经营单位应当自受理投诉之日起七个工作日内作出答复。乘客对答复有异议的,可以向市轨道交通部门申诉。市轨道交通部门应当自受理乘客申诉之日起十五个工作日内作出答复。

城市轨道交通经营单位应当将乘客投诉及处理情况汇总,定期向市轨道交通部门报告。

第四十三条【服务质量监管】 城市轨道交通经营单位应当根据运营要求、客流量变化等情况编制和调整运行计划,报送市轨道交通部门备案。

市轨道交通部门应当制定运营服务质量评价方案,对城市轨道交通经营单位服务质量进行年度监督考评,并将考评结果向社会公布。

第四十四条【广佛运营互通协调机制】 广佛两市应当建立健全跨区域联动的乘客服务标准和协调机制,定期互通运营信息,确保两市城市轨道交通一码通行、衔接线路安全有序运营。

第四十五条【广佛一体化轨道交通运营主体】 广佛一体化城市轨道交通线路应当在可行性研究报告编制前,市人民政府依照"贯通运营"的原则与广州市人民政府协商,确定城市轨道交通运营单位和牵头负责运营安全监督管理的主体。

第五章 安全与应急管理

第四十六条【安全职责】 城市轨道交通经营单位依法承担城市轨道交通建设和运营安全生产主体责任,设置专门安全生产管理机构,建立健全安全生产管理制度,配备专职安全管理人员,保障安全运营所需的资金投入;推进安全风险分级管控与隐患排查治理双重预防机制;落实安全生产、消防安全、三防等责任和措施,定期组织开展安全综合检查和专项检查,确保城市轨道交通建设和运营安全。

第四十七条【安全配备】 城市轨道交通经营单位应当严格按照消防管理、事故救援的规定,在城市轨道交通车站及车厢内按国家相关标准配置消防、报警、救援、疏散照明、防汛、防爆、防毒、防护监视等器材、设备,并定期检查、维护、更新,保证其完好有效。

第四十八条【安全监测】 城市轨道交通经营单位应当对城市轨道交

通设施设备、高风险路段采取技术保护和监测措施，评估城市轨道交通运行对车站、隧道、高架线路等建筑物、构筑物的影响，定期对城市轨道交通进行安全性检查和评价，发现隐患的，应当及时排除。

城市轨道交通经营单位巡查、检查时，有关单位或个人应当予以配合。

第四十九条【治安检查】 市公安机关应当会同市轨道交通部门制定违禁物品、限带物品目录，并向社会公布。

城市轨道交通经营单位应当以方便乘客了解的方式明示禁止、限制携带物品目录，设置必要的安全检查设施，按照规定对乘客及其携带的物品进行安全检查，乘客应当予以配合。乘客拒不配合的，轨道交通经营单位可以拒绝其进站、乘车；发现违禁品、管制物品、涉嫌违法犯罪人员，应当按照有关规定报告公安机关。

第五十条【禁止危害交通设施安全】 禁止下列危害城市轨道交通设施安全的行为：

（一）擅自在城市轨道交通线路上铺设平交道口、平交人行道；

（二）擅自移动、遮盖、损坏安全消防警示标志、疏散导向标志、测量设施及安全防护等设施；

（三）擅自操作有警示标志的按钮、开关装置，非紧急状态下动用紧急或者安全装置；

（四）损坏城市轨道交通设施、设备；

（五）在城市轨道交通地面线路和高架线路轨道两侧修建妨碍行车瞭望的建（构）筑物，或者种植妨碍行车瞭望的树木；

（六）在通风口、车站出入口五十米范围内存放有毒、有害、易燃、易爆、放射性和腐蚀性等物品；

（七）在车站出入口、通风亭、变电站、冷却塔外侧五米范围内堆放和晾晒物品、停放车辆、摆设摊点、候车拉客及其他妨碍乘客通行和救援疏散的行为；

（八）在地面或者高架线路两侧各一百米范围内升放风筝、气球等低空飘浮物体和无人机等低空飞行器；

（九）擅自利用城市轨道交通桥墩或者桥梁进行施工，在过河、湖隧道安全保护区范围水域内抛锚、拖锚；

（十）其他危害城市轨道交通设施安全的行为。

第五十一条【禁止危害运营安全】 禁止下列影响城市轨道交通运营安全的行为：

（一）故意干扰城市轨道交通专用通讯频率；

（二）非法拦截列车或者阻碍列车正常运行；

（三）攀爬或者跨越城市轨道交通围栏、护栏、护网、站台门、闸机等；

（四）向轨道交通线路、列车以及其他设施投掷物品；

（五）擅自进入轨道、隧道及其他禁入区域；

（六）在车站或者车厢内使用助力车、电瓶车（不包括残疾人助力车）、滑板、溜冰鞋等；

（七）在运行的自动扶梯上逆行、推挤、嬉戏打闹；

（八）其他影响城市轨道交通运营安全的行为。

第五十二条【应急预案】 轨道交通部门应当会同有关部门按照有关规定，结合本地区城市轨道交通实际情况，制定城市轨道交通建设、运营突发事件专项应急预案，报同级人民政府批准后实施，并定期组织开展应急演练。

城市轨道交通经营单位应当制定本单位的综合应急预案、专项应急预案和现场处置方案，与政府相关应急预案相互衔接，并报应急管理部门和轨道交通部门备案。城市轨道交通经营单位应当按照相关规定组织应急演练。

涉及广佛互联互通的城市轨道交通线路，两市政府相关部门应当制定组织协同处置应急预案，并建立应急合作机制。

第五十三条【应急物资与队伍建设】 城市轨道交通经营单位应当建立应急救援队伍，配备专业应急救援装备，配齐应急人员，储备必要的应急物资，完善应急值守和报告制度，加强应急培训，提高应急救援能力。

市应急管理部门应当对城市轨道交通经营单位应急救援队伍开展专业技能培训，指导建立健全应急救援体系。

第五十四条【信息收集与发布】 自然资源、水务、气象、地震等相关部门应当加强对洪涝、地质灾害、气象灾害、地震等信息的收集，并及时向社会公布或者告知城市轨道交通经营单位；城市轨道交通经营单位应当及时收集相关信息进行分析、研判，可能发生影响运营安全突发事件的，及时向社会发布灾害预警，并采取相应安全预防措施。

城市轨道交通经营单位应当建立信息发布制度，即时发布客流、运营状态等服务信息及突发事件应急中救援及接驳换乘等信息。

第五十五条【排障防灾】 因城市轨道交通设施发生故障或存在可能

影响轨道交通正常运营的自然灾害风险时，城市轨道交通经营单位应当及时排除故障、防范灾害。暂时无法恢复运营或排除灾害风险的，城市轨道交通经营单位应当关闭入口，并组织乘客及时疏散和换乘。

第五十六条【乘客限流】　因节假日、大型群众活动等原因引起客流上升的，城市轨道交通经营单位应当及时增加运力，疏导乘客。

在城市轨道交通客流激增，严重影响运营秩序，可能危及运营安全的情况下，城市轨道交通经营单位可以采取限制客流的临时措施。

经采取限制客流措施后仍无法保证运营安全的，城市轨道交通经营单位可以停止轨道交通线路部分区段或全线的运营，立即向市轨道交通部门报告，并及时通过广播、电子显示屏和新闻媒体向社会公告。

第五十七条【应急处置】　城市轨道交通发生自然灾害、安全事故或者其他突发事件时，城市轨道交通经营单位应当按照本单位相关应急预案组织力量迅速开展应急抢险救援，防止事故扩大，减少人员伤亡和财产损失，同时向市轨道交通、应急管理、公安等相关部门及消防救援机构报告。

城市轨道交通突发事件发生地区级人民政府应当按照相关应急预案，立即组织调动相关应急救援队伍和社会力量进行应急处置、保障和抢险救援，及时抢救人员，修复受损设施设备，协助城市轨道交通经营单位尽快恢复轨道交通建设、运营。

涉及恐怖袭击、治安突发事件以及战时防袭行动的，公安、人民防空指挥部门应当及时启动相应应急预案，依法予以处置。

第五十八条【事故处置】　城市轨道交通设施范围内发生人身伤亡事故的，城市轨道交通经营单位应当按照先抢救受伤者，及时排除障碍，在确保运营安全前提下恢复正常运行，后处理事故的原则处理，并按照规定及时向有关部门报告。

城市轨道交通经营单位应当保护现场，保留证据，维持秩序；有关部门接到报告后应当及时到达现场，依法进行处理。

第五十九条【事故认定】　城市轨道交通建设、运营中发生安全生产事故的，事故调查结论和事故责任由应急管理部门依照国家、省、市有关规定进行认定。

第六章　法律责任

第六十条【法律责任的提示性规定】　违反本条例规定，法律、法规、规章已有处理规定的，从其规定。

第六十一条【民事赔偿责任的提示性规定】 违反本条例规定造成城市轨道交通设施损毁或者其他经济损失的，除依法给予行政处罚外，还应当承担依法承担民事赔偿责任。

在运营过程中发生乘客伤亡的，城市轨道交通经营单位应当依法承担赔偿责任；但伤亡是由于乘客自身健康原因或者乘客故意、重大过失造成的除外。

第六十二条【安全保护区违建的法律责任】 违反本条例第二十九条第一款规定，作业单位未按照规范制订专项施工方案和安全防护方案的，由城市轨道交通经营单位责令限期改正，拒不改正的，处以一万元以上五万元以下罚款；

违反本条例第二十九条第二款规定，作业单位未立即停止作业并采取补救措施的，由城市轨道交通经营单位责令限期改正，对单位处以五万元以上十万元以下罚款，对个人处以五千元以上一万元以下罚款；造成安全事故的，依法承担法律责任。

第六十三条【巡线管理法律责任】 违反本条例第三十三条规定，作业单位拒绝城市轨道交通经营单位进入施工现场查看、拒不停止作业或者不采取相应的安全保护或者应急措施的，由城市轨道交通经营单位责令改正，并可处以一万元以上十万元以下罚款；造成安全事故的，依法承担法律责任。

第六十四条【安全管理法律责任一】 城市轨道交通运营单位存在下列情形之一的，由市轨道交通部门责令改正，并可处以五万元以上十万元以下罚款：

（一）违反本条例第三十一条规定，未能保持出入口通道畅通；未能保持各类指引导向标志、提示、指示完整、清晰、醒目的。

（二）违反本条例第四十九条规定，未在站内明示禁止、限制携带物品目录，或未对乘客及其物品实施安全检查的。

（三）违反本条例第五十四条规定，未即时发布客流、运营状态等服务信息或未及时发布灾害预警、运营突发事件、救援及接驳换乘信息的；

（四）违反本条例第五十六条规定，未在客流激增的情形下及时增加运力、疏导乘客或限制客流等措施的。

第六十五条【安全管理法律责任二】 城市轨道交通运营单位存在下列情形之一的，由市轨道交通部门责令改正，并处十万以上二十万元以下罚款：

（一）违反本条例第三十一条、第四十七条规定，未按规定对城市轨道交通设施、安全救援设备和综合监控系统定期开展检查、维护、更新的。

（二）违反本条例第三十七条规定，未对列车驾驶员、行车调度员、行车值班员、信号工、通信工等重点岗位从业人员进行安全背景审查，造成严重后果的；

（三）违反本条例第四十八条第一款规定，未按要求开展必要技术保护或实施安全监测、评估、安全性检查的，或者开展监测、评估或安全性检查发现隐患但未及时排除的。

（四）违反本条例第五十五条规定，未及时排除故障、防范灾害的；

（五）违反本条例第五十五条规定，未组织乘客疏散或换乘，造成严重后果的；

（六）违反本条例第五十七条规定，未在发生突发事件时及时组织力量开展救援的。

第六十六条【运营服务法律责任】　城市轨道交通经营单位违反本条例规定，有下列行为之一，由市轨道交通部门责令限期改正；逾期未改正的，处以一万元以上五万元以下的罚款：

（一）违反本条例第三十六条第（一）项规定，未向社会公布运营服务质量承诺或者定期报告履行情况的；

（二）违反本条例第三十六条第（四）项规定，未合理设置人工售票窗口、自动售票设备的；

（三）违反本条例第三十六条第（五）项规定，未规范提供乘客遗失物招领服务的；

（四）违反本条例第三十六条第（六）项规定，列车因故延误未及时向乘客告知，或者调整首末班车行车时间未提前一周向社会公布的；

（五）编制、调整运行计划未报市轨道交通部门备案，或者编制、调整运行计划影响服务质量的，未向市轨道交通部门说明理由的。

（六）未建立投诉受理制度，或者未及时处理乘客投诉并将处理结果反馈乘客的。

第六十七条【运营卫生法律责任】　违反本条例第三十六条规定，有下列情形之一的，由城市轨道交通经营单位责令停止违法行为，并可处以五百元以下罚款：

（一）在车站、站台或者其他城市轨道交通设施内停放车辆、堆放杂物

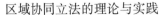

或者未经许可摆设摊档、派发印刷品的；

（二）在车站、站台、列车或者其他城市轨道交通设施内随地吐痰、便溺、吐口香糖、乱扔果皮、纸屑等废弃物的；

（三）在车厢或者其他城市轨道交通设施上乱刻、乱写、乱画、乱张贴、悬挂物品的；

（四）携带宠物、家禽等动物乘车的；

（五）在禁止吸烟区域内吸烟的；

（六）在车站、站台或者其他城市轨道交通设施内乞讨、卖艺、捡拾垃圾的；

（七）有其他影响城市轨道交通公共场所容貌、环境卫生行为的。

第六十八条【工作人员法律责任】　行政机关、轨道交通经营单位的工作人员在轨道交通管理工作中玩忽职守、滥用职权、徇私舞弊的，依法给予处分；构成犯罪的，依法追究刑事责任。

第七章　附　则

第六十九条【参照执行】　国家及省下放本市投资建设审批管理的铁路及城际轨道交通项目，国家、省没有相关管理规定的，参照本条例执行。

第七十条【生效时间】　本条例自　年　月　日起施行。

附录三

佛山市城市轨道交通管理条例（草案）

第一章　总　则

第一条【立法目的】　为规范城市轨道交通管理，保障城市轨道交通建设和运营安全，维护乘客合法权益，促进城市轨道交通事业持续健康发展，根据有关法律、法规，结合本市实际，制定本条例。

第二条【适用范围】　本条例适用于本市行政区域内城市轨道交通的规划、建设、运营、综合开发及相关的管理活动。

本条例所称城市轨道交通，是指采用专用轨道导向运行的城市公共客运交通系统，包括地铁、轻轨等城市公共交通系统。

本条例所称城市轨道交通设施，包括城市轨道交通的路基、轨道、隧道、高架道路（含桥梁）、车站（含出入口、通道）、通风亭、车辆段及控制中心、站场、车辆、机电设备、供电系统、通信信号系统及其附属设施等。

第三条【基本原则】　城市轨道交通应当遵循政府主导、统一规划、统筹建设、安全运营、优质服务、广佛协同的原则。

第四条【政府职责】　市人民政府统一领导本市城市轨道交通管理工作，建立健全城市轨道交通综合协调机制，统筹解决城市轨道交通规划、建设、运营、综合开发、保护区管理等重大事项。

城市轨道交通沿线各区人民政府负责落实城市轨道交通线路沿线用地的规划控制管理、项目用地红线范围内征地拆迁工作，协助做好城市轨道交通规划、建设、运营、综合开发、保护区管理等工作，并督促区有关部门依法履行安全生产监督管理职责。

城市轨道交通沿线各镇人民政府、街道办事处、园区管委会应当配合相关部门，协助做好本行政区域内城市轨道交通设施设备保护、应急抢险救援、综合开发保障及公众安全文明宣传教育等工作。

第五条【部门职责】 市轨道交通部门负责本市城市轨道交通建设和运营的监督管理工作，组织实施本条例。

自然资源、生态环境、住房和城乡建设、交通运输、水利、应急管理、城管执法等部门应当依据各自职能范围做好城市轨道交通的相关管理工作，协同实施本条例。

第六条【城市轨道交通经营单位】 城市轨道交通经营单位由市人民政府依法确定，负责城市轨道交通建设和运营等工作。

城市轨道交通经营单位依照本条例有关授权，对城市轨道交通设施的保护、城市轨道交通范围内公共场所运营秩序和容貌、环境卫生的维护以及安全保护区管理、安全应急等公共事务实施行政管理和行政处罚。

城市轨道交通经营单位应当确定本单位的专门机构具体负责行政管理和行政处罚工作。执法人员应依照《广东省行政执法责任制条例》规定的条件任用，并持有效执法证件执法。相关部门应当加强对城市轨道交通经营单位实施行政管理、行政处罚的指导和监督。

第七条【专项资金与政策保障】 市人民政府设立轨道交通发展专项资金，用于保障城市轨道交通建设投入和弥补运营亏损。轨道交通发展专项资金的筹集、使用与监管具体办法由市人民政府制定。

城市轨道交通的建设和运营按照国家、省、市有关规定享受政策支持。

第八条【信息化建设】 城市轨道交通行业应当加强信息化建设，在项目规划设计、建设管理、运营服务等过程中广泛应用物联网、云计算、大数据等现代信息技术，提升城市轨道交通行业管理与公共服务的智能化水平。市轨道交通部门负责统筹全市城市轨道交通信息化建设工作，结合实际编制城市轨道交通信息化建设总体规划，规范和指导城市轨道交通信息化建设。

城市轨道交通经营单位负责信息化系统的建设、运用，所需经费由轨道交通发展专项资金予以保障。

第九条【社会参与】 任何单位和个人应当自觉遵守城市轨道交通管理规定，对违反城市轨道交通管理规定的行为，有权进行劝阻、投诉、举报。

供电、供水、排水、供气、通信等相关单位，应当保障城市轨道交通建设和运营的正常需要。

第十条【宣传教育】 市、区人民政府有关部门以及城市轨道交通经营单位应当利用报刊、广播、电视、互联网等媒体，开展轨道交通安全、设施维护、文明出行等方面的公益宣传。

第二章 规划与建设

第十一条【规划编制的一般要求】 城市轨道交通规划应当依据国民经济和社会发展规划、国土空间规划、粤港澳大湾区发展规划纲要、珠三角城际轨道交通网规划、粤港澳大湾区城际铁路建设规划、城市综合交通规划和环境保护规划等进行编制，并与城市其他专项规划相衔接。

城市轨道交通规划包括线网规划、线网控制性规划、建设规划、基础配套设施规划及其他专项规划。

经批准的城市轨道交通规划不得擅自变更；确需变更的，应当按照法定程序报批。

第十二条【规划编制】 市自然资源部门会同市轨道交通部门等有关部门根据国土空间总体规划、综合交通规划和城市发展需求组织编制与调整优化城市轨道交通线网规划，并按照法定程序报批。

市轨道交通部门会同市自然资源部门根据批准的城市轨道交通线网规划编制城市轨道交通线网控制性规划，报市人民政府批准，并依法纳入城市控制性详细规划。城市轨道交通线网控制性规划的范围、编制程序等由市人民政府依法确定。

市轨道交通部门会同市发展改革部门、城市轨道交通经营单位根据城市轨道交通线网规划组织编制城市轨道交通建设规划，并按照法定程序报批。

市交通运输部门负责编制与城市轨道交通项目配套的交通衔接规划。

第十三条【交通衔接】 城市轨道交通规划应当合理安排城市轨道交通不同线路之间，城市轨道交通与铁路、航空、公路和城市其他公共交通之间的换乘衔接，按照科学合理、疏密有度、高效便捷的原则设置站点，并预留公共设施和紧急疏散用地。

城市轨道交通沿线各区人民政府应当做好城市轨道交通站点与站点周边道路、交通接驳、市政管网等配套设施的建设。

第十四条【规划控制】 自然资源部门在办理城市轨道交通线网控制性规划范围内建设项目建设工程规划许可时，应当审查建设工程设计方案是否违反城市轨道交通线网控制性规划，必要时可征求轨道交通部门意见。

在城市轨道交通线网控制性规划范围内，禁止采用锚索、锚杆等可能影响将来轨道工程建设的施工工艺。

第十五条【用地保障】 市自然资源部门应当按照城市轨道交通规划实施城市轨道交通及其配套设施用地的控制管理，优先安排城市轨道交通建设用地，并督促城市轨道交通沿线各区人民政府做好城市轨道交通线路沿线用地的规划控制管理工作。

城市轨道交通及其配套设施用地，未经法定程序调整，不得改变其用途。

第十六条【整体设计】 城市轨道交通的地下空间、出入口、通风亭、冷却塔、无障碍电梯等设施应当与周边建筑、环境整体设计。

涉及城市轨道交通沿线及设施周边用地在计划供地时，自然资源部门应当将城市轨道交通设计要求纳入规划条件；已经出让或者划拨的建设项目，因城市轨道交通出入口、通风亭、冷却塔等设施以及地下空间整体设计造成建筑面积增加的，可不计入土地出让合同约定或者规划条件规定的容积率计算范围。

第十七条【综合开发前期工作】 城市轨道交通场站及周边土地需要进行综合开发的，应当在开发前依据目的、内容、时序不同，依次编制综合开发总体策略研究、综合开发规划方案和综合体概念方案。

综合开发总体策略研究由市轨道交通部门负责编制；综合开发规划方案由市自然资源部门负责编制；车辆段、停车场、控制中心等设施的综合体概念方案由城市轨道交通经营单位负责编制，其余站点综合体概念方案由各区人民政府组织相关单位负责编制。

前款所称综合体，是指与轨道交通同步建设的轨道交通场站上盖以及与轨道交通场站整体相连的项目，包括轨道交通站点，轨道交通停车场、车辆段等车辆基地，出入口、通风亭等附属工程，以及站前广场、绿地、道路等公共设施、与轨道交通站点相连的地下空间等涉及轨道交通安全保护、交通衔接工程。

第十八条【综合开发实施】 综合开发用地由市人民政府重新核准规划条件后，采取招标、拍卖、挂牌等方式出让土地使用权；经市人民政府批准，可以按照规定采用作价出资等方式由城市轨道交通经营单位实施综合开发。

城市轨道交通经营单位结合城市轨道交通设施一并开发使用的其他地

表、地上、地下空间，符合划拨或者协议出让条件的，其用地与城市轨道交通设施用地由自然资源部门一并规划，依法办理相应土地划拨或者出让手续。

综合开发应当与城市轨道交通工程同步规划、同步设计，结构不可分割、工程必须统一实施的项目应当与城市轨道交通工程同步建设。

城市轨道交通经营单位依据综合开发规划及相关方案开展土地综合开发活动，依法取得广告、商业、物业等资源的综合开发经营权，其收益用于城市轨道交通建设和弥补运营亏损。

第十九条【经营单位建设责任】 城市轨道交通建设阶段，城市轨道交通经营单位应当履行下列职责：

（一）严格履行基本建设程序，执行工程发包承包法律法规制度；

（二）履行质量管理职责，健全工程项目质量管理体系；

（三）全面落实安全生产和文明施工主体责任；

（四）推行施工过程结算，按照国家有关规定按时支付经费，并确保农民工工资支付；

（五）按规定组织实施交通疏解、绿化迁移及管线迁改等工作，负责城市轨道交通建成后道路和相关设施的恢复；

（六）严格工程竣工验收，建立质量终身责任信息档案；

（七）法律、法规规定的其他责任。

第二十条【既有设施保护】 城市轨道交通建设使用地表、地上、地下空间时，其范围内及相邻建（构）筑物、道路、市政管线和土地的所有权人、使用权人应当提供必要的便利。

城市轨道交通工程建设期间，城市轨道交通经营单位应当对城市轨道交通沿线已有建（构）筑物、道路和供电、供水、排水、输油、输气、通信等设施进行调查、记录和动态监测，并采取相应安全保护措施，减少对上述设施的影响。造成损失的，应当承担相关法律责任。涉及需要查阅、复制相关档案资料的，有关部门、单位应当按有关规定提供便利。

城市轨道交通经营单位在已有建（构）筑物、道路和供电、供水、排水、输油、输气、通信等设施资料不全或者缺失的地段勘察、施工，有关部门和单位应当配合，并派员现场指导，避免造成已有建（构）筑物和设施的损坏。

第三章　保护区管理

第二十一条【保护区范围】　城市轨道交通初步设计批复后，城市轨道交通沿线应当设立城市轨道交通安全保护区，安全保护区范围包括：

（一）地下车站与隧道结构外边线外侧五十米内；

（二）车辆基地、地面和高架车站以及线路轨道的结构外边线外侧三十米内；

（三）出入口、通风亭、车辆段、控制中心、变电站、集中供冷站等建（构）筑物结构外边线外侧十米内；

（四）城市轨道交通过江隧道（轨道中心线）两侧各一百米范围内。

安全保护区的具体范围，由城市轨道交通经营单位提出方案，经市轨道交通部门会市自然资源部门审核后，报市人民政府批准并公布。

城市轨道交通项目开工建设后，需要调整安全保护区范围的，按照前款规定及时调整并重新公布。

第二十二条【设置警示标志、标牌】　城市轨道交通经营单位应当按照轨道交通安全保护要求，在具备条件的安全保护区内设置安全警示标志或标牌，并根据实际情况施划地面标识标线。沿线有关单位和个人应当予以配合并提供便利。

任何单位和个人不得毁坏、遮挡或者擅自移动安全警示标志或标牌，不得涂改、污损或者清除地面标识标线。

第二十三条【保护区作业要求】　在安全保护区内确需进行下列作业的，作业单位应当按照相关规定制定轨道交通专项施工方案和安全防护方案，并将方案以及项目设计图纸等相关资料报送城市轨道交通经营单位审查同意后，依法办理相关手续，并对施工过程实施动态安全监控：

（一）新建、改建、扩建或者拆卸建（构）筑物；

（二）钻探、桩基础、降水、爆破、基坑开挖、取土、顶进等施工；

（三）修建塘堰、开挖河道水渠、疏浚河道、采石挖沙、打井取水；

（四）敷设、埋设管线或者设置跨线等架空作业；

（五）大面积增加或者减少荷载等活动；

（六）电焊、气焊和使用明火等具有火灾危险作业；

（七）其他可能影响城市轨道交通安全的作业。

第二十四条【作业单位责任】　作业单位在安全保护区范围内作业出

现可能危及城市轨道交通安全情形时，应当立即停止作业，并采取补救措施，同时报告对该作业行为负有行业监管职责的部门和城市轨道交通经营单位。

恢复施工前，作业单位应当按照要求委托有资质的单位进行安全评估，经评估确定作业活动不会影响轨道交通安全的，方可继续施工。

第二十五条【巡查职责】　城市轨道交通经营单位应当建立健全安全保护区巡查制度，组织日常巡查。

城市轨道交通经营单位有权进入安全保护区内的作业现场，有关单位和个人应当予以配合并提供便利。

城市轨道交通经营单位发现作业危及或者可能危及城市轨道交通运营安全的，有权要求作业单位停止作业并采取相应的安全措施；发现作业单位在施工过程中对城市轨道交通设施设备造成损坏的，应当负责按照原技术标准及时恢复，所需费用由事故责任方承担；发现违法作业的，应当及时向相关主管部门和轨道交通部门报告。

第二十六条【巡线管理】　市轨道交通部门应当加强城市轨道交通线网控制性规划范围内的城市轨道交通线路的巡线管理和安全保护区的执法检查。

市轨道交通部门可以依法委托相关单位开展城市轨道交通线网控制性规划范围内的巡线管理工作，协助沿线区人民政府做好沿线用地的规划控制管理。

城市轨道交通沿线区、镇人民政府和街道办事处可以将安全保护区巡查工作纳入安全网格化管理，协助城市轨道交通经营单位做好轨道交通安全保护工作。

第二十七条【封闭管理】　城市轨道交通地面线路、车辆基地应当实行全封闭管理，道路、铁路等通行需要除外。

使用城市轨道交通高架线路桥下空间不得影响城市轨道交通运营安全，并预留高架线路桥梁设施日常检查、检测和养护维修条件。

第四章　运营与服务

第二十八条【制度建设】　城市轨道交通经营单位应当建立健全运营管理制度，做好城市轨道交通设施检查维护工作，确保其正常运行和使用。

第二十九条【标志设置】　城市轨道交通经营单位应当保持城市轨道

交通出入口、通道的畅通，根据国家有关标准的要求，设置出入口、安全、消防、疏散等各类指引导向标志。城市轨道交通经营单位设置出入口导向标志时，周边物业的所有人、使用人应当予以配合。

城市轨道交通经营单位应当在车站醒目位置公布首末班车行车时间、列车运行状况提示和换乘指示。

第三十条【经营单位义务】 城市轨道交通经营单位应当采取以下措施，保障轨道交通安全有序、规范运营，提升服务质量：

（一）向社会公布运营服务质量承诺，报市轨道交通部门备案，并定期报告履行情况；

（二）使用符合国家规定的轨道交通设施设备和综合监控系统，并定期进行维护、保养和检查；

（三）合理配置岗位工作人员，维护车站和列车内秩序，及时有序疏导客流；

（四）合理设置人工售票窗口、自动售票设备，提供规范、便捷售票、检票服务；

（五）提供乘客遗失物招领服务，及时发布遗失物招领信息，并依法处理无人认领的遗失物；

（六）根据运营要求、客流量变化等情况编制和调整运行计划，报送市轨道交通部门备案，并及时公布运营计划调整、换乘等服务信息；

（七）法律、法规规定的其他义务。

第三十一条【工作人员要求】 城市轨道交通经营单位工作人员应当具备与其岗位相适应的专业知识和技能。列车驾驶员、行车调度员、行车值班员、信号工、通信工、安检、安保等重点岗位工作人员，必须经考核合格，通过安全背景审查后，方可持证上岗。城市轨道交通经营单位对重点岗位工作人员进行安全背景审查时，公安机关应当予以协助。

城市轨道交通经营单位应当加强对重点岗位工作人员的定期培训，并进行考核。

第三十二条【商业活动管理】 车站商业网点的设置应当符合轨道交通车站设计方案，不得影响轨道交通运营秩序与安全。

城市轨道交通车站、车厢、隧道、站前广场等范围内设置广告应当合法、规范、安全，不得影响导向、提示、警示、运营服务等标识识别，不得影响轨道交通运营安全和服务设施的使用、检修。城市轨道交通经营单位应当定期对其进行安全检查。

在城市轨道交通设施范围内拍摄电影、电视剧或者广告等，应当经城市轨道交通经营单位同意，且不得影响轨道交通运营秩序与安全。

第三十三条【服务质量监管】　市轨道交通部门应当制定并公布轨道交通服务规范和轨道交通乘客守则，加强轨道交通安全宣传，指导和监督轨道交通运营活动。

市轨道交通部门应当制定运营服务质量评价方案，对城市轨道交通经营单位服务质量进行年度评价，评价报告应当提交市人民政府。市人民政府应当将评价报告向社会公布，并作为建立与运营安全和服务质量挂钩的财政补贴机制的决策依据。

第三十四条【环境卫生】　城市轨道交通经营单位应当建立公共卫生管理制度，落实有关卫生管理、疫情防控等措施，保证车站（含出入口、通道）、车厢等公共场所的空气质量和卫生状况符合国家卫生标准。

禁止下列影响城市轨道交通公共场所容貌、环境卫生的行为：

（一）在车站、站台、列车车厢或者其他城市轨道交通设施内停放车辆、堆放杂物，乘客自带符合规定的物品除外；

（二）在车站、站台、列车车厢或者其他城市轨道交通设施内未经许可摆设摊档、派发印刷品；

（三）在车站、站台、列车车厢或者其他城市轨道交通设施内随地吐痰、便溺、吐口香糖、乱扔果皮、纸屑等废弃物；

（四）在车站、站台、列车车厢或者其他城市轨道交通设施上刻划、涂画、张贴、悬挂物品；

（五）在车站、站台、列车车厢或者其他城市轨道交通设施内乞讨、卖艺、捡拾垃圾；

（六）在站台、列车车厢内饮食、大声喧哗，使用电子设备时外放声音；

（七）携带宠物、家禽等动物乘车，执行任务的军警犬以及盲人乘车时携带且采取保护措施的导盲犬除外；

（八）在禁止吸烟区域内吸烟；

（九）其他影响城市轨道交通公共场所容貌、环境卫生的行为。

第三十五条【乘车管理】　乘客应当持有效车票或者其他有效乘车凭证乘车，并按照城市轨道交通经营单位要求查验车票或者乘车凭证。无票、持无效车票或者无效乘车凭证、逃票、冒用他人乘车凭证或者持伪造车票、凭证乘车的，由城市轨道交通经营单位按出闸站线网单程最高票价收取票款。

城市轨道交通因故障不能正常运行且无法及时恢复的，乘客有权要求城市轨道交通经营单位按照当次购票金额退还票款。

第三十六条【票务管理】 城市轨道交通票价实行政府定价，票价的确定和调整应当广泛征求、听取公众意见，并保持城市轨道交通票价与地面常规公交票价合理的比价关系。

市轨道交通部门应当会同市价格主管部门制定票价优惠实施办法，报市人民政府批准后公布实施。城市轨道交通经营单位应当依照办法对乘客实行免票或者优惠票价，并优化相关办理程序。

第三十七条【投诉举报】 市轨道交通部门及城市轨道交通经营单位应当建立投诉受理与反馈制度，公布投诉电话，接受乘客对违反运营服务规范行为的投诉。

城市轨道交通经营单位应当自受理投诉之日起十日内作出答复。乘客对答复有异议的，可以向市轨道交通部门投诉。市轨道交通部门应当自受理乘客申诉之日起十日内作出答复。

城市轨道交通经营单位应当将乘客投诉及处理情况汇总，定期向市轨道交通部门报告。

第五章　安全与应急管理

第三十八条【安全职责】 城市轨道交通经营单位依法承担建设和运营安全生产主体责任，履行下列职责：

（一）建立健全安全生产管理制度，设置专门安全生产管理机构，配备专职安全管理人员，保障安全运营所需的资金投入；

（二）推进安全风险分级管控与隐患排查治理双重预防机制；

（三）落实安全生产、内部治安保卫、消防安全、反恐防暴等法定责任和措施，定期组织开展安全综合检查和专项检查。

第三十九条【安全配备】 城市轨道交通经营单位应当严格按照消防管理、事故救援的规定，在城市轨道交通车站及车厢内按国家相关标准配置消防、报警、救援、疏散照明、防汛、防爆、防毒、防护监视等器材、设备，并定期检查、维护、更新，保证正常使用。

第四十条【安全监测】 城市轨道交通经营单位应当对城市轨道交通沿线采取技术保护和监测措施，评估城市轨道交通运行对车站、隧道、高架线路等建（构）筑物的影响，定期对城市轨道交通进行安全性检查和评价，发现安全隐患的，应当及时排除。

城市轨道交通经营单位检查时，有关单位或者个人应当予以配合。

第四十一条【安全检查】 市公安机关应当会同市轨道交通部门制定违禁物品、限带物品目录，并向社会公布。城市轨道交通经营单位应当通过在车站醒目位置张贴等方式公示禁止、限制携带物品目录。

城市轨道交通经营单位应当设置必要的安全检查设施，按照规定对乘客及其携带的物品进行安全检查，发现违禁品、管制物品、涉嫌违法犯罪人员的，应当按照有关规定妥善处置并立即报告公安机关依法处理。对携带限带物品或者拒绝检查的乘客，城市轨道交通经营单位应当拒绝其进站乘车；强行进站乘车的，应当立即予以制止并报告公安机关依法处理。

第四十二条【禁止危害交通设施安全】 禁止下列危害城市轨道交通设施安全的行为：

（一）擅自在城市轨道交通线路上铺设平交道口、平交人行道；

（二）擅自移动、遮盖、损坏安全消防警示标志、疏散导向标志、监测设备以及安全防护设施；

（三）损坏隧道、轨道、路基、高架、车站、通风亭、冷却塔、变电站、管线、护栏护网等城市轨道交通设施；

（四）损坏车辆、机电、电缆、自动售检票等城市轨道交通设备，干扰通信信号、视频监控设备等系统；

（五）擅自在高架桥梁及附属结构上钻孔打眼，搭设电线或者其他承力绳索，设置附着物；

（六）擅自利用城市轨道交通桥墩或者桥梁进行施工，在过河、湖隧道安全保护区范围水域内抛锚、拖锚；

（七）其他危害城市轨道交通设施安全的行为。

第四十三条【禁止危害运营安全】 禁止下列危害或者可能危害城市轨道交通运营安全的行为：

（一）在城市轨道交通地面线路和高架线路轨道两侧修建妨碍行车瞭望的建（构）筑物，或者种植妨碍行车瞭望的树木；

（二）强行上下车，非法拦截列车或者阻碍列车正常运行；

（三）攀爬或者跨越城市轨道交通围栏、护栏、护网、站台门、闸机等；

（四）向轨道交通线路、列车以及其他设施投掷物品；

（五）擅自进入轨道、隧道及其他禁入区域；

（六）在车站或者车厢内使用助力车、电瓶车（不包括残疾人助力车）、滑板、溜冰鞋等，或者在运行的自动扶梯上逆行、推挤、嬉戏打闹；

（七）擅自操作有警示标志的按钮、开关装置，非紧急状态下动用紧急或者安全装置；

（八）在通风口、出入口五十米范围内存放有毒、有害、易燃、易爆、放射性和腐蚀性等物品；

（九）在出入口、通风亭、变电站、冷却塔外侧五米范围内堆放和晾晒物品、停放车辆、摆设摊点、候车拉客及其他妨碍乘客通行或者救援疏散的行为；

（十）在地面线路或者高架线路两侧各一百米范围内升放风筝、气球等低空飘浮物体和无人机等低空飞行器；

（十一）其他危害城市轨道交通运营安全的行为。

第四十四条【应急预案】 市轨道交通部门应当会同有关部门及城市轨道交通经营单位按照有关规定，结合本市轨道交通实际情况，制定城市轨道交通建设和运营突发事件专项应急预案，报市人民政府批准后实施，并定期组织开展应急演练。

城市轨道交通经营单位应当制定本单位的综合应急预案、专项应急预案和现场处置方案，与政府相关应急预案相互衔接，并报市应急管理部门、轨道交通部门备案，并按照相关规定组织应急演练。

第四十五条【应急物资与队伍建设】 城市轨道交通经营单位应当建立应急救援队伍，配备专业应急救援装备，配齐应急人员，储备必要的应急物资，完善应急值守和报告制度，加强应急培训，提高应急救援能力。

市应急管理部门应当对城市轨道交通经营单位应急救援队伍开展专业技能培训，指导建立健全应急救援体系。

第四十六条【信息收集、研判】 自然资源、水利、气象、地震等相关部门应当加强对洪涝、地质灾害、气象灾害、地震等信息的收集，并及时将可能影响城市轨道交通运营安全的信息通报市轨道交通部门和告知城市轨道交通经营单位。

城市轨道交通经营单位应当及时收集相关信息进行分析、研判，可能发生影响运营安全突发事件的，及时预警，并采取相应安全防范措施。

第四十七条【信息发布】 城市轨道交通经营单位应当建立突发事件信息发布制度，及时通过广播、电子显示屏和新闻媒体向社会发布突发事件预警、救援、运营状态、接驳换乘等信息。

第四十八条【排障防灾】 因城市轨道交通设施发生故障或者存在可能影响轨道交通正常运营的自然灾害风险时，城市轨道交通经营单位应当及时排除故障、防范灾害。暂时无法恢复运营或者排除灾害风险的，城市轨道交通经营单位应当关闭入口，并组织乘客及时疏散和换乘。

第四十九条【乘客疏导限流】 因节假日、大型群众活动等原因引起客流上升的，城市轨道交通经营单位应当及时增加运力，疏导乘客。

在城市轨道交通客流激增，严重影响运营秩序，可能危及运营安全的情况下，城市轨道交通经营单位应当按照相关规定采取限制客流的临时措施。

经采取限制客流措施后仍无法保证运营安全的，城市轨道交通经营单位可以停止轨道交通线路部分区段或全线的运营，并立即向市轨道交通部门报告。

第五十条【应急处置】 城市轨道交通建设和运营发生自然灾害、安全事故或者其他突发事件时，城市轨道交通经营单位应当按照本单位相关应急预案组织力量迅速开展应急抢险救援，疏散人员，防止事故扩大，减少人员伤亡和财产损失，同时向市轨道交通、应急管理、公安机关等相关部门及消防救援机构报告。

城市轨道交通建设和运营发生突发事件的，其所在地的区人民政府应当按照相关应急预案，立即组织调动相关应急救援队伍和社会力量进行应急处置、保障和抢险救援，及时抢救人员，修复受损的交通衔接配套设施设备，协助城市轨道交通经营单位尽快恢复轨道交通建设和运营。

涉及恐怖袭击、治安突发事件以及战时防袭行动的，公安机关、人民防空主管部门应当及时启动相应应急预案，依法予以处置。

第五十一条【事故处置】 城市轨道交通建设和运营过程中发生人身伤亡事故的，城市轨道交通经营单位应当先抢救受伤者，及时排除障碍、消除隐患，在确保安全前提下恢复正常建设和运营秩序，并按照规定及时向有关部门报告，开展事故善后处置。

城市轨道交通经营单位应当保护现场，保留证据，维持秩序。有关部门接到报告后应当及时到达现场，依法进行处理。

第六章　广佛协同

第五十二条【广佛协同原则】　广佛城市轨道交通互联互通应当按照整合规划、统筹建设、贯通运营、协同运输的原则，加强轨道交通一体化协调，实现两市城市轨道交通在网络、功能、服务、体制等方面的协同发展。

第五十三条【广佛规划协同】　广佛两市城市轨道交通线网规划编制时应当同步做好广佛轨道交通一体化规划或者衔接规划，充分征求对方城市意见，统筹确定广佛区域线网总体技术方案后按规定分别报批，并将批准的线网规划纳入两市城市国土空间规划，作为城市轨道交通建设规划的编制依据。

广佛两市城市轨道交通建设规划应当根据广佛轨道交通一体化规划或者衔接规划的要求，协调确定跨市线路规划方案后分别报批。

第五十四条【广佛建设协同】　广佛城市轨道交通互联互通项目建设模式按照属地建设、统一协调的原则确定，项目建设技术标准及要求实行全线统一。

广佛城市轨道交通互联互通项目经双方协调同意可以采取代建或者其他建设管理模式。

第五十五条【广佛运营协同】　广佛一体化城市轨道交通线路应当在可行性研究报告编制前，依照"贯通运营"的原则由广佛两市共同协商确定城市轨道交通经营单位和牵头负责运营监督管理的主体。

广佛两市应当建立健全跨区域联动的乘客服务标准和协调机制，定期互通运营信息，确保两市城市轨道交通一码通行、衔接线路安全有序运营。

广佛一体化轨道交通乘客守则、票价及其优惠政策由广佛两市相关主管部门共同制定。

第五十六条【广佛执法协同】　对广佛一体化城市轨道交通运营管理以及安全保护区巡线管理，市轨道交通部门、城市轨道交通经营单位应当加强与广州市相关部门的协同配合。

第五十七条【广佛应急协同】　涉及广佛互联互通的城市轨道交通线路，两市人民政府相关部门应当制定组织协同处置应急预案，并建立应急合作机制。

第七章　法律责任

第五十八条【工作人员法律责任】　行政机关工作人员、城市轨道交通经营单位依授权、委托执法的工作人员在轨道交通管理工作中玩忽职守、滥用职权、徇私舞弊的，依法给予处分；构成犯罪的，依法追究刑事责任。

第五十九条【城市轨道交通线网控制性规划范围内违法作业的法律责任】　违反本条例第十四条第二款规定，在城市轨道交通线网控制性规划范围内采用锚索、锚杆等可能影响轨道工程建设施工工艺的，由市轨道交通部门责令停止作业并要求恢复原状，拒不改正的，处五万元以上十万元以下罚款。

第六十条【违反保护区作业要求的法律责任】　违反本条例第二十三条规定，作业单位未按照相关规定制定专项施工方案和安全防护方案并经城市轨道交通经营单位同意，或者未对施工过程实施动态安全监控的，由城市轨道交通经营单位责令限期改正，对单位处一万元以上三万元以下罚款，对个人处一千元罚款；造成安全事故的，依法承担法律责任。

第六十一条【巡线管理的法律责任】　违反本条例第二十五条第一款规定，城市轨道交通经营单位未建立安全保护区巡查制度，或者未组织日常巡查的，由市轨道交通部门责令限期改正；逾期未改正的，处以一万以上十万元以下罚款，并可对其主要负责人处以一万元以下的罚款。

第六十二条【拒绝查看、拒不停止作业等行为的法律责任】　违反本条例第二十五条第二款、第三款规定，作业单位拒绝城市轨道交通经营单位进入施工现场查看、拒不停止作业或者未采取相应的安全措施的，由城市轨道交通经营单位责令改正，对单位处一万元以上三万元以下罚款，对个人处一千元罚款；造成安全事故的，依法承担法律责任。

第六十三条【安全管理的法律责任一】　城市轨道交通经营单位存在下列情形之一的，《中华人民共和国安全生产法》、《中华人民共和国消防法》等有关法律、行政法规有规定的，依法进行处理；有关法律、行政法规没有规定的，由市轨道交通部门责令改正予以警告，并可处以一千元以上一万元以下罚款，对相关责任人给予处分，构成犯罪的，依法追究法律责任：

（一）违反本条例第二十九条规定，未能保持出入口、通道畅通，或者未能保持各类指引导向标志、提示和指示完整、清晰、醒目的；

（二）违反本条例第四十一条规定，未以方便乘客了解的方式明示禁止、限制携带物品目录，或者未按规定对乘客及其物品实施安全检查的；

（三）违反本条例第四十七条规定，未及时发布突发事件应急中的预警、救援、运营状态、接驳换乘信息的；

（四）违反本条例第四十九条规定，未在客流激增的情形下及时采取增加运力、疏导乘客或者限制客流等措施的。

第六十四条【安全管理的法律责任二】 城市轨道交通经营单位存在下列情形之一的，《中华人民共和国安全生产法》、《中华人民共和国消防法》等有关法律、行政法规有规定的，依法进行处理；有关法律、行政法规没有规定的，由市轨道交通部门责令改正予以警告，并可处以一万元以上三万元以下罚款，对相关责任人给予处分，构成犯罪的，依法追究法律责任：

（一）违反本条例第三十条第二项规定，未使用符合国家规定的轨道交通设施设备和综合监控系统，或者未定期进行维护、保养和检查的；

（二）违反本条例第三十一条规定，未对列车驾驶员、行车调度员、行车值班员、信号工、通信工等重点岗位从业人员进行安全背景审查，造成严重后果的；

（三）违反本条例第三十九条规定，未按国家相关标准配置消防、报警、救援、疏散照明、防汛、防爆、防毒、防护监视等器材、设备，或者未定期检查、维护、更新，并保证其正常使用的；

（四）违反本条例第四十条第一款规定，未按要求进行保护、监测、评估、安全性检查和评价的，或者发现安全隐患但未及时排除的；

（五）违反本条例第四十八条规定，未及时排除故障、防范灾害，或者未组织乘客及时疏散、换乘，造成严重后果的；

（六）违反本条例第五十条规定，在发生自然灾害、安全事故或者其他突发事件时，未及时按照相关应急预案组织力量开展应急抢险救援的。

第六十五条【运营服务的法律责任】 违反本条例规定，城市轨道交通经营单位有下列行为之一的，由市轨道交通部门责令限期改正；逾期未改正的，处以一万元以下的罚款：

（一）违反本条例第三十条第一项规定，未向社会公布运营服务质量承诺，或者未定期报告履行情况的；

（二）违反本条例第三十条第四项规定，未合理设置人工售票窗口、自动售票设备的；

（三）违反本条例第三十条第五项规定，未规范提供乘客遗失物招领服务的；

（四）违反本条例第三十条第六项规定，未根据运营要求、客流量变化等情况编制和调整运行计划，并报送市轨道交通部门备案，或者未及时公布运营计划调整、换乘等服务信息的；

（五）违反本条例第三十七条规定，未建立投诉受理与反馈制度，或者未按规定处理乘客投诉的。

第六十六条【运营环境卫生的法律责任】　违反本条例第三十四条规定，影响城市轨道交通公共场所容貌、环境卫生的，由城市轨道交通经营单位责令停止违法行为，并可处一千元以下罚款。

第六十七条【交通设施安全的法律责任】　违反本条例第四十二条规定，危害城市轨道交通设施安全的，城市轨道交通经营单位有权予以劝阻和制止，情节严重的，可以对单位处三万元以下罚款，对个人处五千元以下罚款；违反治安管理规定的，由公安机关依法处理；构成犯罪的，依法追究刑事责任。

第六十八条【运营安全的法律责任】　违反本条例第四十三条规定，危害或者可能危害城市轨道交通运营安全的，由城市轨道交通经营单位责令改正，可以对单位处三万元以下的罚款，对个人处五千元以下的罚款；违反治安管理规定的，由公安机关依法处理；构成犯罪的，依法追究刑事责任。

第八章　附　则

第六十九条【参照执行】　有轨电车的规划、建设和运营管理参照本条例执行。

国家及省下放本市投资建设审批管理的铁路及城际轨道交通项目，国家、省没有相关管理规定的，参照本条例执行。

第七十条【施行时间】　本条例自　　年　月　日起施行。

附录四

佛山市城市轨道交通管理条例
（草案修改稿）

第一章 总 则

第一条 为规范城市轨道交通建设管理，保障运营安全，维护乘客合法权益，促进城市轨道交通事业高质量发展，根据有关法律、法规，结合本市实际，制定本条例。

第二条 本条例适用于本市行政区域内城市轨道交通的规划、建设、运营开发及相关的管理活动。

本条例所称城市轨道交通，是指采用专用轨道导向运行的城市公共客运交通系统，包括地铁、轻轨等城市公共交通系统。

本条例所称城市轨道交通设施，包括城市轨道交通的路基、轨道、隧道、高架道路（含桥梁）、车站（含出入口、通道）、通风亭、车辆段及控制中心、站场、车辆、机电设备、供电系统、通信信号系统及其附属设施等。

第三条 城市轨道交通应当遵循政府主导、统一规划、统筹建设、互联互通的原则。

第四条 市人民政府负责协调处理城市轨道交通规划、建设、运营和管理过程中的重大事项。

市轨道交通部门是本市城市轨道交通的主管部门，负责本市城市轨道交通建设和运营的监督管理工作，组织实施本条例。

发展改革、自然资源、生态环境、住房和城乡建设、交通运输、水利、应急管理、城管执法等部门应当依据各自职能范围做好城市轨道交通的相关工作，协同实施本条例。

城市轨道交通沿线各区人民政府、园区管委会及其有关职能部门应当配合城市轨道交通的建设、管理和保护工作。

　　第五条　城市轨道交通经营单位由市人民政府依法确定。

　　城市轨道交通经营单位依照本条例有关授权，对城市轨道交通设施的保护、城市轨道交通范围内公共场所运营秩序和容貌、环境卫生的维护以及安全保护区管理、安全应急等公共事务实施行政管理和行政处罚。

　　城市轨道交通经营单位应当确定本单位的专门机构具体负责行政管理和行政处罚工作。执法人员应依照《广东省行政执法责任制条例》规定的条件任用，并持有效执法证件执法。

　　第六条　市人民政府设立轨道交通发展专项资金，用于保障城市轨道交通发展。轨道交通发展专项资金的筹集使用与监管的具体办法由市人民政府制定。

　　第七条　市、区人民政府有关部门以及城市轨道交通经营单位应当利用报刊、广播、电视、互联网等媒体，开展轨道交通安全、设施维护、文明出行等方面的公益宣传。

第二章　规划与建设

　　第八条　城市轨道交通规划应当依据国民经济和社会发展规划、国土空间总体规划、粤港澳大湾区发展规划纲要、珠三角城际轨道交通网规划、粤港澳大湾区城际铁路建设规划、城市综合交通规划和环境保护规划等进行编制，并与城市其他专项规划相衔接。

　　城市轨道交通规划包括线网规划、线网控制性规划、建设规划及其他专项规划。

　　经批准的城市轨道交通规划不得擅自变更；确需变更的，应当按照法定程序报批。

　　第九条　市自然资源部门会同市轨道交通部门等有关部门，根据国土空间总体规划、综合交通规划和城市发展需求，依法组织编制与调整优化本市城市轨道交通线网规划。

　　市轨道交通部门会同市自然资源部门，根据批准的城市轨道交通线网规划编制城市轨道交通线网控制性规划，报市人民政府批准，并依法纳入城市控制性详细规划。

　　市轨道交通部门会同市发展改革部门、城市轨道交通经营单位，根据城市轨道交通线网规划组织编制城市轨道交通建设规划，并按照法定程序报批。

市交通运输部门负责编制与城市轨道交通项目配套的交通衔接规划。

第十条 城市轨道交通的地下空间、出入口、通风亭、冷却塔、无障碍电梯等设施应当与周边建筑、环境相协调。

在城市轨道交通线网控制性规划范围内，禁止采用锚索、锚杆等可能影响将来轨道工程建设的施工工艺。

第十一条 城市轨道交通场站及周边土地需要进行综合开发的，应当在开发前依据目的、内容、时序不同，依次编制综合开发总体策略研究、综合开发规划方案和综合体概念方案。

综合开发总体策略研究由市轨道交通部门负责编制；综合开发规划方案由市自然资源部门负责编制；车辆段、停车场、控制中心等设施的综合体概念方案由城市轨道交通经营单位负责编制，其余站点综合体概念方案由各区人民政府组织相关单位负责编制。

综合开发应当与城市轨道交通工程同步规划、同步设计，结构不可分割、工程必须统一实施的项目应当与城市轨道交通工程同步建设。

第十二条 城市轨道交通建设阶段，城市轨道交通经营单位应当履行下列职责：

（一）严格履行基本建设程序，执行工程发包承包法律法规制度；

（二）履行质量管理职责，健全工程项目质量管理体系；

（三）全面落实安全生产和文明施工主体责任；

（四）推行施工过程结算，按照国家有关规定按时支付经费，并确保农民工工资支付；

（五）按规定组织实施交通疏解、绿化迁移及管线迁改等工作，负责城市轨道交通建成后道路和相关设施的恢复；

（六）严格工程竣工验收，建立质量终身责任信息档案；

（七）法律、法规规定的其他责任。

第十三条 城市轨道交通工程建设期间，城市轨道交通经营单位应当对城市轨道交通沿线已有建（构）筑物、道路和供电、供水、排水、输油、输气、通信等设施进行调查、记录和动态监测，并采取相应安全保护措施，减少对上述设施的影响。涉及需要查阅、复制相关档案资料的，有关部门、单位应当按有关规定提供便利。

城市轨道交通经营单位在已有建（构）筑物、道路和供电、供水、排水、输油、输气、通信等设施资料不全或者缺失的地段勘察、施工，有关部门和单位应当配合，并派员现场指导，避免造成已有建（构）筑物和设施的损坏。

第十四条 城市轨道交通行业应当加强信息化建设，在项目规划设计、建设管理、运营服务等过程中广泛应用物联网、云计算、大数据等现代信息技术，提升城市轨道交通行业管理与公共服务的智能化水平。市轨道交通部门负责统筹全市城市轨道交通信息化建设工作，结合实际编制城市轨道交通信息化建设总体规划，规范和指导城市轨道交通信息化建设。

城市轨道交通经营单位负责信息化系统的建设、运用，所需经费由轨道交通发展专项资金予以保障。

第三章 保护区管理

第十五条 城市轨道交通建设工程初步设计批复后，应当在城市轨道交通沿线设立城市轨道交通安全保护区，安全保护区范围包括：

（一）地下车站与隧道结构外边线外侧五十米内；

（二）车辆基地、地面和高架车站以及线路轨道的结构外边线外侧三十米内；

（三）出入口、通风亭、车辆段、控制中心、变电站、集中供冷站等建（构）筑物结构外边线外侧十米内；

（四）城市轨道交通过江隧道（轨道中心线）两侧各一百米内。

第十六条 城市轨道交通经营单位应当将城市轨道交通安全保护区划定依据及相关方案，在本市主要媒体及市政府网站向社会公众公开征求意见，征求意见的时间不得少于三十日。经公示后的相关方案，由市轨道交通部门会同市自然资源部门审核后，报市人民政府批准并公布。

城市轨道交通项目开工建设后，需要调整安全保护区范围的，按照前款规定及时调整并重新公布。

第十七条 城市轨道交通经营单位应当依法在具备条件的城市轨道交通安全保护区内设置安全警示标志，沿线有关单位和个人应当予以配合。

任何单位和个人不得毁坏、遮挡、涂改、污损或者擅自移动安全警示标志。

第十八条 在城市轨道交通安全保护区内进行下列活动的，建设单位应当会同施工单位制定施工方案和安全防护方案。依法需要办理行政许可的，有关行政主管部门应当书面征求城市轨道交通经营单位意见；不需要办理行政许可的，建设单位应当在施工前将施工方案和安全保护方案书面征求城市轨道交通经营单位意见：

（一）新建、改建、扩建或者拆除建（构）筑物；

（二）钻探、桩基础、降水、爆破、基坑开挖、取土、顶进等施工；

（三）修建塘堰、开挖河道水渠、疏浚河道、采石挖沙、打井取水；

（四）敷设、埋设管线或者设置跨线等架空作业；

（五）大面积增加或者减少建（构）筑物荷载的活动；

（六）电焊、气焊和使用明火等具有火灾危险作业；

（七）其他可能影响城市轨道交通安全的作业。

城市轨道交通经营单位应当在收到有关行政主管部门或者建设单位征求意见通知之日起三十日内书面提出意见或者建议。

第十九条 施工单位在安全保护区范围内施工时出现可能危及城市轨道交通安全情形的，应当立即停止施工，并按照安全保护方案采取措施，同时报告有关主管部门和城市轨道交通经营单位。

安全隐患或者危险消除后需要恢复施工的，施工单位应当委托有资质的单位对工程进行安全评估，经评估确定作业活动不会影响轨道交通安全的，方可继续施工。

第二十条 城市轨道交通经营单位应当建立健全安全保护区巡查制度，组织日常巡查。

城市轨道交通经营单位有权进入安全保护区内的作业现场，有关单位和个人应当予以配合并提供便利。

城市轨道交通经营单位发现施工危及或者可能危及城市轨道交通运营安全的，有权要求施工单位停止作业并采取相应的安全措施；发现施工单位在施工过程中对城市轨道交通设施设备造成损坏的，应当责令施工单位按照原技术标准及时恢复；发现违法作业的，应当及时向相关主管部门和轨道交通部门报告。

第二十一条 市轨道交通部门应当加强城市轨道交通线网控制性规划范围内的城市轨道交通线路的巡线管理和安全保护区的执法检查。

市轨道交通部门可以依法委托相关单位开展城市轨道交通线网控制性规划范围内的巡线管理工作，协助沿线区人民政府做好沿线用地的规划控制管理。

城市轨道交通沿线区、镇人民政府和街道办事处可以将安全保护区巡查工作纳入安全网格化管理，协助城市轨道交通经营单位做好轨道交通安全保护工作。

第二十二条 城市轨道交通地面线路、车辆基地应当实行全封闭管理，道路、铁路等通行需要除外。

使用城市轨道交通高架线路桥下空间不得影响城市轨道交通运营安全，并预留高架线路桥梁设施日常检查、检测和养护维修条件。

第四章 运营与服务

第二十三条 城市轨道交通经营单位应当保持城市轨道交通出入口、通道的畅通，根据国家有关标准的要求，设置出入口、安全、消防、疏散等各类指引向标志。

城市轨道交通经营单位应当在车站醒目位置公布首末班车行车时间、线路图、列车运行状况提示和换乘指示等信息。

第二十四条 城市轨道交通经营单位应当采取以下措施，保障轨道交通安全有序、规范运营，提升服务质量：

（一）向社会公布运营服务质量承诺，报市轨道交通部门备案，并定期报告履行情况；

（二）使用符合国家规定的轨道交通设施设备和综合监控系统，并定期进行维护、保养和检查；

（三）合理配置岗位工作人员，维护车站和列车内秩序，及时有序疏导客流；

（四）合理设置人工售票窗口、自动售票设备，提供规范、便捷售票、检票服务；

（五）提供乘客遗失物招领服务，及时发布遗失物招领信息，并依法处理无人认领的遗失物；

（六）根据运营要求、客流量变化等情况编制和调整运行计划，报送市轨道交通部门备案，并及时公布运营计划调整、换乘等服务信息；

（七）法律、法规规定的其他义务。

第二十五条 城市轨道交通经营单位工作人员应当具备与其岗位相适应的专业知识和技能。列车驾驶员、行车调度员、行车值班员、信号工、通信工、安检、安保等重点岗位工作人员，必须经考核合格，通过安全背景审查后，方可持证上岗。城市轨道交通经营单位对重点岗位工作人员进行安全背景审查时，公安机关应当予以协助。

城市轨道交通经营单位应当加强对重点岗位工作人员的定期培训，并进行考核。

第二十六条 城市轨道交通车站、车厢、隧道、站前广场等范围内设置广告应当合法、规范、安全，不得影响导向、提示、警示、运营服务等标识识别，不得影响轨道交通运营安全和服务设施的使用、检修。城市轨道交通经营单位应当定期对其进行安全检查。

在城市轨道交通设施范围内拍摄电影、电视剧或者广告等，应当经城市轨道交通经营单位同意，且不得影响轨道交通运营秩序与安全。

第二十七条 市轨道交通部门应当制定并公布轨道交通服务规范和轨道交通乘客守则，加强轨道交通安全宣传，指导和监督轨道交通运营活动。

市轨道交通部门应当制定运营服务质量评价方案，对城市轨道交通经营单位服务质量进行年度评价，评价报告应当提交市人民政府。市人民政府应当将评价报告向社会公布。

第二十八条 城市轨道交通经营单位应当建立公共卫生管理制度，落实有关卫生管理、疫情防控等措施，保证车站（含出入口、通道）、车厢等公共场所的空气质量和卫生状况符合国家卫生标准。

禁止下列影响城市轨道交通公共场所容貌、环境卫生的行为：

（一）在车站、站台、列车车厢或者其他城市轨道交通设施内停放车辆、堆放杂物，乘客自带符合规定的物品除外；

（二）在车站、站台、列车车厢或者其他城市轨道交通设施内未经许可摆设摊档、派发印刷品；

（三）在车站、站台、列车车厢或者其他城市轨道交通设施内随地吐痰、便溺、吐口香糖、乱扔果皮、纸屑等废弃物；

（四）在车站、站台、列车车厢或者其他城市轨道交通设施上刻划、涂画、张贴、悬挂物品；

（五）在车站、站台、列车车厢或者其他城市轨道交通设施内乞讨、卖艺、捡拾垃圾；

（六）在站台、列车车厢内食用有刺激性气味的食品、大声喧哗，使用电子设备时外放声音；

（七）携带宠物、家禽等动物乘车，执行任务的军警犬以及盲人乘车时携带且采取保护措施的导盲犬除外；

（八）其他影响城市轨道交通公共场所容貌、环境卫生的行为。

第二十九条 乘客应当持有效车票或者其他有效乘车凭证乘车，并按照城市轨道交通经营单位要求查验车票或者乘车凭证。无票、持无效车票或者无效乘车凭证、逃票、冒用他人乘车凭证或者持伪造车票、凭证乘车的，由城市轨道交通经营单位按出闸站线网单程最高票价收取票款。

城市轨道交通因故障不能正常运行且无法及时恢复的，城市轨道交通经营单位应当按照乘客当次购票金额退还票款。

第三十条 城市轨道交通票价实行政府定价，票价的确定和调整应当广泛征求、听取公众意见，并保持城市轨道交通票价与地面常规公交票价合理的比价关系。

市轨道交通部门应当会同市价格主管部门制定票价优惠实施办法，报市人民政府批准后公布实施。城市轨道交通经营单位应当依照办法对乘客实行免票或者优惠票价，并优化相关办理程序。

第三十一条 城市轨道交通经营单位应当建立投诉受理与反馈制度，公布投诉电话，接受乘客对违反运营服务规范行为的投诉。

城市轨道交通经营单位应当自受理投诉之日起十日内作出答复，并将乘客投诉及处理情况汇总，定期向市轨道交通部门报告。

第五章　安全与应急管理

第三十二条 城市轨道交通经营单位依法开展如下工作：

（一）承担运营安全生产主体责任，设立安全生产管理机构，建立完善安全生产制度，配备专职安全生产管理人员，保证安全生产所必需的资金投入；

（二）应当严格按照消防管理、事故救援的规定，在城市轨道交通车站及车厢内按国家相关标准配置消防、报警、救援、疏散照明、防汛、防爆、防毒、防护监视等器材、设备，并定期检查、维护、更新，保证正常使用；

（三）应当对城市轨道交通沿线采取技术保护和监测措施，评估城市轨道交通运行对车站、隧道、高架线路等建（构）筑物的影响，定期对城市轨道交通进行安全性检查和评价，发现安全隐患的，应当及时排除。

第三十三条 市公安机关应当会同市轨道交通部门制定违禁物品、限带物品目录，并向社会公布。城市轨道交通经营单位应当通过在车站醒目位置张贴等方式公示禁止、限制携带物品目录。

城市轨道交通经营单位应当设置必要的安全检查设施，依法对乘客及其携带的物品进行安全检查，发现违禁品、管制物品、涉嫌违法犯罪人员的，应当按照有关规定妥善处置并立即报告公安机关。对携带限带物品或者拒绝检查的乘客，城市轨道交通经营单位应当拒绝其进站乘车；强行进站乘车的，应当立即予以制止并立即报告公安机关。

第三十四条　禁止实施下列危害城市轨道交通设施安全的行为：

（一）擅自在城市轨道交通线路上铺设平交道口、平交人行道；

（二）擅自移动、遮盖、损坏安全消防警示标志、疏散导向标志、监测设备以及安全防护设施；

（三）损坏隧道、轨道、路基、高架、车站、通风亭、冷却塔、变电站、管线、护栏护网等城市轨道交通设施；

（四）损坏车辆、机电、电缆、自动售检票等城市轨道交通设备，干扰通信信号、视频监控设备等系统；

（五）擅自在高架桥梁及附属结构上钻孔打眼，搭设电线或者其他承力绳索，设置附着物；

（六）擅自利用城市轨道交通桥墩或者桥梁进行施工，在过河、湖隧道安全保护区范围水域内抛锚、拖锚；

（七）其他危害城市轨道交通设施安全的行为。

第三十五条　禁止实施下列危害或者可能危害城市轨道交通运营安全的行为：

（一）在城市轨道交通地面线路和高架线路轨道两侧修建妨碍行车瞭望的建（构）筑物，或者种植妨碍行车瞭望的树木；

（二）强行上下车，非法拦截列车或者阻碍列车正常运行；

（三）攀爬或者跨越城市轨道交通围栏、护栏、护网、站台门、闸机等；

（四）向轨道交通线路、列车以及其他设施投掷物品；

（五）擅自进入轨道、隧道及其他禁入区域；

（六）在车站或者车厢内使用助力车、电瓶车（不包括残疾人助力车）、滑板、溜冰鞋等，或者在运行的自动扶梯上逆行、推挤、嬉戏打闹；

（七）擅自操作有警示标志的按钮、开关装置，非紧急状态下动用紧急或者安全装置；

（八）在出入口、通风口五十米范围内存放有毒、有害、易燃、易爆、放射性和腐蚀性等物品；

（九）在出入口、通风亭、变电站、冷却塔外侧五米范围内堆放和晾晒物品、停放车辆、摆设摊点、候车拉客及其他妨碍乘客通行或者救援疏散的行为；

（十）在地面线路或者高架线路两侧各一百米范围内升放风筝、气球等低空飘浮物体和无人机等低空飞行器；

（十一）其他危害城市轨道交通运营安全的行为。

第三十六条 市人民政府应当组织市轨道交通等有关部门及城市轨道交通经营单位，结合本市轨道交通实际情况，依法制订城市轨道交通建设和运营突发事件专项应急预案，并定期组织开展应急演练。

城市轨道交通经营单位应当依法制订本单位的综合应急预案、专项应急预案和现场处置方案，报市应急管理部门、轨道交通部门备案，并定期组织应急演练。

第三十七条 城市轨道交通经营单位应当建立应急救援队伍，配备专业应急救援装备，配齐应急人员，储备必要的应急物资，完善应急值守和报告制度，加强应急培训，提高应急救援能力。

市应急管理部门应当对城市轨道交通经营单位应急救援队伍开展专业技能培训，指导建立健全应急救援体系。

第三十八条 自然资源、水利、气象、地震等相关部门应当加强对洪涝、地质灾害、气象灾害、地震等信息的收集，并及时将可能影响城市轨道交通运营安全的信息通报市轨道交通部门和城市轨道交通经营单位。

城市轨道交通经营单位应当及时收集相关信息进行分析、研判，可能发生影响运营安全突发事件的，及时预警，并采取相应安全防范措施。

第三十九条 城市轨道交通经营单位应当建立突发事件信息发布制度，及时通过广播、电子显示屏和新闻媒体向社会发布突发事件预警、救援、运营状态、接驳换乘等信息。

因城市轨道交通设施发生故障或者存在可能影响轨道交通正常运营的自然灾害风险时，城市轨道交通经营单位应当及时排除故障、防范灾害。暂时无法恢复运营或者排除灾害风险的，城市轨道交通经营单位应当关闭入口，并组织乘客及时疏散和换乘。

第四十条 因节假日、大型群众活动等原因引起客流上升的，城市轨道交通经营单位应当制定应急预案，及时增加运力，疏导乘客。

在城市轨道交通客流激增，严重影响运营秩序，可能危及运营安全的情况下，城市轨道交通经营单位应当按照相关规定采取限制客流的临时措施，确保运营安全。

经采取限制客流措施后仍无法保证运营安全的，城市轨道交通经营单位可以停止轨道交通线路部分区段或全线的运营，及时发布公告并向市轨道交通部门报告。

采取限制客流量、停运措施，造成客流大量积压的，市人民政府应当组织有关部门采取疏运等应对措施。

第四十一条　城市轨道交通建设和运营发生自然灾害、安全事故或者其他突发事件时，城市轨道交通经营单位应当按照本单位相关应急预案组织力量迅速开展应急抢险救援，疏散人员，防止事故扩大，减少人员伤亡和财产损失，同时向市轨道交通、应急管理、公安机关等相关部门及消防救援机构报告。

城市轨道交通建设和运营发生突发事件的，其所在地的区人民政府应当按照相关应急预案，立即组织调动相关应急救援队伍和社会力量进行应急处置、保障和抢险救援，及时抢救人员，修复受损的交通衔接配套设施设备，协助城市轨道交通经营单位尽快恢复轨道交通建设和运营。

涉及恐怖袭击、治安突发事件以及战时防袭行动的，公安机关、人民防空主管部门应当及时启动相应应急预案，依法予以处置。

第四十二条　城市轨道交通建设和运营过程中发生人身伤亡事故的，城市轨道交通经营单位应当先抢救受伤者，及时排除障碍、消除隐患，在确保安全前提下恢复正常建设和运营秩序，并按照规定及时向有关部门报告，开展事故善后处置。

城市轨道交通经营单位应当保护现场，保留证据，维持秩序。有关部门接到报告后应当及时到达现场，依法进行处理。

第六章　互联互通

第四十三条　本市城市轨道交通线网规划编制时应当充分征求广州市人民政府及相关主管部门意见，并将批准的线网规划纳入本市城市国土空间总体规划，作为本市城市轨道交通建设规划的编制依据。

本市城市轨道交通建设规划应当根据广佛轨道交通一体化规划或者衔接规划的要求，协调确定跨市线路规划方案后依法报请批准。

第四十四条　本市轨道交通互联互通项目建设模式按照属地建设、统一协调的原则确定，项目建设技术标准及要求实行全线统一。

第四十五条　广佛一体化城市轨道交通线路应当在可行性研究报告编

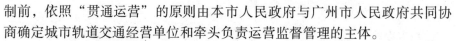

制前，依照"贯通运营"的原则由本市人民政府与广州市人民政府共同协商确定城市轨道交通经营单位和牵头负责运营监督管理的主体。

　　本市城市轨道交通经营单位应当与广州市轨道交通经营单位协商建立健全跨区域联动的乘客服务标准和协调机制，定期互通运营信息，确保两市城市轨道交通一码通行、衔接线路安全有序运营。

　　广佛一体化轨道交通乘客守则、票价及其优惠政策由本市相关主管部门征求广州市有关主管部门意见共同制定。

　　第四十六条　对广佛一体化城市轨道交通运营管理以及安全保护区巡线管理，市轨道交通部门、城市轨道交通经营单位应当加强与广州市相关部门的协同配合。

　　第四十七条　涉及广佛互联互通的城市轨道交通线路，本市人民政府相关部门应当会同广州市人民政府有关部门共同制定组织协同处置应急预案，并建立应急合作机制。

　　本市轨道交通经营单位应当与广州市轨道交通经营单位联合建立运营突发事件应急演练协调机制。

第七章　法律责任

　　第四十八条　行政机关工作人员、城市轨道交通经营单位依授权、委托执法的工作人员在轨道交通管理工作中玩忽职守、滥用职权、徇私舞弊的，依法给予处分；构成犯罪的，依法追究刑事责任。

　　第四十九条　违反本条例第十条第二款规定，在城市轨道交通线网控制性规划范围内采用锚索、锚杆等可能影响轨道工程建设施工工艺的，由市轨道交通部门责令停止作业并要求恢复原状，拒不改正的，处五万元以上十万元以下罚款。

　　第五十条　违反本条例第十八条规定，作业单位未按照相关规定制定专项施工方案和安全防护方案并经城市轨道交通经营单位同意，或者未对施工过程实施动态安全监控的，由城市轨道交通经营单位责令限期改正，对单位处一万元以上三万元以下罚款，对个人处一千元罚款；造成安全事故的，依法承担法律责任。

　　第五十一条　违反本条例第二十条第一款规定，城市轨道交通经营单位未建立安全保护区巡查制度，或者未组织日常巡查的，由市轨道交通部门责令限期改正；逾期未改正的，处以一万以上十万元以下罚款，并可对其主要负责人处以一万元以下的罚款。

违反本条例第二十条第二款、第三款规定，作业单位拒绝城市轨道交通经营单位进入施工现场查看、拒不停止作业或者未采取相应的安全措施的，由城市轨道交通经营单位责令改正，对单位处一万元以上三万元以下罚款，对个人处一千元罚款；造成安全事故的，依法承担法律责任。

第五十二条 城市轨道交通经营单位存在下列情形之一的，《中华人民共和国安全生产法》《中华人民共和国消防法》等有关法律、行政法规有规定的，依法进行处理；有关法律、行政法规没有规定的，由市轨道交通部门责令改正予以警告，并可处以一千元以上一万元以下罚款，对相关责任人给予处分，构成犯罪的，依法追究法律责任：

（一）违反本条例第二十三条规定，未能保持出入口、通道畅通，或者未能保持各类指引导向标志、提示和指示完整、清晰、醒目的；

（二）违反本条例第三十三条规定，未以方便乘客了解的方式明示禁止、限制携带物品目录，或者未按规定对乘客及其物品实施安全检查的；

（三）违反本条例第三十九条第一款规定，未及时发布突发事件应急中的预警、救援、运营状态、接驳换乘信息的；

（四）违反本条例第四十条规定，未在客流激增的情形下及时采取增加运力、疏导乘客或者限制客流等措施的。

第五十三条 城市轨道交通经营单位存在下列情形之一的，《中华人民共和国安全生产法》《中华人民共和国消防法》等有关法律、行政法规有规定的，依法进行处理；有关法律、行政法规没有规定的，由市轨道交通部门责令改正予以警告，并可处以一万元以上三万元以下罚款，对相关责任人给予处分，构成犯罪的，依法追究法律责任：

（一）违反本条例第二十四条第二项规定，未使用符合国家规定的轨道交通设施设备和综合监控系统，或者未定期进行维护、保养和检查的；

（二）违反本条例第二十五条规定，未对列车驾驶员、行车调度员、行车值班员、信号工、通信工等重点岗位从业人员进行安全背景审查，造成严重后果的；

（三）违反本条例第三十二条第二项规定，未按国家相关标准配置消防、报警、救援、疏散照明、防汛、防爆、防毒、防护监视等器材、设备，或者未定期检查、维护、更新，并保证其正常使用的；

（四）违反本条例第三十二条第三项规定，未按要求进行保护、监测、评估、安全性检查和评价的，或者发现安全隐患但未及时排除的；

（五）违反本条例第三十九条第二款规定，未及时排除故障、防范灾害，或者未组织乘客及时疏散、换乘，造成严重后果的；

（六）违反本条例第四十一条规定，在发生自然灾害、安全事故或者其他突发事件时，未及时按照相关应急预案组织力量开展应急抢险救援的。

第五十四条 违反本条例规定，城市轨道交通经营单位有下列行为之一的，由市轨道交通部门责令限期改正；逾期未改正的，处以一万元以下的罚款：

（一）违反本条例第二十四条第一项规定，未向社会公布运营服务质量承诺，或者未定期报告履行情况的；

（二）违反本条例第二十四条第四项规定，未合理设置人工售票窗口、自动售票设备的；

（三）违反本条例第二十四条第五项规定，未规范提供乘客遗失物招领服务的；

（四）违反本条例第二十四条第六项规定，未根据运营要求、客流量变化等情况编制和调整运行计划，并报送市轨道交通部门备案，或者未及时公布运营计划调整、换乘等服务信息的；

（五）违反本条例第三十一条规定，未建立投诉受理与反馈制度，或者未按规定处理乘客投诉的。

第五十五条 违反本条例第二十八条规定，影响城市轨道交通公共场所容貌、环境卫生的，由城市轨道交通经营单位责令停止违法行为，并可处一千元以下罚款。

第五十六条 违反本条例第三十四条规定，危害城市轨道交通设施安全的，城市轨道交通经营单位有权予以劝阻和制止，情节严重的，可以对单位处三万元以下罚款，对个人处五千元以下罚款；违反治安管理规定的，由公安机关依法处理；构成犯罪的，依法追究刑事责任。

第五十七条 违反本条例第三十五条规定，危害或者可能危害城市轨道交通运营安全的，由城市轨道交通经营单位责令改正，可以对单位处三万元以下的罚款，对个人处五千元以下的罚款；违反治安管理规定的，由公安机关依法处理；构成犯罪的，依法追究刑事责任。

第八章 附 则

第五十八条 有轨电车的规划、建设和运营管理参照本条例执行。

国家及省下放本市投资建设审批管理的铁路及城际轨道交通项目，国家、省没有相关管理规定的，参照本条例执行。

前款所称综合体，是指与轨道交通同步建设的轨道交通场站上盖以及与轨道交通场站整体相连的项目，包括轨道交通站点，轨道交通停车场、车辆段等车辆基地，出入口、通风亭等附属工程，以及站前广场、绿地、道路等公共设施、与轨道交通站点相连的地下空间等涉及轨道交通安全保护、交通衔接工程。

第五十九条　本条例自　年　月　日起施行。

附录五

广州市城市轨道交通管理条例①

第一章 总 则

第一条 为了规范城市轨道交通管理，保障城市轨道交通建设的顺利进行和安全运营，维护乘客的合法权益，根据有关法律、法规，结合本市实际，制定本条例。

第二条 本条例所称城市轨道交通，是指地铁、轻轨、有轨电车等城市轨道公共客运系统。

城市轨道交通设施包括城市轨道交通的路基、轨道、隧道、高架道路（含桥梁）、车站（含出入口、通道）、通风亭、车辆段及控制中心、站场、车辆、机电设备、供电系统、通信信号系统及其附属设施等。

第三条 本条例适用于本市行政区域内城市轨道交通的规划、建设、运营及相关的管理活动。

第四条 城市轨道交通应当遵循统一规划、安全运营、规范服务的原则。

第五条 市建设行政主管部门负责本市城市轨道交通建设的监督管理工作，组织实施本条例。

市交通行政管理部门负责本市城市轨道交通运营的监督管理工作。

发展改革、财政、规划、国土、房屋、城市管理、公安、安全生产、

---

① 2007 年 7 月 27 日，广州市第十三届人民代表大会常务委员会第三次会议通过；2007 年 9 月 30 日，广东省第十届人民代表大会常务委员会第三十四次会议批准；根据 2015 年 5 月 20 日广州市第十四届人民代表大会常务委员会第三十九次会议通过并经 2015 年 12 月 3 日广东省第十二届人民代表大会常务委员会第二十一次会议批准的《广州市人民代表大会常务委员会关于修改〈广州市城市轨道交通管理条例〉等四件地方性法规的决定》修正。

商务、卫生、环境保护、水务、港务、海事等行政管理部门和城市管理综合执法机构按照各自职责协同实施本条例。

城市轨道交通沿线各区人民政府及其有关职能部门应当配合城市轨道交通的建设和保护工作。

第六条 城市轨道交通经营单位由市人民政府依法确定。

城市轨道交通经营单位依照本条例的有关授权，对城市轨道交通设施的保护、城市轨道交通范围内公共场所的运营秩序和容貌、环境卫生的维护以及安全应急等公共事务实施行政管理和行政处罚。

城市轨道交通经营单位应当确定本单位的专门机构具体负责行政管理和行政处罚工作。执法人员依照《广东省行政执法责任制条例》规定的条件任用。

城市轨道交通经营单位执法人员实施行政管理和行政处罚时，应当持有有效执法证件。

第二章　建设管理

第七条 市发展改革行政管理部门和市财政部门负责政府投资的城市轨道交通建设资金的筹集和管理。

市发展改革行政管理部门按照国家规定的基本建设程序办理项目审批和下达城市轨道交通投资计划。

第八条 城市轨道交通规划应当与其他公共交通规划相衔接，并预留必要空间以确保安全便捷的换乘条件及足够的疏散能力。

市规划行政管理部门在审批与轨道交通出入口、通风亭等设施连接的其他建设工程时，应当提出有关预留与轨道交通相连接必要空间的规划设计要求。

第九条 城市轨道交通工程建设应当遵守有关建设安全管理的法律、法规，符合技术标准和规范的要求，建立并执行建设过程动态安全监测制度。

第十条 城市轨道交通建设使用地面以下空间时，其上方建（构）筑物和土地的所有权人、使用权人应当提供必要的便利。

城市轨道交通经营单位应当采取措施防止和减少对上方和周边建（构）筑物以及其它设施的影响。造成损失的，应当依法承担法律责任。

城市轨道交通工程建设时，城市轨道交通经营单位应当对城市轨道交通沿线已有建（构）筑物进行必要的调查、记录和动态监测。

第十一条 根据规划要求，城市轨道交通出入口、通风亭等设施需与周边物业结合建设的，周边物业的所有权人、使用权人应当服从；因结合建设给周边物业所有权人、使用权人利益造成损失的，城市轨道交通经营单位应当依法承担法律责任。

第三章 设施保护

第十二条 城市轨道交通沿线设立城市轨道交通控制保护区，其范围包括：

（一）地下车站与隧道结构外边线外侧五十米内；

（二）地面和高架车站以及线路轨道结构外边线外侧三十米内；

（三）出入口、通风亭、车辆段、控制中心、变电站、集中供冷站等建（构）筑物结构外边线外侧十米内；

（四）城市轨道交通过江隧道两侧各一百米范围内。

城市轨道交通经营单位可以在城市轨道交通设施控制保护区内设置安全警示标志，控制保护区内物业的所有权人、使用权人应当予以配合。任何人不得毁坏或者擅自移动安全警示标志。

控制保护区的具体范围，由城市轨道交通经营单位提出方案经规划行政管理部门审核后，报市人民政府批准并公布。

因地质条件或者其他特殊情况，需要扩大控制保护区范围的，由城市轨道交通经营单位提出方案，按照本条第三款规定的程序履行审批手续后公布。

第十三条 在城市轨道交通控制保护区内进行下列活动的，有关行政管理部门依照法律、法规进行行政许可时，应当书面征求城市轨道交通经营单位的意见。城市轨道交通经营单位应当自收到征求意见之日起十五日内给予书面答复：

（一）建造、拆卸建（构）筑物；

（二）取土、地面堆载、钻探作业、基坑开挖、爆破、桩基础施工、顶进、灌浆、锚杆作业；

（三）修建塘堰、开挖河道水渠、采石挖砂、打井取水；

（四）敷设管线或者设置跨线等架空作业；

（五）在过江隧道段疏浚河道；

（六）其他可能危害城市轨道交通设施的作业。

在城市轨道交通控制保护区内进行本条第一款所列活动不需行政管理部门行政许可的，作业单位应当在施工前书面告知城市轨道交通经营单位。

第十四条 作业单位在轨道交通控制保护区内进行第十三条第一款所列活动的，应当会同城市轨道交通经营单位制定城市轨道交通设施保护方案和应急预案，并将应急预案报建设行政主管部门或者其他有关行政管理部门备案。

城市轨道交通经营单位可以进入作业单位的施工现场查看，发现作业单位的施工活动危及或者可能危及城市轨道交通设施安全的，可以要求作业单位停止作业并采取相应的安全措施。作业单位拒绝城市轨道交通经营单位进入施工现场查看、拒不停止作业或者不采取相应的安全保护或者应急措施的，城市轨道交通经营单位应当报告建设行政主管部门或者其他有关行政管理部门。

建设行政主管部门或者其他有关行政管理部门应当对城市轨道交通经营单位报告的情况进行核查并依法处理。

第十五条 城市轨道交通项目竣工验收后，城市轨道交通经营单位应当及时向市规划行政管理部门移交城市轨道交通电缆管线资料。市规划行政管理部门应当建立可共享的城市轨道交通电缆管线档案管理系统，并在对有关工程进行行政许可时提出保护城市轨道交通电缆的施工要求。

第十六条 禁止损害、毁坏城市轨道交通设施。

第四章　运营管理

第十七条 城市轨道交通经营单位应当建立健全管理制度，做好城市轨道交通设施的检查维护工作，确保其正常运行和使用。

电力、供水、通讯等单位应当协助城市轨道交通经营单位保障城市轨道交通的正常运营，保证城市轨道交通用电、用水、通讯需要。

第十八条 城市轨道交通经营单位应当对有轨电车、专用抢险车辆进行编号，并向公安机关备案。

城市轨道交通经营单位应当提出有轨电车与其他车辆交叉行驶路段交通信号灯的设置方案，报公安机关批准后实施。

第十九条 城市轨道交通经营单位应当制定城市轨道交通运营服务规范，为乘客提供安全、便捷的客运服务。

城市轨道交通经营单位应当保持出入口、通道的畅通，根据国家有关标准的要求，设置安全、消防、疏散等各类指引导向标志。

城市轨道交通出入口的导向标志应当由城市轨道交通经营单位统一设置。城市轨道交通经营单位在与出入口合建的周边物业范围内设置导向标志的，周边物业的所有人、使用人应当配合。

城市轨道交通经营单位应当在车站醒目位置公布首末班车行车时间、列车运行状况提示和换乘指示。列车因故延误或者调整首末班车行车时间的，应当及时向乘客告示。

第二十条　城市轨道交通经营单位应当建立公共卫生管理制度，健全卫生档案，落实卫生管理措施，保持车站、车厢的整洁卫生，保证车站、车厢等公共场所的空气质量和卫生状况符合国家卫生标准。

城市轨道交通经营单位应当依照国家有关标准落实污染防治措施，减少地面线路列车运营时的噪声污染。

第二十一条　城市轨道交通经营单位应当对从事轨道交通驾驶、调度等岗位的工作人员和参与救援的工作人员进行培训和考核。

第二十二条　城市轨道交通经营单位应当履行下列维护城市轨道交通治安保卫和消防的义务：

（一）组织治安和消防安全检查，及时发现和消除安全隐患；

（二）预防危害公共安全和扰乱轨道交通治安秩序的行为；

（三）对在城市轨道交通范围内的治安违法犯罪行为进行制止，并及时报告公安部门；

（四）依法应当履行的其他治安、消防防范义务。

第二十三条　城市轨道交通票价依法实行政府定价。

城市轨道交通票价应当与本市其他公共交通的票价相协调。

城市轨道交通经营单位应当执行政府确定的票价，不得擅自调整。

第二十四条　乘客应当持有效车票乘车。无票、持无效车票或者逃票乘车的，由城市轨道交通经营单位按出闸站线网单程最高票价收取票款。

城市轨道交通因故障不能正常运行的，乘客有权持有效车票要求城市轨道交通经营单位按照当次购票金额退还票款。

第二十五条　乘客乘坐城市轨道交通，应当遵守城市轨道交通乘坐守则。

城市轨道交通乘坐守则由市交通行政管理部门制定并公布。

第二十六条　禁止下列影响城市轨道交通运营秩序的行为：

（一）非法拦截列车、阻断运输；

（二）擅自进入轨道、隧道或者其他有警示标志的区域；

（三）攀爬或者翻越围墙、栏杆、闸机、机车等；

（四）强行上下车；

（五）不按规定购票乘车，经城市轨道交通经营单位追索后仍拒付票款；

（六）其他影响城市轨道交通运营秩序的行为。

第二十七条 禁止下列影响城市轨道交通公共场所容貌、环境卫生的行为：

（一）在车站、站台或者其他城市轨道交通设施内停放车辆、堆放杂物、摆设摊档或者未经许可派发印刷品；

（二）在车站、站台、列车或者其他城市轨道交通设施内随地吐痰、便溺、吐口香糖、乱扔果皮、纸屑等废弃物；

（三）在车厢或者其他城市轨道交通设施上乱刻、乱写、乱画、乱张贴、悬挂物品；

（四）携带宠物、家禽等动物乘车；

（五）在禁止吸烟区域内吸烟；

（六）在车站、站台或者其他城市轨道交通设施内乞讨、卖艺、捡拾垃圾；

（七）其他影响城市轨道交通公共场所容貌、环境卫生的行为。

第二十八条 城市轨道交通经营单位应当建立投诉受理制度，接受乘客对违反运营服务规范行为的投诉。

城市轨道交通经营单位应当自受理投诉之日起十日内作出答复。乘客对答复有异议的，可以向市交通行政管理部门投诉。市交通行政管理部门应当自受理乘客投诉之日起十日内作出答复。

城市轨道交通经营单位应当将乘客投诉及处理情况汇总，并定期向市交通行政管理部门报告。

第二十九条 在城市轨道交通设施范围内拍摄电影、电视剧或者广告等，应当经城市轨道交通经营单位同意。

第五章　安全与应急管理

第三十条 城市轨道交通经营单位应当依法承担城市轨道交通运营安

全生产责任，应当设立安全生产管理机构，配备专职安全生产管理人员，保证安全生产所必需的资金投入。

第三十一条 城市轨道交通经营单位应当严格按照消防管理、事故救援的规定，在城市轨道交通车站及车厢内按国家相关标准配置灭火、报警、救援、疏散照明、逃生、防爆、防毒、防护监视等器材和设备，并定期检查、维护、更新，保证其完好和有效。

第三十二条 城市轨道交通经营单位应当在城市轨道交通沿线采取技术保护和监测措施，评估城市轨道交通运行对车站、隧道、高架道路（含桥梁）等建（构）筑物的影响，定期对城市轨道交通进行安全性检查和评价，发现隐患的，应当及时消除。

第三十三条 禁止携带易燃、易爆、有毒、放射性、腐蚀性等危险品进入城市轨道交通设施。

城市轨道交通经营单位应当以方便乘客了解的方式在车站明示常见危险品的目录。

城市轨道交通经营单位可以对乘客携带的物品进行运输安全检查。

第三十四条 禁止下列危害城市轨道交通安全的行为：

（一）擅自操作有警示标志的按钮、开关装置，非紧急状态下动用紧急或者安全装置；

（二）擅自移动、遮盖安全消防警示标志、疏散导向标志、测量设施以及安全防护设备；

（三）在轨道上放置、丢弃障碍物，向城市轨道交通列车、机车、维修工程车等设施投掷物品；

（四）在城市轨道交通的地面线路轨道上擅自铺设平交道口、平交人行道；

（五）损坏轨道、隧道、车站、车辆、电缆、机电设备、路基、护坡、排水沟等设施；

（六）在城市轨道交通过江隧道控制保护区内的水域抛锚、拖锚；

（七）在城市轨道交通地面线路或者高架线路轨道两侧修建妨碍行车瞭望的建（构）筑物或者种植妨碍行车瞭望的树木；

（八）故意干扰城市轨道交通专用通讯频率；

（九）其他危害城市轨道交通安全的行为。

第三十五条 因城市轨道交通设施发生故障而影响运行时，城市轨道交通经营单位应当及时排除故障，尽快恢复运营。暂时无法恢复运营的，城市轨道交通经营单位应当组织乘客疏散和换乘。

第三十六条 因节假日、大型群众活动等原因引起客流量上升的，城市轨道交通经营单位应当及时增加运力，疏导乘客。

在城市轨道交通客流量激增，严重影响运营秩序，可能危及运营安全的情况下，城市轨道交通经营单位可以采取限制客流的临时措施。

第三十七条 市人民政府应当制定轨道交通运营突发事件应急预案。

市城市轨道交通经营单位应当制定运营突发事件先期应急处置方案，并建立应急救援组织，配备救援器材设备，定期组织演练。城市轨道交通经营单位制定的运营突发事件先期应急处置方案应当报市人民政府备案。

轨道交通运营发生自然灾害、安全事故或者其他突发事件时，市城市轨道交通经营单位应当按照先期应急处置方案组织力量迅速开展应急抢险救援，疏散乘客，防止事故扩大，减少人员伤亡和财产损失，同时报告政府有关部门。乘客应当服从城市轨道交通经营单位工作人员的指挥。

市人民政府相关部门以及电力、通讯、供水、公交等单位应当按照应急预案的规定进行抢险救援和应急保障，协助城市轨道交通经营单位尽快恢复运营。

第三十八条 城市轨道交通运营中发生安全生产事故的，事故调查结论和事故责任由安全生产监督行政管理部门依照国家、省、市有关规定进行认定。

第三十九条 城市轨道交通运营中发生人身伤亡事故，按照先抢救受伤者，及时排除障碍，恢复正常运行，后处理事故的原则处理。城市轨道交通经营单位应当保护现场，保留证据，维持秩序；公安机关应当及时对现场进行勘查、检验，依法处理现场，出具伤亡鉴定结论。

第四十条 在运营过程中发生乘客伤亡的，城市轨道交通经营单位应当依法承担赔偿责任；但伤亡是乘客自身健康原因造成的或者城市轨道交通经营单位证明伤亡是乘客故意、重大过失造成的除外。

第六章 法律责任

第四十一条 城市轨道交通经营单位违反本条例规定，有下列行为之一，《中华人民共和国安全生产法》、《中华人民共和国消防法》等有关法律、行政法规有规定的，依法进行处理；有关法律、行政法规没有规定的，由市交通行政管理部门责令改正，予以警告，并可处以一千元以上一万元

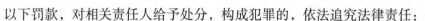

以下罚款，对相关责任人给予处分，构成犯罪的，依法追究法律责任：

（一）违反本条例第十七条，未做好城市轨道交通设施的检查维护工作，确保其正常运行和使用的；

（二）违反本条例第十九条，未能保持出入口通道畅通、各类指引导向标志、提示、指示完整、清晰、醒目，不符合国家有关标准的要求的或者未依法进行告示的；

（三）违反本条例第二十一条，未对相关岗位的工作人员进行培训考核的；

（四）违反本条例第二十八条，未依法处理乘客投诉的；

（五）违反本条例第三十条，未设立安全生产管理机构的；

（六）违反本条例第三十一条，未能保持灭火、报警、救援、疏散照明、逃生、防爆、防毒、防护监视等器材和设备完好、有效的；

（七）违反本条例第三十二条，未采取有关措施或者进行有关评估、检查、评价的；

（八）违反本条例第三十五条、第三十六条，未及时排除故障，尽快恢复运营或者采取相应的组织疏散、换乘、限制客流等措施的；

（九）违反本条例第三十七条，未制定突发事件先期应急处置方案或者定期组织演练。

第四十二条 城市轨道交通经营单位违反本条例第二十条第一款规定，未采取相关公共卫生管理措施，保持车站、车厢等公共场所卫生指标符合国家卫生标准的，由卫生行政管理部门按照《公共场所卫生管理条例》的有关规定给予行政处罚。

第四十三条 城市轨道交通经营单位违反本条例第二十条第二款规定，未采取污染防治相关措施，减少噪声污染的，由环保行政管理部门按照《中华人民共和国环境噪声污染防治法》等法律、法规的有关规定给予行政处罚。

第四十四条 城市轨道交通经营单位违反本条例第二十三条规定，不执行政府定价的，由物价行政管理部门按照《中华人民共和国价格法》的有关规定给予行政处罚。

第四十五条 违反本条例第十六条、第二十五条第一款、第二十六条、第二十九条、第三十三条第一款和第三十四条除第（八）项以外的其他规定，损害城市轨道交通设施、扰乱城市轨道交通营运秩序或者危害城市轨道交通安全构成治安违法的，由公安部门依照《中华人民共和国治安管理处罚法》的有关规定给予行政处罚；构成犯罪的，依法追究刑事责任。

第四十六条 违反本条例第三十四条第（八）项规定，干扰城市轨道交通专用通讯频率的，由无线电管理机构依照《中华人民共和国无线电管理条例》的有关规定给予行政处罚；构成治安违法的，由公安部门依照《中华人民共和国治安管理处罚法》的有关规定给予行政处罚。

第四十七条 违反本条例第十四条规定，作业单位在城市轨道交通控制保护区内施工，未制定、实施城市轨道交通设施保护方案或者应急预案、拒绝城市轨道交通经营单位进入施工现场查看、拒不停止作业的，由建设行政主管部门或者其他有关行政管理部门责令改正；拒不改正的，建设行政主管部门或者其他有关行政管理部门可以对作业单位处以一万元以上三万元以下罚款；造成安全事故的，依法承担法律责任。

第四十八条 违反本条例第二十七条第（一）、（二）、（三）、（四）项，有碍城市轨道交通公共场所容貌和环境卫生的，由城市轨道交通经营单位责令其纠正违法行为，采取补救措施，视情节轻重处以警告，并可按下列规定予以罚款：

（一）违反该条第（一）项规定堆放杂物、摆设摊档或者违反第（三）项规定乱刻、乱写、乱画、乱张贴、悬挂物品的，处以五十元以上二百元以下罚款；

（二）违反该条第（二）项规定随地吐痰、便溺、吐口香糖、乱扔果皮、纸屑等废弃物的，处以二十元以上五十元以下罚款；

（三）违反该条第（四）项规定携带宠物、家禽等动物乘车的，处以五十元罚款。

第四十九条 对违反本条例第十二条第二款、第十六条、第二十五条第一款、第二十六条、第二十九条、第三十三条、第三十四条规定，损害城市轨道交通设施、影响城市轨道交通运营秩序或者危害城市轨道交通安全的行为，城市轨道交通经营单位有权对行为人进行劝阻和制止，可以责令行为人离开城市轨道交通设施或者拒绝为其提供客运服务，并依法告知有关行政管理部门进行处罚。

第五十条 违反本条例规定造成城市轨道交通设施损毁或者其他经济损失的，除依法给予行政处罚外，应当承担相应的民事法律责任。

第五十一条 行政管理部门、城市轨道交通经营单位依授权执法的工作人员玩忽职守、滥用职权或者徇私舞弊的，由其所在部门或者行政监察部门依法给予行政处分；构成犯罪的，依法追究刑事责任。

第七章 附 则

第五十二条 本条例自 2008 年 1 月 1 日起施行。1999 年 10 月 27 日颁布的《广州市地下铁道管理条例》同时废止。

附录六

广州市城市轨道交通管理条例
（修订草案征求意见稿）[①]

第一章 总 则

第一条【立法目的】 为了规范城市轨道交通管理，保障城市轨道交通建设的顺利进行和安全运营，维护乘客的合法权益，根据有关法律、法规，结合本市实际，制定本条例。

第二条【定义】 本条例所称城市轨道交通，是指地铁、轻轨、有轨电车等城市轨道公共客运系统。

城市轨道交通设施包括城市轨道交通的路基、轨道、隧道、高架道路（含桥梁）、车站（含出入口、通道）、通风亭、车辆段及控制中心、站场、车辆、机电设备、供电系统、通信信号系统及其附属设施等。

第三条【适用范围】 本条例适用于本市行政区域内城市轨道交通的规划、建设、运营、**综合开发**及相关的管理活动。

第四条【立法原则】 城市轨道交通应当遵循统一规划、安全运营、规范服务的原则。

第五条【部门职责】 市**交通运输**_建设_行政主管部门负责本市城市轨道交通建设、**运营**的监督管理工作，组织实施本条例。

市交通行政管理部门负责本市城市轨道交通运营的监督管理工作。

发展改革、财政、规划**和自然资源**、_国土_、**住房城乡建设**_房屋_、**来穗人员服务管理**、城市管理**综合执法**、工业与信息化、公安、应急管理**安全**_生产_、商务、卫生**健康**、**生态环境**_环境保护_、水务、港务、海事等行政管

[①] **加粗字体**为增加部分，_斜体下划线_为删除部分。

理部门按照各自职责协同实施本条例。

城市轨道交通沿线各区人民政府及其有关职能部门应当配合城市轨道交通的建设和保护工作。

第六条【授权管理】 城市轨道交通经营单位由市人民政府依法确定。

城市轨道交通经营单位依照本条例的有关授权，对城市轨道交通设施的保护、城市轨道交通范围内公共场所的运营秩序和容貌、环境卫生的维护以及安全应急等公共事务实施行政管理和行政处罚。

城市轨道交通经营单位应当确定本单位的专门机构具体负责行政管理和行政处罚工作。执法人员依照《广东省行政执法责任制条例》规定的条件任用。

城市轨道交通经营单位执法人员实施行政管理和行政处罚时，应当持有有效执法证件。

第二章　建设管理

第七条【投资管理】 市发展改革行政管理部门和市财政行政管理部门负责政府投资的城市轨道交通建设资金的筹集和管理。

市发展改革行政管理部门按照国家规定的基本建设程序办理项目审批和下达城市轨道交通投资计划。

第八条【规划管理】 城市轨道交通规划应当与其他公共交通规划相衔接，并预留必要空间以确保安全便捷的换乘条件及足够的疏散能力。

市规划**和自然资源**行政管理部门在审批与轨道交通出入口、通风亭等设施连接的其他建设工程时，应当提出有关预留与轨道交通相连接必要空间的规划设计要求。

第九条【建设管理】 城市轨道交通工程建设应当遵守有关建设安全管理的法律、法规，符合技术标准和规范的要求，建立并执行建设过程动态安全监测制度。

轨道交通建设勘察、设计、施工、监理等活动应当遵守文物保护、城市绿化等法律法规相关规定。

第十条【建设用地使用权与相邻权】 城市轨道交通建设使用地面以下空间的，不受其上方土地使用权的限制，但不得损害已设立的物权。因轨道交通建设下穿、上跨或邻近江河湖海、航道、铁路、公路、桥梁、隧道、文物和历史建筑、管线、学校等需征求意见的，相关政府行政管理部门、权属人和运营管理单位应当在 10 个工作日内与建设单位协商，并协助提出实施方案。

城市轨道交通建设使用地面以下空间时，其上方建（构）筑物和土地的所有权人、使用权人应当提供必要的便利。

城市轨道交通经营单位**和作业单位**应当采取措施防止和减少对上方和周边建（构）筑物以及其它设施的影响。造成损失的，应当依法承担法律责任。

城市轨道交通工程建设时，城市轨道交通经营单位应当对城市轨道交通沿线已有建（构）筑物进行必要的调查、记录和动态监测。

第十一条【合建管理】 根据规划要求，城市轨道交通出入口、通风亭等设施需与周边物业结合建设的，周边物业的所有权人、使用权人应当服从；因结合建设给周边物业所有权人、使用权人利益造成损失的，城市轨道交通经营单位应当依法承担法律责任。

第十二条【综合体开发】 城市轨道交通场站及周边土地需要进行综合开发的，在轨道交通建设规划阶段开展沿线土地摸查，初步明确场站综合体选址。在轨道交通工程可行性研究阶段，同步编制场站综合体概念方案，场站综合体用地范围纳入轨道交通工程用地红线办理用地预审与选址；场站综合体同步实施工程、交通衔接工程等内容纳入轨道交通工程可行性研究报告开展审查、审批。

场站综合体应当与城市轨道交通工程同步规划、同步设计，结构不可分割、工程必须统一实施的项目应当与城市轨道交通工程同步建设。

第十三条【综合开发用地管理】 综合开发用地由市人民政府重新核准规划条件后，采取招标、拍卖、挂牌等方式出让土地使用权；经市人民政府批准，可以按照规定采用作价出资等方式由城市轨道交通经营单位实施综合开发。

城市轨道交通经营单位结合城市轨道交通设施一并开发使用的其他地表、地上、地下空间，符合划拨或者协议出让条件的，其用地与城市轨道交通设施用地由自然资源部门一并规划，依法办理相应土地划拨或者出让手续。

城市轨道交通经营单位依据综合开发规划及相关方案开展土地综合开发活动，依法取得广告、商业、物业等资源的综合开发经营权，其收益用于城市轨道交通建设和弥补运营亏损。

第三章　设施保护

第十四条【控制保护区】 ~~第十二条~~　城市轨道交通沿线设立城市轨道交通控制保护区，其范围包括：

（一）地下车站与隧道结构外边线外侧五十米内；

（二）地面和高架车站以及线路轨道结构外边线外侧三十米内；

（三）出入口、通风亭、车辆段、控制中心、变电站、**高压供电电缆通道**、集中供冷站等建（构）筑物结构外边线外侧十米内；

（四）城市轨道交通过江隧道、**跨江桥梁结构外边线**两侧各一百米范围内；

（五）其他可能危害城市轨道交通设施的作业。

城市轨道交通经营单位可以在城市轨道交通设施控制保护区内设置安全警示标志，控制保护区内物业的所有权人、使用权人应当予以配合。任何人不得毁坏或者擅自移动安全警示标志。

控制保护区的具体范围，由城市轨道交通经营单位提出方案经市规划**和自然资源**行政管理部门审核后，报市人民政府批准并公布。

因地质条件或者其他特殊情况，需要扩大控制保护区范围的，由城市轨道交通经营单位提出方案，按照本条第三款规定的程序履行审批手续后公布。

第十五条【危害行为】 ~~第十三条~~　在城市轨道交通控制保护区内进行下列活动的，有关行政管理部门依照法律、法规进行行政许可时，应当书面征求城市轨道交通经营单位的意见。城市轨道交通经营单位应当自收到征求意见之日起十五日内给予书面答复：

（一）建造、拆卸建（构）筑物；

（二）取土、地面堆载、钻探作业、基坑开挖、爆破、桩基础施工、顶进、灌浆、锚杆作业；

（三）修建塘堰、开挖河道水渠、采石挖砂、打井取水；

（四）敷设管线或者设置跨线等架空作业；

（五）在过江隧道段疏浚河道；

（六）其他可能危害城市轨道交通设施的作业。

在城市轨道交通控制保护区内进行本条第一款所列活动不需行政管理部门行政许可的，作业单位应当在施工前书面告知城市轨道交通经营单位。

第十六条【控制保护区】*第十四条* 作业单位在轨道交通控制保护区内进行**第十五条**~~第十三条~~第一款所列活动的，应当会同城市轨道交通经营单位制定城市轨道交通设施保护方案和应急预案，**并在实施阶段严格落实相关保护措施。**~~并将应急预案报建设行政主管部门或者其他有关行政管理部门备案。~~按照相关技术规范对城市轨道交通设施安全有重大影响的作业，作业单位应当采取下列措施：

（一）开展对城市轨道交通的安全评估，并会同城市轨道交通经营单位组织专家对城市轨道交通安全防护方案和应急预案进行论证；与城市轨道交通经营单位签订安全生产管理协议。

（二）作业实施过程中应委托有资质的单位对作业影响的城市轨道交通区域进行动态监测和安全监控。

城市轨道交通经营单位可以进入作业单位的施工现场查看，发现作业单位**或个人**的施工活动危及或者可能危及城市轨道交通设施安全的，可以要求作业单位**或个人**停止作业并采取相应的安全措施。作业单位**或个人**拒**不配合城市交通经营单位巡查**~~拒绝城市轨道交通经营单位进入施工现场查看~~、拒不停止作业或者不采取相应的安全保护或者应急措施的，城市轨道交通经营单位应当报告**市交通运输**~~建设~~行政主管部门或者其他有关行政管理部门。

市交通运输~~建设~~行政主管部门或者其他有关行政管理部门应当对城市轨道交通经营单位报告的情况进行核查并依法处理。

各级人民政府应当将城市轨道交通纳入本地区安全监管体系，发现城市轨道交通控制保护区内有违规勘探、民房违规加建等危及或可能危及城市轨道交通运营安全的作业时，属于职责范围内的，应当依法责令有关单位或者个人立即停止或改正违法行为；不属于职责范围内的，应当及时制止并通报市交通运输行政主管部门或者其他有关行政管理部门。

第十七条【规划控制区】 城市轨道交通设置规划控制区，其范围以规划线路中线为基线，每侧宽度为六十米；规划有多条线路平行通过地段，经专项研究确定。

在城市轨道交通规划控制区内进行本条例第十五条有关活动的，有关行政管理部门依照法律、法规进行行政许可时，应当书面征求市规划和自然资源行政管理部门的意见。

第十八条【竣工验收】*第十五条* 城市轨道交通项目竣工验收后，城市轨道交通经营单位应当及时向市规划**和自然资源**行政管理部门移交城市轨道交通电缆管线资料。市规划**和自然资源**行政管理部门应当建立可共享的城市轨道交通电缆管线档案管理系统，并在对有关工程进行行政许可时提出保护城市轨道交通电缆的施工要求。

第十九条【禁止性条款】~~第十六条~~   禁止损害、毁坏城市轨道交通设施。

第四章   运营管理

第二十条【运营管理制度】~~第十七条~~   城市轨道交通经营单位应当建立健全管理制度，做好城市轨道交通设施的检查维护工作，确保其正常运行和使用。

供电~~电力~~、供水、通讯等单位应当协助城市轨道交通经营单位保障城市轨道交通的正常运营，保证城市轨道交通用电、用水、通讯需要。

第二十一条【有轨电车管理】~~第十八条~~   城市轨道交通经营单位应当对有轨电车、专用抢险车辆进行编号，并向公安机关备案。

城市轨道交通经营单位应当提出有轨电车与其他车辆交叉行驶路段交通信号灯的设置方案，报公安机关批准后实施。

有轨电车在行驶中应当遵守道路交通安全管理规定。在有轨电车非专用车道行驶时，有轨电车享有优先通行的权利。

第二十二条【运营服务】~~第十九条~~   城市轨道交通经营单位应当制定城市轨道交通运营服务规范，为乘客提供安全、便捷的客运服务。

城市轨道交通经营单位应当保持出入口、通道的畅通，根据国家有关标准的要求，设置安全、消防、疏散等各类指引导向标志。

城市轨道交通出入口的导向标志应当由城市轨道交通经营单位统一设置。城市轨道交通经营单位在与出入口合建的周边物业范围内设置导向标志的，周边物业的所有人、使用人应当配合。

城市轨道交通经营单位应当在车站醒目位置公布首末班车行车时间、列车运行状况提示和换乘指示。列车因故延误或者调整首末班车行车时间的，应当及时向乘客告示。

第二十三条【环境卫生】~~第二十条~~   城市轨道交通经营单位应当建立公共卫生管理制度，健全卫生档案，落实卫生管理措施，保持车站、车厢的整洁卫生，保证车站、车厢等公共场所的空气质量和卫生状况符合国家卫生标准。

城市轨道交通经营单位应当依照国家有关标准落实污染防治措施，减少地面线路列车运营时的噪声污染。

第二十四条【培训管理】 <u>第二十一条</u> 城市轨道交通经营单位应当对**本单位**从事轨道交通驾驶、调度等岗位的工作人员和参与救援的工作人员进行培训和考核。

第二十五条【治安消防人防】 第二十二条 城市轨道交通经营单位应当履行下列维护城市轨道交通治安保卫*和消防*、消防**和人民防空**的义务：

（一）组织治安和消防安全检查，及时发现和消除安全隐患；

（二）预防危害公共安全和扰乱轨道交通治安秩序的行为；

（三）对在城市轨道交通范围内的治安违法犯罪行为进行制止，并及时报告公安部门；

（四）组织人民防空设施设备维护管理，及时发现和消除安全隐患，依法设置人防标志标牌，履行人防宣传义务；

（五）*（四）* 依法应当履行的其他治安、消防**和人民防空**防范义务。

第二十六条【票价管理】 <u>第二十三条</u> 城市轨道交通票价依法实行政府定价。

城市轨道交通票价应当与本市其他公共交通的票价相协调。

城市轨道交通经营单位应当执行政府确定的票价，不得擅自调整。

第二十七条【持票乘车】 *第二十四条* 乘客应当持有效车票乘车，**配合城市轨道交通经营单位查验车票**。无票、持无效车票或者逃票乘车的，由城市轨道交通经营单位按出闸站线网单程最高票价收取票款。

城市轨道交通因故障不能正常运行的，乘客有权持有效车票要求城市轨道交通经营单位按照当次购票金额退还票款。

第二十八条【乘客守则】 <u>第二十五条</u> 乘客乘坐城市轨道交通，应当遵守城市轨道交通乘**客**<u>坐</u>守则。

城市轨道交通乘**客**<u>坐</u>守则由市交通**运输**行政**主管**<u>管理</u>部门制定并公布。

第二十九条【运营秩序】 *第二十六条* 禁止下列影响城市轨道交通运营秩序的行为：

（一）非法拦截列车、阻断运输；

（二）擅自进入轨道、隧道或者其他**禁入**<u>有警示标志的</u>区域；

（三）攀爬或者翻越围墙、**围栏**、护栏<u>杆</u>、**护网**、**屏蔽门**、**闸机**、**机车等**；

（四）越过黄色安全线或倚靠屏蔽门（安全门）；

（五）（四）强行上下车；

（六）（五）不按规定购票乘车，经城市轨道交通经营单位追索后仍拒付票款；

（七）携带电动代步工具（无障碍用途的电动轮椅除外）、自行车进站乘车；

（八）除突发事故导致所需的警车、救护车、消防车、工程抢险车外，其它车辆在有轨电车专用车道及人行过道上违法行驶、停车或穿越；

（九）在车站或者列车内滋事斗殴、酒后闹事、猥亵他人或者有其他违反公序良俗的行为；

（十）（六）其他影响城市轨道交通运营秩序的行为。

第三十条【站容卫生】第二十七条　禁止下列影响城市轨道交通公共场所容貌、环境卫生的行为：

（一）在车站、站台或者其他城市轨道交通设施内停放车辆、堆放杂物、摆设摊档或者未经许可派发印刷品；

（二）在车站、站台、列车或者其他城市轨道交通设施内随地吐痰、便溺、吐口香糖、乱扔果皮、纸屑等废弃物；

（三）在车厢或者其他城市轨道交通设施上乱刻、乱写、乱画、乱张贴、悬挂物品；

（四）携带活禽、猫、狗、蛇等宠物可能妨碍轨道交通运营或其他乘客乘车的、家禽等动物乘车，但正在执行公务的专用动物以及有识别标志且采取保护措施的导盲犬、辅助犬只除外；

（五）在车站、站台、列车或者其他城市轨道交通设施禁止吸烟区域内吸烟（含电子烟）；

（六）在车站、站台或者其他城市轨道交通设施内乞讨、卖艺、捡拾垃圾；

（七）其他影响城市轨道交通公共场所容貌、环境卫生的行为。

第三十一条【投诉管理】第二十八条　城市轨道交通经营单位应当建立投诉受理制度，接受乘客对违反运营服务规范行为的投诉。

城市轨道交通经营单位应当自受理投诉之日起十日内作出答复。乘客对答复有异议的，可以向市交通运输行政主管行政管理部门及其他相关行政管理部门投诉。市交通运输行政主管行政管理部门及其他相关行政管理部门应当自受理乘客投诉之日起十日内作出答复。

信访、政府热线等有关法律、法规、规章、规范性文件对投诉业务处理另有规定的，从其规定。

城市轨道交通经营单位应当将乘客投诉及处理情况汇总，并定期向市交通**运输**行政**主管**管理部门报告。

第三十二条【影视拍摄】<u>第二十九条</u>　在城市轨道交通设施范围内拍摄电影、电视剧或者广告等，应当经城市轨道交通经营单位同意。

第五章　安全与应急管理

第三十三条【安检管理】<u>第三十条</u>　市公安机关会同市交通运输行政主管部门负责指导、监督经营单位做好进站安检、治安防范等工作。

城市轨道交通经营单位应当依法承担城市轨道交通运营安全生产责任，应当设立安全生产管理机构，配备专职安全生产管理人员，保证安全生产所必需的资金投入。

第三十四条【消防管理】<u>第三十一条</u>　城市轨道交通经营单位应当严格按照消防管理、事故救援的规定，在城市轨道交通车站及车厢内按国家相关标准配置灭火、报警、救援、疏散照明、逃生、防爆、防毒、防护监视等器材和设备，并定期检查、维护、更新，保证其完好和有效。

第三十五条【安全技术措施】<u>第三十二条</u>　城市轨道交通经营单位应当在城市轨道交通沿线采取技术保护和监测措施，评估城市轨道交通运行对车站、隧道、高架道路（含桥梁）等建（构）筑物的影响，定期对城市轨道交通进行安全性检查和评价，发现隐患的，应当及时消除。

第三十六条【禁限带物品】<u>第三十三条</u>　禁止携带易燃、易爆、有毒、放射性、腐蚀性等危险品进入城市轨道交通设施。

城市轨道交通经营单位应当以方便乘客了解的方式在车站明示常见危险品的目录。

城市轨道交通经营单位应当按照法律、法规的规定对乘客和其他进站人员及其携带的物品进行运输安全检查，相关人员应当接受并配合安全检查。<u>城市轨道交通经营单位可以对乘客携带的物品进行运输安全检查。</u>

城市轨道交通经营单位对携带违禁物品的乘客，应当妥善做好前期处置并立即报告公安机关依法处理；对携带限带物品或者拒绝检查的乘客，应当拒绝其进站乘车；对强行进站乘车的，或者辱骂、殴打工作人员的，应当立即予以制止并报告公安机关依法处理，构成犯罪的，依法追究刑事责任。

第三十七条【危害运营行为】 *第三十四条* 禁止下列危害城市轨道交通安全的行为：

（一）擅自操作有警示标志的按钮、开关装置，非紧急状态下动用紧急或者安全装置；

（二）擅自移动、遮盖安全消防警示标志、疏散导向标志、测量设施以及安全防护设备；

（三）在城市轨道交通车站出入口 5 米范围内停放车辆、乱设摊点等，妨碍乘客通行和救援疏散；

（四）在通风口、车站出入口 50 米范围内存放有毒、有害、易燃、易爆、放射性和腐蚀性等物品；

（五）*（三）* 在轨道上放置、丢弃障碍物，向城市轨道交通列车、机车、维修工程车等设施投掷物品；

（六）*（四）* 在城市轨道交通的地面线路轨道上擅自铺设平交道口、平交人行道；

（七）*（五）* 损坏轨道、隧道、车站、车辆、电缆、机电设备、路基、护坡、排水沟、**护栏、护网、护篱**等设施；

（八）*（六）* 在城市轨道交通过江隧道控制保护区内的水域抛锚、拖锚；

（九）*（七）* 在城市轨道交通地面线路或者高架线路轨道两侧修建妨碍行车瞭望的建（构）筑物或者种植妨碍行车瞭望的树木；

（十）在地面或者高架桥线路两侧各 100 米范围内升放风筝、气球等低空漂浮物体和无人机等低空飞行器；

（十一）*（八）* 故意干扰城市轨道交通专用通讯频率；

（十二）擅自开展临近线路的起重作业，且影响范围与地面以及高架线路结构边线外 6 米内范围重叠；

（十三）*（九）* 其他危害城市轨道交通安全的行为。

第三十八条【故障应对】 *第三十五条* 因城市轨道交通设施发生故障而影响运行时，城市轨道交通经营单位应当及时排除故障，尽快恢复运营。暂时无法恢复运营的，城市轨道交通经营单位应当组织乘客疏散和换乘。

第三十九条【大客流管理】 *第三十六条* 因节假日、大型群众活动等原因引起客流量上升的，城市轨道交通经营单位应当及时增加运力，疏导乘客。

在城市轨道交通客流量激增，严重影响运营秩序，可能危及运营安全的情况下，城市轨道交通经营单位可以采取限制客流的临时措施。

第四十条【应急管理】~~第三十七条~~ 市人民政府应当制定轨道交通运营突发事件应急预案。

市城市轨道交通经营单位应当制定运营突发事件先期应急处置方案，并建立应急救援组织，配备救援器材设备，定期组织演练。城市轨道交通经营单位制定的运营突发事件先期应急处置方案应当报市人民政府备案。

轨道交通运营发生自然灾害、安全事故或者其他突发事件时，市城市轨道交通经营单位应当按照先期应急处置方案组织力量迅速开展应急抢险救援，疏散乘客，防止事故扩大，减少人员伤亡和财产损失，同时报告政府有关部门。乘客应当服从城市轨道交通经营单位工作人员的指挥。

市人民政府相关部门以及**供电**~~电力~~、通讯、供水、公交等单位应当按照应急预案的规定进行抢险救援和应急保障，协助城市轨道交通经营单位尽快恢复运营。

第四十一条【事故调查】~~第三十八条~~ 城市轨道交通运营中发生安全生产事故的，事故调查结论和事故责任由**应急管理**~~安全生产监督~~行政管理部门依照国家、省、市有关规定进行认定。

第四十二条【事故处理】~~第三十九条~~ 城市轨道交通运营中发生人身伤亡事故，按照先抢救受伤者，及时排除障碍，恢复正常运行，后处理事故的原则处理。城市轨道交通经营单位应当保护现场，保留证据，维持秩序；公安机关应当及时对现场进行勘查、检验，依法处理现场，出具伤亡鉴定结论。

第四十三条【运输责任】~~第四十条~~ 在运输~~营~~过程中发生乘客伤亡的，城市轨道交通经营单位应当依法承担赔偿责任；但伤亡是乘客自身健康原因造成的或者城市轨道交通经营单位证明伤亡是乘客故意、重大过失造成的除外。

第六章　互联互通

第四十四条【规划管理】 为积极推动粤港澳大湾区轨道交通的互联互通，建设"轨道上的大湾区"，本市城市轨道交通线网规划编制时应当与相邻城市协调衔接方案；本市城市轨道交通建设规划应当根据综合交通体系规划、轨道交通线网规划编制规划方案并按程序报批。

第四十五条【建设管理】 本市城市轨道交通互联互通项目建设模式实行属地建设、统一协调，项目建设技术标准全线统一。

第四十六条【运营管理】　跨市城市轨道交通线路应当在可行性研究报告批复前，由本市人民政府与相关城市人民政府共同协商确定城市轨道交通经营单位和牵头负责运营监督管理的主体。本市城市轨道交通经营单位应当与相关城市轨道交通经营单位，协商建立健全跨区域联动的乘客服务标准和协调机制，定期互通运营信息，确保城市轨道交通一卡（码）通行、衔接线路安全有序运营。

第四十七条【应急管理】　本市人民政府相关部门应当会同相关城市人民政府有关部门，共同制定跨市城市轨道交通协同处置应急预案，并建立应急合作机制。

第四十八条【统一管理标准】　城际铁路与城市轨道交通线路贯通运营的，经报省交通运输行政主管部门和铁路行业监管部门同意，运营及设施保护等要求可按照本条例执行。

第七六章　法律责任

第四十九条【对经营单位的处罚】~~第四十一条~~　城市轨道交通经营单位违反本条例规定，有下列行为之一，《中华人民共和国安全生产法》、《中华人民共和国消防法》等有关法律、行政法规有规定的，依法进行处理；有关法律、行政法规没有规定的，由市交通**运输**行政主管~~管理~~部门责令改正，予以警告，并可处以一千元以上一万元以下罚款，对相关责任人给予处分，构成犯罪的，依法追究法律责任：

（一）违反本条例第二十条~~第十七条~~，未做好城市轨道交通设施的检查维护工作，确保其正常运行和使用的；

（二）违反本条例第二十二条~~第十九条~~，未能保持出入口通道畅通、各类指引导向标志、提示、指示完整、清晰、醒目，不符合国家有关标准的要求的或者未依法进行告示的；

（三）违反本条例第二十四条~~第二十一条~~，未对相关岗位的工作人员进行培训考核的；

（四）违反本条例第三十一条~~第二十八条~~，未依法处理乘客投诉的；

（五）违反本条例第三十三条~~第三十条~~，未设立安全生产管理机构的；

（六）违反本条例第三十四条~~第三十一条~~，未能保持灭火、报警、救援、疏散照明、逃生、防爆、防毒、防护监视等器材和设备完好、有效的；

（七）违反本条例第三十五条~~第三十二条~~，未采取有关措施或者进行有关评估、检查、评价的；

（八）违反本条例**第三十八条**~~第三十五条~~、**第三十九条**~~第三十六条~~，未及时排除故障，尽快恢复运营或者采取相应的组织疏散、换乘、限制客流等措施的；

（九）违反本条例**第四十条**~~第三十七条~~，未制定突发事件先期应急处置方案或者定期组织演练。

第五十条【卫生处罚】~~第四十二条~~　城市轨道交通经营单位违反本条例**第二十三条**~~第二十条~~第一款规定，未采取相关公共卫生管理措施，保持车站、车厢等公共场所卫生指标符合国家卫生标准的，由卫生行政管理部门按照《公共场所卫生管理条例》的有关规定给予行政处罚。

第五十一条【噪音处罚】~~第四十三条~~　城市轨道交通经营单位违反本条例**第二十三条**~~第二十条~~第二款规定，未采取污染防治相关措施，减少噪声污染的，由市**交通运输行政主管**部门按照《**中华人民共和国噪声污染防治法**》等法律、法规的有关规定给予行政处罚。

第五十二条【定价处罚】~~第四十四条~~　城市轨道交通经营单位违反本条例**第二十六条**~~第二十三条~~规定，不执行政府定价的，由市市场监督管理部门按照《中华人民共和国价格法》的有关规定给予行政处罚。

第五十三条【运营秩序处罚】~~第四十五条~~　违反本条例**第十九条**~~第十六条~~、**第二十八条**~~第二十五条~~第一款、**第二十九条**~~第二十六条~~、**第三十二条**~~第二十九条~~、**第三十六条**~~第三十三条~~第一款和**第三十七条**~~第三十四条~~除第（十一）~~(八)~~项以外的其他规定，损害城市轨道交通设施、扰乱城市轨道交通营运秩序或者危害城市轨道交通安全的，**城市轨道交通经营单位有权予以制止并要求责任单位及个人进行处理，或先行处理，相关费用由责任单位及个人承担；**构成治安违法的，由公安机关依照《中华人民共和国治安管理处罚法》的有关规定给予行政处罚；构成犯罪的，依法追究刑事责任。

第五十四条【无线电保护】~~第四十六条~~　违反本条例**第三十七条**~~第三十四条~~第（十一）~~(八)~~项规定，干扰城市轨道交通专用通讯频率的，由无线电管理机构依照《中华人民共和国无线电管理条例》的有关规定给予行政处罚；构成治安违法的，由公安部门依照《中华人民共和国治安管理处罚法》的有关规定给予行政处罚。

第五十五条【地保执法】~~第四十七条~~　违反本条例**第十六条**~~第十四条~~第一款规定**的**，由市交通运输行政主管部门或者其他有关行政管理部门责令停止作业，并处一万元以上二十万元以下罚款*作业单位在城市轨道交通控制保护区内施工，未制定、实施城市轨道交通设施保护方案或者应急预案、拒绝城市轨道交通经营单位进入施工现场查看、拒不停止作业的，由建设行政主管部门或者其他有关行政管理部门责令改正*；对可能存在重大事故隐患的，应当责令停产停业，重大事故隐患排除后，经审查同意，方可恢复生产经营；造成安全事故的，依法承担法律责任。

违反本条例第十六条第二款规定的，*拒不改正的，*由市交通运输*建设*行政主管部门或者其他有关行政管理部门责令改正，并可以对单位处以一万元以上五万元以下罚款，对个人处以一千元以上一万元以下罚款*作业单位处以一万元以上三万元以下罚款*；对可能存在重大事故隐患的，应当责令停止作业，重大事故隐患排除后，经审查同意，方可恢复作业；造成安全事故的，依法承担法律责任。

第五十六条【环境卫生处罚】*第四十八条*　违反本条例第三十条*第二十七条*第（一）、（二）、（三）、（四）、**（五）**项，有碍城市轨道交通公共场所容貌和环境卫生的，由城市轨道交通经营单位责令其纠正违法行为，采取补救措施，视情节轻重处以警告，并可按下列规定予以罚款：

（一）违反该条第（一）项规定堆放杂物、**未经许可派发印刷品**、摆设摊档或者违反第（三）项规定乱刻、乱写、乱画、乱张贴、悬挂物品的，处以五十元以上二百元以下罚款；

（二）违反该条第（二）项规定随地吐痰、便溺、吐口香糖、乱扔果皮、纸屑等废弃物的，处以二十元以上五十元以下罚款；

（三）违反该条第（四）项规定携带**活禽和猫、狗、蛇等**宠物可能妨碍轨道交通运营或其他乘客乘车的*家禽等*动物乘车的，处以五十元罚款。

（四）违反该条第（五）项规定在禁止吸烟区域内吸烟（含电子烟）的，处以五十元罚款；

第五十七条【影响运营秩序处罚】*第四十九条*　对违反本条例第十四条*第十二条*第二款、第十九条*第十六条*、第二十八条*第二十五条*第一款、第二十九条*第二十六条*、第三十二条*第二十九条*、第三十六条*第三十三条*、第三十七条*第三十四条*规定，损害城市轨道交通设施、影响城市轨道交通运营秩序或者危害城市轨道交通安全的行为，城市轨道交通经营单位有权对行为人进行劝阻和制止，可以责令行为人离开城市轨道交通设施或者拒绝为其提供客运服务，并依法告知有关行政管理部门进行处罚。

第五十八条【信用管理】　违反本条例，符合政府信用信息管理规定的失信信息条件的，按相关规定处理。

第五十九条【民事责任】~~第五十条~~　违反本条例规定造成城市轨道交通设施损毁或者其他经济损失的，除依法给予行政处罚外，应当承担相应的民事法律责任。

第六十条【行政主体责任】~~第五十一条~~　行政管理部门、城市轨道交通经营单位依授权执法的工作人员玩忽职守、滥用职权或者徇私舞弊的，由其所在部门或者行政监察部门依法给予行政处分；构成犯罪的，依法追究刑事责任。

第八~~七~~章　附　则

第六十一条【生效条款】~~第五十二条~~　本条例自 2008 年 1 月 1 日起施行。1999 年 10 月 27 日颁布的《广州市地下铁道管理条例》同时废止。

后　记

　　区域协同立法是当前中国立法界关注的一个重点课题。各地区域协同立法实践此起彼伏，各种理论探讨蜂拥而至。但我们在研究和实践中也感到人们对区域协同立法的理解存在巨大差异，以及由此导致的巨大交流不便。同时，人们对区域协同立法的认知也在不断深化之中。我们先后发表了《粤港澳大湾区区域立法的理论建构》《区域协同立法的运行模式与制度保障》等论文来阐述我们对区域协同立法的理解。但受论文篇幅等的限制，无法系统地展开说明。2021年，受佛山市轨道交通局委托，我们启动了对广佛轨道交通的协同立法工作，对协同立法有了更为直接的理解，积累了不少经验。为展示我们对区域协同立法的系统理解和广佛轨道交通协同立法的实践经验，我们在《粤港澳大湾区区域立法的理论建构》《区域协同立法的运行模式与制度保障》的基础上进行修改、完善、拓展，完成了本书的撰写。其中，第一章、第二章由朱最新撰写，第三章由刘高林撰写，第四章由邹建伟撰写，附录由朱最新整理，最后大家讨论后修改定稿。同时，本书在写作过程中也得到了不少领导和同人的支持与帮助。正是他们的付出使本书增色不少。在此衷心感谢广东省人大常委会、广州市人大常委会、佛山市人大常委会、佛山市轨道交通局、广州地铁集团等单位对课题和本书给予的帮助和支持，感谢广东外语外贸大学法学院付城、陈田欣、杨蕴儒等同学的辛苦校对，感谢中山大学出版社王旭红等编辑的辛勤付出。然而，由于时间较为仓促，本书难免存在这样或那样的错误与不足，希望能够抛砖引玉，也十分欢迎大家批评指正。

朱最新

2023 年 8 月 8 日